NEW 일본어 문법 한권으로 끝내기

저자 **김성곤**
감수 **백송종**

NEW 일본어 문법 한권으로 끝내기

지은이 김성곤
펴낸이 정규도
펴낸곳 (주)다락원

초판 1쇄 발행 2015년 6월 27일
개정2판 1쇄 발행 2025년 10월 27일

편집장 송화록
편집 임혜련
디자인 장미연, 이승현

🌳**다락원** 경기도 파주시 문발로 211
내용문의 (02)736-2031 내선 460~465
구입문의 (02)736-2031 내선 250~252
Fax (02)732-2037
출판등록 1977년 9월 16일 제406-2008-000007호

Copyright ⓒ 2025, 김성곤

저자 및 출판사의 허락 없이 이 책의 일부 또는 전부를 무단 복제·전재·발췌할 수 없습니다. 구입 후 철회는 회사 내규에 부합하는 경우에 가능하므로 구입문의처에 문의하시기 바랍니다. 분실·파손 등에 따른 소비자 피해에 대해서는 공정거래위원회에서 고시한 소비자 분쟁 해결 기준에 따라 보상 가능합니다. 잘못된 책은 바꿔 드립니다.

ISBN 978-89-277-1320-3 13730

http://www.darakwon.co.kr
- 다락원 홈페이지를 방문하시면 상세한 출판 정보와 함께 동영상강좌, MP3 자료 등 다양한 어학 정보를 얻으실 수 있습니다.
- 다락원 홈페이지 또는 표지의 QR코드를 스캔하시면 MP3 파일(무료)을 다운로드 받으실 수 있습니다.

머리말

일본어는 공부할수록 까다롭다고 생각하는 사람들이 많습니다. 그 이유는 기초를 제대로 정리하지 않고 학습하는 경우가 많기 때문입니다. 일본어 강의를 하면서 자주 접하는 질문 중 상당수가 기초 문법에 대한 이해 부족에서 옵니다. 그래서 필자는 초급부터 고급까지 문법을 체계적으로 정리할 수 있는 학습서가 필요하다고 느꼈습니다.

어떤 상황을 표현할 때 적절한 단어와 그 배열 방법이 중요합니다. 문법은 그 배열 방법이며, 올바른 문법을 사용해야 정확한 의미 전달이 가능합니다. 그러나 자신이 원하는 표현을 이해하는 것은 쉬운 일이 아닙니다. 그래서 본서는 일본어 문법 학습에 대한 부담을 줄이고, 전체적인 이해를 돕도록 집필했습니다.

이 책의 특징은 다음과 같습니다.

① 일본어 능력시험(JLPT)을 기준으로 난이도를 제시해 학습자가 원하는 난이도로 학습할 수 있도록 했습니다.
② 문법의 의미와 사용 상황을 설명하고 예문으로 이해를 돕습니다. 필요 시 'tip'을 통해 추가 설명을 제공합니다.
③ 일본어 문법서에서는 용어가 다양해 혼란을 초래할 수 있습니다. 본서는 권위 있는 사전과 문법서의 공통된 용어를 채택해 혼란을 줄였습니다.

본서를 완독하면 JLPT나 일본 유학 시험(EJU), JPT 등에서 기초부터 고급 표현까지 폭넓은 이해가 필요할 때 큰 도움이 될 것입니다. 이 책을 통해 일본어에서 느꼈던 의문과 혼란이 해결되기를 바랍니다.

마지막으로 이 책이 발간되기까지 많은 격려와 도움을 주신 다락원 정규도 사장님과 일본어 출판부 관계자 분들께 깊은 감사를 드립니다.

저자 김성곤

이 책의 구성

① 주제(표제어)

기초 문법부터 고급 문법까지 일목요연하게 정리했습니다.

② 일본어 능력시험(JLPT) 레벨 표시

일본어능력시험 레벨을 근거로 삼아 학습 난이도를 제시하였습니다. 자신의 실력에 맞는 표현을 학습할 수 있습니다.

③ 예문 MP3

예문을 들을 수 있는 MP3 번호입니다. 음원은 다락원 홈페이지 또는 QR코드를 통해 다운로드 하거나 들을 수 있습니다.

01 ～だ ～(이)다 ♪ 01-001 N5

명사를 보통말로 나타내는 현재 시제의 긍정 표현은 명사 뒤에 「だ(~이다)」를 붙여 나타낸다.

私は学生だ。 나는 학생이다.
今日は水曜日だ。 오늘은 수요일이다.
田中さんは先生だ。 다나카 씨는 선생님이다.

TIP
「だ」 대신에 「である」를 써서, 단정이나 설명의 의미를 강조하여 나타내기도 한다. 논문, 연설문, 설명문 등의 문장체에서 주로 사용한다.
私は学生である。 나는 학생이다. N3
人間は孤独な存在である。 인간은 고독한 존재이다. N3

④ 설명

각 문법에 대한 이해를 돕기 위해 설명을 넣었습니다. 문법 용어는 일본의 권위 있는 사전과 문법서의 공통된 내용을 따랐습니다.

⑥ TIP

문법의 이해를 돕기 위해 더 알아두어야 할 내용을 간단히 정리했습니다.

⑤ 예문

표현이 어떻게 쓰이는지 표현 의도와 상황에 따른 쓰임새를 이해하기 쉽게 예문을 실었습니다.

일러두기

원만한 의사 소통이 가능하려면 문장으로 자신의 생각이나 감정을 정확하게 표현하고, 상대는 자신이 받은 정보를 정확히 파악해야 한다. 이때 전달하려는 문장을 만드는 방법이나 규칙을 문법이라고 한다. 따라서 문법을 알아야 일본어를 제대로 표현하고 이해할 수 있다. 이 책에서 서술하고 있는 내용은 기본적으로 현대 사회에서 사용하고 있는 문법이며, 이에 대한 이해를 위해서는 '문장(文)', '문절(文節)', '단어(単語)'와 같은 문장의 단위나 '주어', '술어'와 같은 문장 성분, 그리고 품사를 알아야 한다.

1. 문장 구조

한 문장은 단위의 크기에 따라 '문장(文)', '문절(文節)', '단어(単語)'로 나뉜다.

① 문장(文)

생각이나 감정 등을 나타내는 한 묶음의 정리된 내용을 나타내는 최소 단위를 말한다. 한 개 또는 여러 개의 단어로 구성된다. 문(文)의 끝은 보통 「。(구점)」으로 끝난다.

ケーキをたくさん食べる。 케이크를 많이 먹다. [문장(文)]
今日私は友だちと映画を見た。 오늘 나는 친구와 영화를 봤다. [문장(文)]

② 문절(文節)

의미가 손상되지 않을 정도로 문장을 나눈 각 마디, 즉 의미를 나타내는 최소 단위를 문절(文節)이라고 한다. 문절을 이해하기 위해서는 '자립어'와 '부속어'라는 개념을 알아야 한다. 자립어는 '단독으로 문절을 구성할 수 있는 단어'이며, 부속어는 '자립어 뒤에 붙어서 사용되는 단어'를 말한다. 문절을 나눌 때 '① 문절에는 자립어가 하나뿐이다, ② 문절의 첫부분에 자립어가 온다' 이 두 가지를 잘 기억해야 한다.

ケーキを / たくさん / 食(た)べる。 케이크를 많이 먹다.
➡ ケーキ(자립어)＋を(부속어) / たくさん(자립어) / 食(た)べる(자립어)。 [문절 세 개]

今日(きょう) / 私(わたし)は / 友(とも)だちと / 映画(えいが)を / 見(み)た。 오늘 나는 친구와 영화를 봤다.
➡ 今日(きょう)(자립어) / 私(わたし)(자립어)＋は(부속어) / 友(とも)だち(자립어)＋と(부속어) / 映画(えいが)(자립어)＋を(부속어) / 見(み)(자립어)＋た(부속어)。 [문절 다섯 개]

③ 단어(単語)

문절을 더욱 세분화시키면 단어가 된다. '단어'는 말의 최소 단위이며 사전에 실려 있는 형태이다. '단어'가 한 개의 말이라고 한다면, 문절은 한 개 또는 그 이상의 '단어'로 구성되는 셈이다.

ケーキ / を / たくさん / 食(た)べる。 케이크를 많이 먹다. [단어 네 개]
今日(きょう) / 私(わたし) / は / 友(とも)だち / と / 映画(えいが) / を / 見(み) / た。 오늘 나는 친구와 영화를 봤다. [단어 아홉 개]

「見(み)た」의 경우, 동사「見(み)る」와 조동사「た」를 각 하나의 단어로 세기 때문에 두 단어로 본다.

2. 문장 구성

문절은 문장에서의 역할에 따라 주어, 술어, 수식어, 접속어, 독립어의 다섯 종류로 나뉜다.

① 주어(主語)

문장(文)에서 동작이나 상태의 주체를 나타내는 말을 주어라고 한다. 「これが(이것이)」, 「私は(나는)」처럼 주어에는「が」나「は」등의 조사가 붙는 경우가 많다. 다만, 주어는 경우에 따라 생략하기도 한다.

今日(きょう)私(わたし)は友(とも)だちと映画(えいが)を見(み)た。 오늘 나는 친구와 영화를 봤다. [私가 주어]
ケーキをたくさん食(た)べる。 케이크를 많이 먹다. [주어 생략]

② 술어(述語)

술어는 일본어 문장을 이루는 가장 중요한 구성 요소로, 주어의 동작이나 상태를 서술하는 문절을 말한다. 술어는 생략하지 않는다.

ケーキをたくさん食(た)べる。 케이크를 많이 먹다. [食べる가 술어]
今日(きょう)私(わたし)は友(とも)だちと映画(えいが)を見(み)た。 오늘 나는 친구와 영화를 봤다. [見た가 술어]

③ 수식어(修飾語)

뒤따르는 말을 꾸며주는 문절을 수식어라고 한다. 주어와 술어만으로는 의미를 충분히 전달할 수 없는 경우에 사용한다. 수식어는 어느 문절을 수식하는 지에 따라, 체언(명사)을 수식하는 연체수식어와 용언(동사, い형용사, な형용사)을 수식하는 연용수식어로 나뉘어진다. 예를 들면, 「おいしいケーキ(맛있는 케이크)」에서는 「おいしい(맛있다)」가 「ケーキ(케이크)」라는 명사를 수식하는 '연체수식어'이며, 「たくさん食べる(많이 먹다)」에서는 「たくさん(많이)」이 「食べる(먹다)」를 수식하는 '연용수식어'이다. 주어도 술어도 아닌 말은 접속어와 독립어와 같은 특별한 경우를 제외하면 모두 수식어이다.

ケーキをたくさん食(た)べる。 케이크를 많이 먹다. [수식어 : ケーキを・たくさん]
今日(きょう)私(わたし)は友(とも)だちと映画(えいが)を見(み)た。 오늘 나는 친구와 영화를 봤다. [수식어 : 今日・友だちと・映画を]

④ 접속어(接続語)

단어와 단어, 문절과 문절, 문장과 문장을 연결하여, 앞의 내용과 뒤의 내용이 어떠한 관계에 있는 지를 나타내는 단어나 문절을 접속어라고 한다.

私(わたし)は疲(つか)れたので、少(すこ)し休(やす)んだ。 나는 지쳤기 때문에 조금 쉬었다. [접속어 : 疲れたので]
旅行(りょこう)に行(い)きたい。だが、時間(じかん)がない。 여행을 가고 싶다. 하지만 시간이 없다. [접속어 : だが]

⑤ 독립어(独立語)

다른 문장 성분과 직접적인 관계없이 독립성이 강한 것을 독립어라고 한다.「はい、～」,「いいえ、～」,「あら、～」와 같은 대답이나 감탄사가 독립어에 해당한다. 문장 앞부분에 오며, 뒤에「、(두점 : 구두점 중 문장 중간에 찍는 점)」이 찍혀 있으므로 바로 알 수 있다.

はい、分かりました。 네, 알겠습니다. [독립어 : はい]
あら、もう7時だわ。 어머, 벌써 7시네! [독립어 : あら]

3. 품사 분류

단어는 문장의 최소 단위이며, 단어를 문장 속에서의 의미와 역할을 고려하여 분류한 것을 품사라고 한다. 품사는 일반적으로 다음 표와 같이 열 개로 분류하며 각 품사는 더욱 세분화된다. 예를 들어 명사는 보통명사, 고유명사, 형식명사 등으로 나뉘며 넓게는 대명사와 수사를 포함하기도 한다.

품사	활용 유무	독립성
동사 (動詞)	활용한다	자립어
い형용사 (い形容詞)		
な형용사 (な形容詞)		
명사 (名詞)	활용하지 않는다	
부사 (副詞)		
연체사 (連体詞)		
접속사 (接続詞)		
감동사 (感動詞)		
조동사 (助動詞)	활용한다	부속어
조사 (助詞)	활용하지 않는다	

- 자립어
  자립어는 '단독으로 문절을 구성할 수 있는 단어'를 말한다. '동사, い형용사, な형용사, 명사, 부사, 연체사, 접속사, 감동사'가 자립어에 속한다. 자립어로서 활용하는 '동사, い형용사, な형용사'를 용언이라고 한다.

- 부속어
  단독으로는 문절을 이루지 못하여 항상 자립어 뒤에 붙어서 문절의 일부로 사용되는 단어를 부속어라고 한다. '조사'와 '조동사'가 부속어에 속한다.

- 활용
  동사, い형용사, な형용사, 조동사가 그 용법에 따라 단어의 형태를 바꾸는 것을 활용이라고 한다. 즉, 문장을 끝내거나 다른 말에 이어질 때에 단어의 형태가 변화하는 것을 말한다.

① 동사(動詞)

동사는 사물의 동작이나 작용, 상태를 나타내는 말이다. 동사는 자립어로서 활용하는 성질을 갖고 있다. 동사의 기본형은 항상 う단으로 끝난다.

遊ぶ 놀다   行く 가다   食べる 먹다   見る 보다

② い형용사(い形容詞)

い형용사는 사물의 성질이나 상태를 나타낸다. 활용을 하는 자립어이며 문장 속에서 명사를 수식하거나 단독으로 쓰여 술어가 된다. 모든 い형용사는 「～い」의 형태로 끝난다.

おいしい 맛있다   大きい 크다   寒い 춥다   やさしい 상냥하다

③ な형용사(な形容詞)

な형용사는 활용을 하는 자립어이며, 문장 속에서 명사를 수식하거나 단독으로 쓰여 술어가 된다. 사물의 성질이나 상태를 나타낸다는 점에서는 い형용사와 비슷하지만, 활용하는 방법이 다르다.

簡単だ 간단하다　　きれいだ 아름답다　　静かだ 조용하다　　親切だ 친절하다

④ 명사(名詞)

명사는 사람이나 사물의 명칭을 나타내는 단어를 말한다. 명사는 자립어로서 단독으로 문절을 만들 수 있으며, 활용하지 않는 특징을 갖고 있다. 대명사와 더불어 '체언'이라고 부르기도 한다.

学校 학교　　辞書 사전　　花 꽃　　山 산

⑤ 부사(副詞)

부사는 주로 동사나 い형용사, な형용사 등을 수식하여, 사물의 상태나 정도를 나타낸다. 부사는 자립어이며 활용하지 않는 특징을 갖고 있다.

たぶん 아마　　とても 매우　　まだ 아직　　ゆっくり 천천히

⑥ 연체사(連体詞)

연체사는 활용하지 않는 자립어이며 명사를 수식하는 역할만 한다.

あらゆる 모든　　この 이　　そんな 그러한　　大した 대단한

⑦ 접속사(接続詞)

단어와 단어, 문장과 문장을 이어주는 말을 접속사라고 한다. 접속사는 자립어이므로 활용하지 않는다. 그 역할에 따라 순접, 역접, 나열, 첨가, 선택 등으로 나눌 수 있다.

しかし 그러나　　それに 게다가　　だから 그래서　　または 또는

⑧ 감동사(感動詞)

감동사는 활용이 없는 자립어이다. 주어나 술어, 수식어가 되지 않으며, 단독으로 쓰여 독립적인 의미를 지닌다. 감동사는 보통 문장의 첫 부분에 위치하여 감동, 응답, 호출 등의 의미를 나타낸다.

あっ 앗   あら 어머   ええ 네   もしもし 여보세요

⑨ 조동사(助動詞)

단독으로 문절을 만들지 않고 항상 자립어 뒤에 붙어서 사용되는 부속어이다. 활용하는 품사 중의 하나이다.

～させる ~시키다   ～たい ~(하)고 싶다   ～だろう ~(할) 것이다   ～ようだ ~같다

⑩ 조사(助詞)

조사는 독립된 의미가 없으며 활용하지 않는 부속어이다. 자립어 뒤에 붙어서 문법적 관계나 의미를 나타낸다.

～ので ~때문에   ～は ~은   ～も ~도   ～を ~을

차례

머리말   003
이 책의 구성   004
일러두기   005

PART 01 명사   017
명사 | 명사의 기본 표현 | 명사의 기타 표현

PART 02 수사와 존재   029
수사 | 조수사 | 존재 동사

PART 03 대명사   043
대명사 | 의문사 | 연체사 | 지시어

PART 04 い형용사   057
い형용사 | い형용사의 활용 | い형용사의 기본 표현
い형용사의 응용 표현

PART 05 な형용사   071
な형용사 | な형용사의 활용 | な형용사의 기본 표현
な형용사의 응용 표현

PART 06 동사   083
동사 | 동사의 종류 | 동사의 활용

| PART 07 | **동사 ます형** | 093 |

동사 ます형 | 동사 ます형의 기본 표현 | 동사 ます형의 응용 표현
동사의 い형용사화 | 동사의 명사화

| PART 08 | **동사 て형과 た형** | 107 |

동사 て형 | 동사 て형의 기본 표현 | 동사 て형의 응용 표현
동사 た형 | 동사 た형의 응용 표현

| PART 19 | **동사 ない형** | 129 |

동사 ない형 | 동사 ない형의 기본 표현
동사 ない형의 응용 표현

| PART 10 | **자동사와 타동사** | 143 |

자동사와 타동사 | 자동사와 타동사의 분류
짝을 이루는 자동사와 타동사 | 타동사 응용 표현

| PART 11 | **의지형과 명령형** | 151 |

의지형 | 의지형의 기본 표현 | 의지형의 응용 표현
명령형과 금지명령형 | 기타 표현

| PART 12 | **수수 표현** | 163 |

수급 표현 | 수익 표현 | 수급 표현의 경어 표현
수익 표현의 경어 표현 | 수수 표현의 응용 표현

| PART 13 | **수동형** | 175 |

수동형 | 수동형의 기본 표현 | 수동형의 관련 사항

| PART 14 | **사역형과 사역수동형** | 185 |

사역형 | 사역수동형

PART 15 조건형 193
と | ば | たら | なら

PART 16 가능형 209
가능형 | 가능형의 응용 표현

PART 17 양태와 추량 215
そうだ | ようだ | らしい
だろう・でしょう・かもしれない・みたいだ

PART 18 경어 231
경어 | 정중어 | 존경어 | 겸양어

PART 19 조동사 245
조동사 | 조동사의 활용 | 고어체 조동사의 응용 표현

PART 20 부사 267
부사 | 서술 부사 | 정도 부사 | 상태 부사

PART 21 접속사 285
접속사 | 순접 접속사 | 역접 접속사 | 첨가 접속사
병립(나열) 접속사 | 설명 접속사 | 전환 접속사 | 선택 접속사

PART 22 조사 I 307
조사 | 격조사 | が | で | に | を | と와 や
の | へ | から | より

PART 23 조사 II 361
부조사 | は | も | か | など | くらい・ぐらい
まで | とか | だけ | しか | ばかり | なんか
ほど | こそ | でも | 기타 조사

PART 24 조사 Ⅲ — 395

접속조사 | 종조사 | 접속조사의 응용 표현
형식명사에서 파생된 접속조사 표현
형식명사에서 파생된 종조사 표현

PART 25 명사 응용 표현 — 419

명사 응용 표현

PART 26 형식명사 — 435

こと | もの | ところ | わけ | はず | まま

PART 27 접두어와 접미어 — 455

접두어 | 접미어

PART 28 복합어 — 483

복합어 | 복합 동사

PART 29 감동사와 축약 표현 — 495

감동사 | 축약 표현

PART 30 품사와 표현 식별 — 503

ある의 품사 식별 | ない의 품사 식별
らしい의 품사 식별 | だ의 식별
こと와 の의 차이 식별

표현 색인 — 513

명사

1. 명사
2. 명사의 기본 표현
3. 명사의 기타 표현

1 명사

명사는 사람이나 사물의 이름을 나타내는 단어를 말한다. 수사, 대명사와 함께 체언이라고 부른다. 명사는 다음과 같은 특징을 갖는다.

❶ 자립어이며 활용하지 않는다.

명사는 단독으로 문절(의미를 이루는 최소 단위)을 만들 수 있으며 활용하지 않는 품사이다.

❷ 명사는 주어가 될 수 있다.

명사는 「が」를 수반하여 주어가 될 수 있다. 바꾸어 말하자면 「が」가 붙어서 주어가 될 수 있는 품사는 명사뿐이다.

 **TIP**

◆ 명사의 종류
- **보통 명사**: 사물의 일반적인 명칭
- **고유 명사**: 특정한 사물의 명칭
- **수사**: 수량이나 순서를 나타내는 말
- **형식 명사**: 형식적이며 추상적으로 사용되는 명사

 # 명사의 기본 표현

♪ 01-001

01 ～だ   ～(이)다   `N5`

명사를 보통말로 나타내는 현재 시제의 긍정 표현은 명사 뒤에 「だ(~이다)」를 붙여 나타낸다.

私は学生だ。 나는 학생이다.
今日は水曜日だ。 오늘은 수요일이다.
田中さんは先生だ。 다나카 씨는 선생님이다.

 TIP

「だ」 대신에 「である」를 써서, 단정이나 설명의 의미를 강조하여 나타내기도 한다. 논문, 연설문, 설명문 등의 문장체에서 주로 사용한다.
私は学生である。 나는 학생이다. `N3`
人間は孤独な存在である。 인간은 고독한 존재이다. `N3`

♪ 01-002

02 ～ではない   ~이 아니다   `N5`

명사를 보통말로 나타내는 현재 시제의 부정 표현은 명사 뒤에 「～ではない(~이 아니다)」를 붙여 나타낸다. 회화체에서는 「では」를 「じゃ」로 축약하여 「～じゃない」라고 하는 경우가 많다.

私は学生ではない。 = 私は学生じゃない。 나는 학생이 아니다.
今日は水曜日ではない。 = 今日は水曜日じゃない。 오늘은 수요일이 아니다.
田中さんは先生ではない。 = 田中さんは先生じゃない。
다나카 씨는 선생님이 아니다.

03 ～だった   ～이었다   N5

과거 시제의 긍정 표현을 보통말로 나타낼 때는 명사에「～だった」를 붙인다.

昨日(きのう)は休(やす)みだった。　어제는 휴일이었다.

昨日(きのう)は火曜日(かようび)だった。　어제는 화요일이었다.

田中(たなか)さんは先生(せんせい)だった。　다나카 씨는 선생님이었다.

04 ～ではなかった   ～이 아니었다   N5

과거를 부정하는 표현은 명사 뒤에「～ではなかった」를 붙인다. 회화체에서는「では」를「じゃ」로 축약하여「～じゃなかった」라고 하는 경우가 많다.

昨日(きのう)は休(やす)みではなかった。
= 昨日(きのう)は休(やす)みじゃなかった。　어제는 휴일이 아니었다.

今日(きょう)は火曜日(かようび)ではなかった。
= 今日(きょう)は火曜日(かようび)じゃなかった。　오늘은 화요일이 아니었다.

田中(たなか)さんは先生(せんせい)ではなかった。
= 田中(たなか)さんは先生(せんせい)じゃなかった。　다나카 씨는 선생님이 아니었다.

05 ～です   ～입니다   N5

「～だ(～이다)」의 공손한 표현으로, 명사 뒤에 붙여서 현재 시제를 정중하게 나타낸다.

私(わたし)は学生(がくせい)です。　나는 학생입니다.

今日(きょう)は水曜日(すいようび)です。　오늘은 수요일입니다.

田中(たなか)さんは先生(せんせい)です。　다나카 씨는 선생님입니다.

06 〜ではありません　〜이 아닙니다　N5

명사 뒤에「〜ではありません(〜이 아닙니다)」을 붙이면 현재 시제를 정중하게 부정하는 표현이 된다. 일상 회화에서는「〜じゃありません」을 사용하는 경우가 많다.

私は学生ではありません。
= 私は学生じゃありません。 나는 학생이 아닙니다.

今日は水曜日ではありません。
= 今日は水曜日じゃありません。 오늘은 수요일이 아닙니다.

田中さんは先生ではありません。
= 田中さんは先生じゃありません。 다나카 씨는 선생님이 아닙니다.

07 〜でした　〜이었습니다　N5

명사의 과거 상태를 정중하게 말할 때는 명사 뒤에「〜でした(〜이었습니다)」를 붙인다.

昨日は休みでした。 어제는 휴일이었습니다.
会議は昨日でした。 회의는 어제였습니다.
田中さんは先生でした。 다나카 씨는 선생님이었습니다.

08 〜ではありませんでした　〜이 아니었습니다　N5

명사 뒤에「〜ではありませんでした」를 붙이면, 정중하게 명사의 과거를 부정하는 표현이 된다. 실제 회화 상황에서는「では」를「じゃ」로 축약하여 말하는 경우가 많다.

昨日(きのう)は休(やす)みではありませんでした。
= 昨日(きのう)は休(やす)みじゃありませんでした。 어제는 휴일이 아니었습니다.

会議(かいぎ)は昨日(きのう)ではありませんでした。
= 会議(かいぎ)は昨日(きのう)じゃありませんでした。 회의는 어제가 아니었습니다.

田中(たなか)さんは先生(せんせい)ではありませんでした。
= 田中(たなか)さんは先生(せんせい)じゃありませんでした。 다나카 씨는 선생님이 아니었습니다.

09 〜ですか　〜입니까?　N5

명사 뒤에「〜ですか(〜입니까)」를 붙이면 정중하게 묻는 표현이 된다.

田中(たなか)さんは学生(がくせい)ですか。 다나카 씨는 학생입니까?
今日(きょう)は水曜日(すいようび)ですか。 오늘은 수요일입니까?
これは鉛筆(えんぴつ)ですか。 이것은 연필입니까?

선택이나 확인의 의미를 나타낼 때는「〜ですか、〜ですか」라고 말하기도 한다.
今日(きょう)は水曜日(すいようび)ですか、木曜日(もくようび)ですか。 오늘은 수요일입니까? 목요일입니까?
これは鉛筆(えんぴつ)ですか、ボールペンですか。 이것은 연필입니까? 볼펜입니까?

10 〜ではありませんか   ~이 아닙니까?   N5

문장의 내용을 부정하는 것이 아니라 확인하거나 반문(되묻기)할 때에 사용한다. 회화체에서는「では」를「じゃ」로 축약하여「〜じゃありませんか」라고 하는 경우가 많다.

田中さんは学生ではありませんか。
= 田中さんは学生じゃありませんか。 다나카 씨는 학생이 아닙니까?

今日は水曜日ではありませんか。
= 今日は水曜日じゃありませんか。 오늘은 수요일이 아닙니까?

これは鉛筆ではありませんか。
= これは鉛筆じゃありませんか。 이것은 연필이 아닙니까?

11 〜でしたか   ~이었습니까?   N5

명사의 과거를 정중하게 묻거나 확인하는 표현이다.

昨日は休みでしたか。 어제는 휴일이었습니까?
会議は昨日でしたか。 회의는 어제였습니까?
田中さんは先生でしたか。 다나카 씨는 선생님이었습니까?

12 〜ではありませんでしたか　〜이 아니었습니까? N5

명사를 부정하는 것이 아니라, 명사의 과거를 정중하게 확인하거나 반문하는 표현이다. 회화에서는 「〜じゃありませんでしたか」의 형태로 사용하는 경우가 많다.

昨日は休みではありませんでしたか。
＝ 昨日は休みじゃありませんでしたか。 어제는 휴일이 아니었습니까?

会議は昨日ではありませんでしたか。
＝ 会議は昨日じゃありませんでしたか。 회의는 어제가 아니었습니까?

田中さんは先生ではありませんでしたか。
＝ 田中さんは先生じゃありませんでしたか。
다나카 씨는 선생님이 아니었습니까?

3 명사의 기타 표현

01 ～の～　～의～

일본어에서는 명사와 명사 사이에 「の」를 넣어서, 명사를 연결한다. 한국어로는 명사와 명사를 연결할 때 '～의'를 생략하는 경우가 많지만, 일본어에서는 「の」를 생략하지 않는 것이 기본이다.

それは私のカメラです。 그것은 내 카메라입니다.
これは木村さんの本ですか。 이것은 기무라 씨의 책입니까?
私は毎日日本語の勉強をします。 나는 매일 일본어 공부를 합니다.

> **TIP**
> 명사와 명사가 만나 새로운 의미를 나타내는 복합명사가 될 때는 그 사이의 「の」를 생략한다.
> 携帯＋電話 → 携帯電話 휴대전화
> 日本＋銀行 → 日本銀行 일본은행
> 営業＋時間 → 営業時間 영업시간

02　～で　～이고

두 문장을 하나로 묶을 때 「で」를 사용한다. 즉, 「で」를 사용하여 앞 문장을 일단락 지은 후, 뒤이어 다른 문장이 오도록 하여 한 문장으로 만든다.

これは英語の辞書です。あれは日本語の辞書です。
이것은 영어 사전입니다. 저것은 일본어 사전입니다.
→ **これは英語の辞書で、あれは日本語の辞書です。**
　이것은 영어 사전이고, 저것은 일본어 사전입니다.

大きいかばんは私ので、小さいかばんは妹のです。
큰 가방은 내 것이고, 작은 가방은 여동생의 것입니다.
この人は鈴木さんで、あの人は山田さんです。
이 사람은 스즈키 씨이고, 저 사람은 야마다 씨입니다.

03　～の　～의 것

명사 뒤에 붙어서 '~의 것'이라는 소유물의 의미를 나타낸다. 즉, 「の」에 명사의 내용이 포함되어 있다.

このかさは田中さんのです。 이 우산은 다나카 씨의 것입니다. [다나카 씨의 우산]
その本は私のです。 그 책은 내 것입니다. [내 책]
君のはあれだ。 너의 것은 저것이다.

04 연체수식절의 수식을 받는 명사

연체수식절이란 명사를 수식하는 문장을 말하며, 명사의 내용이나 특징을 설명한다. 예를 들어「これは私が食べたパンです(이것은 내가 먹은 빵입니다)」에서「私が食べた(내가 먹었다)」라는 문장, 즉 절은 명사「パン」을 꾸미는 수식어의 역할을 한다. 이러한 연체수식절 속에서의 주격조사「が」는 일반적으로「の」로 대치되는 편이 자연스럽다. 그런 연유로「これは私の食べたパンです」와 같은 문장이 만들어진다.

あそこで話している人は山田さんだ。
저기에서 이야기하고 있는 사람은 야마다 씨이다.

위의 문장은「あそこで話している(저기에서 이야기하고 있다)」와「その人は山田さんだ(그 사람은 야마다 씨다)」라는 두 문장이 합쳐진 것이다.「あそこで話している」라는 문장(연체수식절)이「人」를 수식한다.

❶ 동사 기본형＋명사
これは田中先生に**出す手紙**です。 이것은 다나카 선생님에게 부칠 편지입니다.
来週東京へ**行く人**はだれですか。 다음 주에 도쿄에 가는 사람은 누구입니까?

❷ 동사 과거형＋명사
これは昨日公園で**撮った写真**です。 이것은 어제 공원에서 찍은 사진입니다.
昨日**見た映画**はおもしろかったです。 어제 본 영화는 재미있었습니다.

수사와 존재

1. 수사
2. 조수사
3. 존재 동사

 수사

♪ 02-001

사물의 수량이나 순서를 나타내는 명사를 수사라고 한다. 이때 수사 뒤에 붙어 단위를 나타내는 말을 조수사(助数詞)라고 한다. 예를 들어, 「一枚(한 장)」의 「一」는 '수사'이며, 뒤에 오는 「枚」는 '조수사'인 셈이다. 숫자를 세려는 대상에 따라서 다양한 조수사를 사용한다.

ケーキを5つ買いました。 케이크를 다섯 개 샀습니다.
明日から4月です。 내일부터 4월입니다.
本を2冊買いました。 책을 두 권 샀습니다.
はがきを3枚ください。 엽서를 세 장 주세요.

A このりんごはいくらですか。 이 사과는 얼마입니까?
B 100円です。 100엔입니다.

01 숫자 읽기

❶ 일본 고유의 숫자 읽기 (하나, 둘, 셋, ……)

♪ 02-002

1つ	2つ	3つ	4つ	5つ
ひとつ	ふたつ	みっつ	よっつ	いつつ
6つ	7つ	8つ	9つ	10
むっつ	ななつ	やっつ	ここのつ	とお

❷ 일반적인 숫자 읽기 (일, 이, 삼, ……)

♪ 02-003

1	2	3	4	5
いち	に	さん	よん / し / よ	ご
6	7	8	9	10
ろく	なな / しち	はち	きゅう / く	じゅう

숫자 '0'은 「れい」라고 읽는다. 단, '0'을 강조하거나 발음상의 혼란을 피하기 위해 영어식으로 「ゼロ(ZERO)」라고 읽거나 숫자 '0'이 동그랗게 생겼으므로 「まる(동그라미)」라고 읽는 경우도 있다.

♪ 02-004

10	20	30	40	50
じゅう	にじゅう	さんじゅう	よんじゅう	ごじゅう
60	70	80	90	100
ろくじゅう	ななじゅう	はちじゅう	きゅうじゅう	ひゃく
100	200	300	400	500
ひゃく	にひゃく	さんびゃく	よんひゃく	ごひゃく
600	700	800	900	1,000
ろっぴゃく	ななひゃく	はっぴゃく	きゅうひゃく	せん
1,000	2,000	3,000	4,000	5,000
せん	にせん	さんぜん	よんせん	ごせん
6,000	7,000	8,000	9,000	10,000
ろくせん	ななせん	はっせん	きゅうせん	いちまん

숫자 10,000은 우리말과 달리 「まん」 앞에 「いち」를 붙여서 「いちまん」이라고 해야 한다.

그 밖의 다른 숫자를 읽을 때는 자리에 맞는 숫자를 하나로 묶어서 읽으면 된다. 예를 들어 '215'는 '200+10+5'이므로 「にひゃくじゅうご」라고 읽는다.

❸ 전화번호

전화번호는 한 글자씩 읽는다. 숫자 사이에 있는 '-'는 「の」라고 읽는다.

れいさん の さんなな に よん の れいはちよん に
03-3724-0842

れい ご なな の に さんはち の なな ご さんいち
057-238-7531

02 날짜 읽기　　N5

❶ 월
♪ 02-005

1月	2月	3月	4月	5月	6月
いちがつ	にがつ	さんがつ	しがつ	ごがつ	ろくがつ
7月	8月	9月	10月	11月	12月
しちがつ	はちがつ	くがつ	じゅうがつ	じゅういちがつ	じゅうにがつ

'몇 월'은 「何月(なんがつ)」라고 한다.

❷ 일
♪ 02-006

1日	2日	3日	4日	5日
ついたち	ふつか	みっか	よっか	いつか
6日	7日	8日	9日	10日
むいか	なのか	ようか	ここのか	とおか
11日	12日	13日	14日	15日
じゅういちにち	じゅうににち	じゅうさんにち	じゅうよっか	じゅうごにち
16日	17日	18日	19日	20日
じゅうろくにち	じゅうしちにち	じゅうはちにち	じゅうくにち	はつか
21日	22日	23日	24日	25日
にじゅういちにち	にじゅうににち	にじゅうさんにち	にじゅうよっか	にじゅうごにち
26日	27日	28日	29日	30日
にじゅうろくにち	にじゅうしちにち	にじゅうはちにち	にじゅうくにち	さんじゅうにち
31日				
さんじゅういちにち				

- '며칠'은 「何日(なんにち)」라고 한다.
- 1일부터 10일, 그리고 20일은 일본 고유어로 나타낸다.

❸ 일간 (~일 동안) ♪ 02-007

1日間	2日間	3日間	4日間	5日間
いちにちかん	ふつかかん	みっかかん	よっかかん	いつかかん
6日間	7日間	8日間	9日間	10日間
むいかかん	なのかかん	ようかかん	ここのかかん	とおかかん
11日間	12日間	13日間	14日間	15日間
じゅういちにちかん	じゅうににちかん	じゅうさんにちかん	じゅうよっかかん	じゅうごにちかん

- '며칠 동안'은 「何日間(なんにちかん)」이라고 한다.
- 「間(かん)」은 생략 가능하다.
- 「一日」의 경우 달력상의 날짜일 때는 「ついたち」, 기간을 나타낼 때는 「いちにち」로 읽는다.

今日(きょう)は２月(に がつ)１日(ついたち)です。 오늘은 2월 1일입니다.
１日(いちにち)は２４時間(にじゅうよ じ かん)です。 하루는 24시간입니다.

❹ 주간 (~주일 동안) ♪ 02-008

1週間	2週間	3週間	4週間	5週間
いっしゅうかん	にしゅうかん	さんしゅうかん	よんしゅうかん	ごしゅうかん
6週間	7週間	8週間	9週間	10週間
ろくしゅうかん	ななしゅうかん	はっしゅうかん	きゅうしゅうかん	じゅっしゅうかん

'몇 주'는 「何週間(なんしゅうかん)」이라고 한다.

❺ ~개월 ♪ 02-009

1カ月	2カ月	3カ月	4カ月	5カ月
いっかげつ	にかげつ	さんかげつ	よんかげつ	ごかげつ
6カ月	7カ月	8カ月	9カ月	10カ月
ろっかげつ	ななかげつ	はっかげつ	きゅうかげつ	じゅっかげつ

'몇 개월'은 「何ヶ月(なん か げつ)」라고 한다.

03 시간 읽기 N5

❶ 시

♪ 02-010

1時	2時	3時	4時	5時	6時
いちじ	にじ	さんじ	よじ	ごじ	ろくじ
7時	8時	9時	10時	11時	12時
しちじ	はちじ	くじ	じゅうじ	じゅういちじ	じゅうにじ

'몇 시'는 「何時(なんじ)」라고 한다.

❷ 분

♪ 02-011

1分	2分	3分	4分	5分	6分
いっぷん	にふん	さんぷん	よんぷん	ごふん	ろっぷん
7分	8分	9分	10分	15分	30分
ななふん	はっぷん	きゅうふん	じゅっぷん じっぷん	じゅうごふん	さんじゅっぷん さんじっぷん

'몇 분'은 「何分(なんぷん)」이라고 한다.

❸ 초

♪ 02-012

1秒	2秒	3秒	4秒	5秒
いちびょう	にびょう	さんびょう	よんびょう	ごびょう
6秒	7秒	8秒	9秒	10秒
ろくびょう	ななびょう	はちびょう	きゅうびょう	じゅうびょう

'몇 초'는 「何秒(なんびょう)」라고 한다.

2 조수사

❶ 개수

♪ 02-013

1個	2個	3個	4個	5個
いっこ	にこ	さんこ	よんこ	ごこ
6個	7個	8個	9個	10個
ろっこ	ななこ	はっこ	きゅうこ	じゅっこ / じっこ

- '몇 개'는 「いくつ」라고 한다.
- 「10個」의 경우 「じっこ」가 전통적인 읽기 방식이지만, 회화에서는 「じゅっこ」를 더 많이 쓴다.

❷ 종이, 수건, 셔츠, 접시 등과 같이 얇은 물건

♪ 02-014

1枚	2枚	3枚	4枚	5枚
いちまい	にまい	さんまい	よんまい	ごまい
6枚	7枚	8枚	9枚	10枚
ろくまい	ななまい	はちまい	きゅうまい	じゅうまい

'몇 장'은 「何枚(なんまい)」라고 한다.

❸ 책

♪ 02-015

1冊	2冊	3冊	4冊	5冊
いっさつ	にさつ	さんさつ	よんさつ	ごさつ
6冊	7冊	8冊	9冊	10冊
ろくさつ	ななさつ	はちさつ	きゅうさつ	じゅっさつ / じっさつ

'몇 권'은 「何冊(なんさつ)」라고 한다.

❹ 가늘고 긴 물건 (연필, 우산, 나무, 병 등) ♪ 02-016

1本	2本	3本	4本	5本
いっぽん	にほん	さんぼん	よんほん	ごほん
6本	7本	8本	9本	10本
ろっぽん	ななほん	はっぽん	きゅうほん	じゅっぽん じっぽん

'몇 자루'는 「何本(なんぼん)」이라고 한다.

❺ 작은 동물, 물고기, 벌레 등 ♪ 02-017

1匹	2匹	3匹	4匹	5匹
いっぴき	にひき	さんびき	よんひき	ごひき
6匹	7匹	8匹	9匹	10匹
ろっぴき	ななひき	はっぴき	きゅうひき	じゅっぴき じっぴき

'몇 마리'는 「何匹(なんびき)」라고 한다.

❻ 자동차, 기계, 가전제품 등 ♪ 02-018

1台	2台	3台	4台	5台
いちだい	にだい	さんだい	よんだい	ごだい
6台	7台	8台	9台	10台
ろくだい	ななだい	はちだい	きゅうだい	じゅうだい

'몇 대'는 「何台(なんだい)」라고 한다.

❼ 잔 ♪ 02-019

1杯	2杯	3杯	4杯	5杯
いっぱい	にはい	さんばい	よんはい	ごはい
6杯	7杯	8杯	9杯	10杯
ろっぱい	ななはい	はっぱい	きゅうはい	じゅっぱい じっぱい

'몇 잔'은 「何杯(なんばい)」라고 한다.

❽ 층 ♪ 02-020

1階	2階	3階	4階	5階
いっかい	にかい	さんかい さんがい	よんかい	ごかい
6階	7階	8階	9階	10階
ろっかい	ななかい	はっかい	きゅうかい	じゅっかい じっかい

'몇 층'은 「何階(なんかい/なんがい)」라고 한다.

❾ 횟수 ♪ 02-021

1回	2回	3回	4回	5回
いっかい	にかい	さんかい	よんかい	ごかい
6回	7回	8回	9回	10回
ろっかい	ななかい	はっかい	きゅうかい	じゅっかい じっかい

'몇 회'는 「何回(なんかい)」라고 한다.

⑩ 번

♪ 02-022

1番	2番	3番	4番	5番
いちばん	にばん	さんばん	よんばん	ごばん
6番	7番	8番	9番	10番
ろくばん	ななばん	はちばん	きゅうばん	じゅうばん

'몇 번'은 「何番(なんばん)」이라고 한다.

⑪ 돈

♪ 02-023

1円	2円	3円	4円	5円
いちえん	にえん	さんえん	よえん	ごえん
6円	7円	8円	9円	10円
ろくえん	ななえん	はちえん	きゅうえん	じゅうえん

'얼마'는 「いくら」라고 한다. 「いくら」는 가격이나 무게를 물어볼 때 사용하고, 「いくつ」는 갯수나 나이를 물어볼 때 사용한다.

⑫ 사람

♪ 02-024

1人	2人	3人	4人	5人
ひとり	ふたり	さんにん	よにん	ごにん
6人	7人	8人	9人	10人
ろくにん	ななにん しちにん	はちにん	きゅうにん くにん	じゅうにん

'몇 명, 몇 사람'은 「何人(なんにん)」이라고 한다.

⑬ 나이

♪ 02-025

1歳	2歳	3歳	4歳	5歳
いっさい	にさい	さんさい	よんさい	ごさい
6歳	7歳	8歳	9歳	10歳
ろくさい	ななさい	はっさい	きゅうさい	じゅっさい じっさい

'몇 살'은「いくつ」라고 한다.

3 존재 동사

♪ 02-026

01   ある   (무생물이나 식물 등이) 있다   N5

어떤 장소에 사물(무생물이나 식물 등)이 있을 때는 「ある」를 사용한다. 즉, 움직이지 않는 것의 존재는 「ある」로 나타낸다.

りんごが 3つあります。 사과가 세 개 있습니다.
机の上に本があります。 책상 위에 책이 있습니다.
私の会社は東京にあります。 우리 회사는 도쿄에 있습니다.
この公園には木がたくさんあります。 이 공원에는 나무가 많이 있습니다.

♪ 02-027

02   いる   (사람이나 동물 등이) 있다   N5

어떤 장소에 사람이나 동물이 있을 때는 「いる」를 사용한다. 즉, 움직이는 것의 존재는 「いる」로 나타낸다.

池の中にはこいがいます。 연못 안에는 잉어가 있습니다.
私は5時まで会社にいます。 나는 다섯 시까지 회사에 있습니다.
図書館の前に学生が3人います。 도서관 앞에 학생이 세 명 있습니다.

03 〜に〜がある　　〜에 〜가 있다　　

현재긍정 보통체	ある	있다
현재부정 보통체	ない	없다
과거긍정 보통체	あった	있었다
과거부정 보통체	なかった	없었다

テーブルの上に本がある。 테이블 위에 책이 있다.
テーブルの上に本がない。 테이블 위에 책이 없다.
テーブルの上に本があった。 테이블 위에 책이 있었다.
テーブルの上に本がなかった。 테이블 위에 책이 없었다.

현재긍정 정중체	あります	있습니다
현재부정 정중체	ありません	없습니다
과거긍정 정중체	ありました	있었습니다
과거부정 정중체	ありませんでした	없었습니다

テーブルの上に本があります。 테이블 위에 책이 있습니다.
テーブルの上に本がありません。 테이블 위에 책이 없습니다.
テーブルの上に本がありました。 테이블 위에 책이 있었습니다.
テーブルの上に本がありませんでした。 테이블 위에 책이 없었습니다.

04 〜に〜がいる 〜에 〜가 있다

현재긍정 보통체	いる	있다
현재부정 보통체	いない	없다
과거긍정 보통체	いた	있었다
과거부정 보통체	いなかった	없었다

教室に学生がいる。 교실에 학생이 있다.
教室に学生がいない。 교실에 학생이 없다.
教室に学生がいた。 교실에 학생이 있었다.
教室に学生がいなかった。 교실에 학생이 없었다.

현재긍정 정중체	います	있습니다
현재부정 정중체	いません	없습니다
과거긍정 정중체	いました	있었습니다
과거부정 정중체	いませんでした	없었습니다

教室に学生がいます。 교실에 학생이 있습니다.
教室に学生がいません。 교실에 학생이 없습니다.
教室に学生がいました。 교실에 학생이 있었습니다.
教室に学生がいませんでした。 교실에 학생이 없었습니다.

대명사

1 대명사

2 의문사

3 연체사

4 지시어

1 대명사

대명사란 구체적인 명칭 대신에 사람이나 사물, 방향 등을 가리키는 말이다. 문장에서는 명사와 같은 작용을 한다. 대명사는 '나, 너, 그, 그녀'처럼 사람을 가리키는 인칭대명사와 '이것, 그것, 저것'처럼 사물이나 장소, 방향을 나타내는 지시대명사로 나눈다.

♪ 03-001

01 인칭대명사   N5

1인칭	わたし 나 わたくし 저 ぼく 나 おれ 나
2인칭	あなた 당신 きみ 너, 자네 お前 너
3인칭	彼 그 彼女 그녀
부정칭	だれ 누구 どなた 어느 분

❶ 1인칭 대명사

말하는 사람 자신을 나타낸다.

▶ 私(わたし)

일반적으로 자신을 가리키는 말이다.
私(わたし)は会社員(かいしゃいん)です。 나는 회사원입니다.

▶ 私(わたくし)

「私(わたし)」와 같은 한자를 쓰지만 더 정중하고 겸손한 표현이다.
私(わたくし)、山田(やまだ)と申(もう)します。 저는 야마다라고 합니다.

▶ **ぼく**

남성이 격식 없는 자리에서 사용하는 말이다.

ぼくも一緒(いっしょ)に行(い)くよ。 나도 같이 갈게.

▶ **おれ**

남성이 사용하는 말이다. 「ぼく」보다 거친 느낌을 준다.

おれはこっちがいい。 나는 이쪽이 좋아!

❷ 2인칭 대명사

상대방, 즉 듣는 사람을 가리킨다.

▶ **あなた**

상대를 가리키는 말. 우리 말의 '너, 당신'의 뉘앙스에 가까운 말이다. 그렇기 때문에 윗사람에게 사용하지 않으며, 일반적으로 상대방을 부를 때는 보통 이름 뒤에 「さん」을 붙여서 부른다.

あなたは何時(なんじ)に起(お)きますか。 당신은 몇 시에 일어납니까?

▶ **君(きみ)**

대등한 관계이거나 아랫사람에게 주로 사용하는 말이다. 「あなた」보다는 격식이 없고 「お前(まえ)」보다는 정중한 느낌을 준다.

君(きみ)も一緒(いっしょ)に行(い)こうよ。 너도 같이 가자!

▶ **お前(まえ)**

대등한 관계이거나 아랫사람을 부르는 말이다. 주로 남성이 사용한다.

お前(まえ)、この頃(ころ)元気(げんき)がないな。 너 요즘 기운이 없네.

❸ 3인칭 대명사

대화 당사자 이외의 제3의 인물을 가리키는 말이다. 일상적인 회화에서는 직접 대상이 되는 사람의 이름을 부르는 경우가 대부분이다.

▶ **彼(かれ)**

제삼자인 남성을 가리킨다. 남자친구나 애인의 의미로 쓰기도 한다.

彼(かれ)はまじめな人(ひと)です。 그는 성실한 사람입니다.

▶ 彼女(かのじょ)

제삼자인 여성을 가리킨다. 여자친구나 애인의 의미로 쓰기도 한다.
彼女(かのじょ)は本(ほん)を読(よ)んでいる。 그녀는 책을 읽고 있다.

❹ 부정칭 대명사

대상이 누구라고 정확히 한정되지 않은 대명사이다. 뒤의 '의문사'에서 다시 다루기로 한다.

▶ だれ

이름을 모르는 사람, 또는 분명하게 누구라고 단정지을 수 없는 사람을 가리킬 때 사용한다.
あの人(ひと)はだれですか。 저 사람은 누구입니까?

▶ どなた

「だれ」보다 정중한 표현이다.
あの方(かた)はどなたですか。 저 분은 누구십니까?

02 지시대명사

지시대명사는 문법상으로는 대명사의 일부분이다. 사물을 나타내는 「これ(이것), それ(그것), あれ(저것), どれ(어느 것)」나 장소를 나타내는 「ここ(이곳), そこ(그곳), あそこ(저곳), どこ(어디)」, 방향을 나타내는 「こちら(이쪽), そちら(그쪽), あちら(저쪽), どちら(어느 쪽)」 등이 있다. 다만 지시대명사는 대명사라는 문법적 의미보다 사물을 가리키는 기능인 '지시어'로서 다루는 편이 이해하기 쉬우므로 다음 '지시어' 부분에서 다루도록 하겠다.

2 의문사

의문의 초점이나 사물의 사태를 지시하는 말을 의문사라고 한다.

품사	의문사
대명사	何 무엇 いつ 언제 だれ 누구 どなた 어느 분 どちら 어느 쪽 どこ 어디
수사	いくつ 몇 いくら 얼마
부사	なぜ 왜 どうして 어째서 どう 어떻게
연체사	どの 어느 どんな 어떤

♪ 03-002

01 何 무엇

「何」는 일반적으로「なに」라고 읽는데「何」뒤에「の, と」가 오면 보통「なん」으로 발음한다.「何か」의 경우,「なにか」,「なんか」둘 다 가능하지만 정중한 느낌으로 말할 때는「なにか」를 더 많이 사용한다.

「さようなら」は、フランス語で何と言いますか。
'안녕히 가세요'는 프랑스어로 무엇이라고 말합니까?

A 何か食べましたか。 무언가 먹었습니까?
B いいえ、何も食べていません。 아니오, 아무것도 먹지 않았습니다.

02 いつ 언제

시간을 나타내는 의문대명사이다.

夏休みは<u>いつ</u>から<u>いつ</u>までですか。 여름방학은 언제부터 언제까지입니까?

パーティーは<u>いつ</u>がいいですか。 파티는 언제가 좋습니까?

03 だれ 누구・どなた 어느 분, 누구

사람을 대상으로 한 의문대명사이다. 「どなた(어느 분, 누구)」가 「だれ(누구)」보다 더욱 정중한 표현이다.

あの人は<u>だれ</u>ですか。 저 사람은 누구입니까?

そこには<u>だれ</u>もいなかった。 그곳에는 아무도 없었다.

あの方は<u>どなた</u>ですか。 저 분은 누구십니까?

<u>どなた</u>か窓を閉めてください。 어느 분이든 창문을 닫아 주세요.

04 いくつ 몇 개

사물의 개수를 물을 때 사용한다.

みかんは<u>いくつ</u>ありますか。 귤은 몇 개 있습니까?

ケーキは<u>いくつ</u>買いましたか。 케이크는 몇 개 샀습니까?

> 「いくつ」는 나이를 물을 때 쓰기도 한다.
> お<u>いくつ</u>ですか。 몇 살입니까?

05 いくら　얼마　N5

금액을 물을 때 사용하는 의문사이다.

このシャツは<u>いくら</u>ですか。 이 셔츠는 얼마입니까?
このりんごは全部(ぜんぶ)で<u>いくら</u>ですか。 이 사과는 전부 얼마입니까?

06 なぜ・どうして　왜, 어째서　N5

원인이나 이유를 묻는 의문사이다.

<u>なぜ</u>日本語(にほんご)を勉強(べんきょう)しますか。 왜 일본어를 공부합니까?
<u>どうして</u>昨日(きのう)、パーティーに来(こ)なかったの。 어째서 어제 파티에 오지 않은 거야?

07 どのぐらい・どれぐらい　어느 정도, 얼마나　N5

대략적인 수량을 묻는 표현이다. 「ぐらい」 대신 「くらい」를 써도 무방하다.

山田(やまだ)さんの家(いえ)は駅(えき)から<u>どのぐらい</u>ですか。
야마다 씨의 집은 역에서 어느 정도입니까?
昨日(きのう)は、<u>どれぐらい</u>寝(ね)ましたか。 어제는 얼마나 잤습니까?

3 연체사

연체사는 활용하지 않는 자립어이며 오직 체언을 꾸미는 역할만 한다. 연체사는 말의 마지막이 무엇으로 끝나는 지에 따라 다음과 같이 나눈다.

「の」로 끝나는 연체사	この 이 その 그 あの 저 どの 어느 ほんの 매우, 몹시
「な」로 끝나는 연체사	こんな 이런 そんな 그런 あんな 저런 どんな 어떤 大(おお)きな 커다란 小(ち)さな 자그마한
「る」로 끝나는 연체사	明(あ)くる 다음 あらゆる 모든 ある 어느 いかなる 어떠한 いわゆる 이른바 確(かく)たる 확실한 さる 어느 単(たん)なる 단순한
「た・だ」로 끝나는 연체사	大(たい)した 대단한, 엄청난 とんだ 예상치 못한, 엄청난
기타	我(わ)が 나의, 우리

♪ 03-009

01 の로 끝나는 연체사

N5

> この 이   その 그   あの 저   どの 어느   ほんの 아주, 겨우

このりんごはいくらですか。 이 사과는 얼마입니까?
そのかばんは田中(たなか)さんのです。 그 가방은 다나카 씨 것입니다.
あの人は会社員(かいしゃいん)です。 저 사람은 회사원입니다.
どの本(ほん)がおもしろいですか。 어느 책이 재미있습니까?
ほんの少(すこ)ししかない。 아주 조금밖에 없다.

02 な로 끝나는 연체사　N5

こんな 이런	そんな 그런	あんな 저런
どんな 어떤	大(おお)きな 커다란	小(ちい)さな 자그마한

こんな服(ふく)はだれが着(き)るんですか。 이런 옷은 누가 입는 겁니까?
そんな本(ほん)は読(よ)まないほうがいいですよ。 그런 책은 읽지 않는 편이 좋아요.
あんな映画(えいが)は見(み)たくない。 저런 영화는 보고 싶지 않다.
どんなかばんがほしいですか。 어떤 가방을 원합니까?
大(おお)きな夢(ゆめ)を持(も)っている。 커다란 꿈을 갖고 있다.
小(ちい)さな花(はな)が咲(さ)いている。 자그마한 꽃이 피어 있다.

03 る로 끝나는 연체사

明(あ)くる 다음	あらゆる 모든	ある 어느	N2
いわゆる 소위, 이른바	さる 어느	単(たん)なる 단순한	

いかなる 어떠한	確(かく)たる 확실한	N1

明(あ)くる4月(しがつ)5日(いつか)に出発(しゅっぱつ)する。 다음 4월 5일에 출발한다.
あらゆる機会(きかい)を利用(りよう)する。 모든 기회를 이용한다.
それはある日(ひ)のことだった。 그것은 어느 날의 일이었다.
いわゆる「ブランド品(ひん)」は、世界(せかい)の半数(はんすう)が日本(にほん)で消費(しょうひ)されているらしい。
이른바 명품은 세계의 절반이 일본에서 소비되고 있는 듯하다.
さる土曜日(どようび)　어느 토요일
単(たん)なるうわさに過(す)ぎない。 단순한 소문에 지나지 않는다.

PART 03 대명사　051

私たちはそれについていかなる責任も負いません。

우리들은 그것에 대하여 어떠한 책임도 지지 않겠습니다.

確たる証拠はない。 확실한 증거는 없다.

04 「た・だ」로 끝나는 연체사

> 大した 대단한, 엄청난 **N3**
> とんだ 예상치 못한, 엄청난 **N1**

大した成果は得られなかった。 대단한 성과는 얻지 못했다.
とんだ災難に遭う。 예상치 못한 재난을 당하다.

05 기타

> 我が 나의, 우리 **N2**

我が社も海外進出をする必要がある。(我が社 = 私たちの会社)
우리 회사도 해외 진출을 할 필요가 있다.

やっぱり我が家が一番だ。(我が家 = 私の家)
역시 우리집이 최고다.

4 지시어

어떠한 사물이나 내용을 가리키는 말을 지시어라고 한다. 문장 속에서 흔히 마주치는 '이것, 그것, 저것, 어느 것' 등이다. 지시어는 대화 상황에 등장하는 내용이 '말하는 사람'과 '듣는 사람' 중 어느 쪽의 영역에 속하는 지에 따라 결정된다. 이는 구체적으로 다음 표와 같이 「こ(근칭), そ(중칭), あ(원칭)」, 그리고 「ど(부정칭)」의 네 가지로 나눌 수 있으며 앞글자를 따서 「こそあど」라고 부른다.

こ	근칭(近称)	말하는 사람 가까이에 있는 것을 가리킬 때 예 これ, ここ, こちら
そ	중칭(中称)	듣는 사람 가까이에 있는 것을 가리킬 때 예 それ, そこ, そちら
あ	원칭(遠称)	양쪽 모두에게 멀리 있는 것을 가리킬 때 예 あれ, あそこ, あちら
ど	부정칭(不定称)	확실하게 정해지지 않은 것을 가리킬 때 예 どれ, どこ, どちら

'지시어'는 다음과 같이 다양한 품사로 구성된다.

품사	지시 대상	지시어
대명사	사물	これ それ あれ どれ
연체사	명사	この その あの どの
대명사	방향	こちら そちら あちら どちら
대명사	장소	ここ そこ あそこ どこ
연체사	명사	こんな そんな あんな どんな
부사	모양	こう そう ああ どう

01 これ 이것　それ 그것　あれ 저것　どれ 어느 것

사물을 가리키는 지시어이다.

これは本です。 이것은 책입니다.
それはノートです。 그것은 노트입니다.
あれはカメラです。 저것은 카메라입니다.

A 山田さんのかばんはどれですか。 야마다 씨의 가방은 어느 것입니까?
B その小さいのです。 그 작은 것입니다.

02 ここ 이곳　そこ 그곳　あそこ 저곳　どこ 어디

장소를 가리키는 쓰는 지시어이다.

ここに本があります。 여기에 책이 있습니다.
そこに猫がいます。 그곳에 고양이가 있습니다.
あそこは銀行です。 저곳은 은행입니다.
駅はどこですか。 역은 어디입니까?

03 こちら 이쪽　そちら 그쪽　あちら 저쪽　どちら 어느 쪽

장소나 방향을 가리킨다. 말을 할 때는「こっち, そっち, あっち, どっち」라고 하기도 한다. 또한「これ, それ, あれ, どれ」나「ここ, そこ, あそこ, どこ」를 정중하게 표현할 때도 사용한다.

トイレはこちらです。 화장실은 이쪽입니다.
先生の部屋はそちらです。 선생님의 방은 그쪽입니다.
駅はあちらです。 역은 저쪽입니다.
本田さんのお国はどちらですか。 혼다 씨의 고향은 어디입니까?

♪ 03-017

04 この 이 その 그 あの 저 どの 어느

연체사이며 뒤에 오는 명사를 수식한다.

この駅で降りてください。 이번 역에서 내리세요.
あの人が田中さんです。 저 사람이 다나카 씨입니다.

♪ 03-018

05 こんな 이런 そんな 그런 あんな 저런 どんな 어떤

명사 앞에 위치하여 그 명사의 성질이나 상태를 나타낸다.

「ただいま」はどんな時に使う言葉ですか。
'ただいま(다녀왔습니다)'는 어떤 때에 사용하는 말입니까?

♪ 03-019

06 こう 이렇게 そう 그렇게 ああ 저렇게 どう 어떻게

어떠한 상태나 동작을 나타내는 말 앞에 놓여 그 뜻을 구체적으로 꾸며준다. 부사에 속한다.

こう暑くては勉強もできない。 이렇게 더워서는 공부도 할 수 없다.
彼女はもう40歳だそうだが、そう見えない。
그녀는 벌써 40세라고 하는데 그렇게 보이지 않는다.
私はああなりたくない。 나는 저렇게 되고 싶지 않다.

A テストはどうでしたか。 시험은 어땠습니까?
B とてもやさしかったです。 매우 쉬웠습니다.

♪ 03-020

07 문맥 속의 대상을 가리키는 지시어

문맥 지시는 이야기나 문장의 흐름 속에 등장한 내용을 가리키는 경우를 말한다.

❶ こ

바로 직전에 말한 대상이나, 지금부터 화제로 삼으려는 대상을 가리킨다.

駅前で事故がありました。この事故で3人がけがをしました。
역 앞에서 사고가 있었습니다. 이 사고로 세 명이 다쳤습니다.

彼はこう言いました。「少し考えさせてください」
그는 이렇게 말했습니다. "조금 생각하게 해 주세요."

❷ そ

상대방이 말한 내용을 언급하는 경우, 혹은 상대방은 모르는데 자신만 알고 있다고 생각하는 내용을 지칭하는 경우에 사용한다.

A 昨日見た映画はおもしろかったですよ。 어제 본 영화는 재미있었어요.
B その映画は何という映画ですか。 그 영화는 무슨 영화입니까?

❸ あ

서로가 예전부터 알고 있던 내용을 언급하는 경우, 혹은 기억 속의 내용을 가리키는 경우에 사용한다.

このあいだ、紹介していただいたあの方はすばらしい方ですね。
지난 번에 소개해 주신 그 분은 훌륭한 분이시군요.

A ここに置いた本を知りませんか。 이곳에 둔 책을 모릅니까?
B あの本なら本棚に入れましたよ。 그 책이라면 책장에 꽂았어요.

い형용사

1. い형용사
2. い형용사의 활용
3. い형용사의 기본 표현
4. い형용사의 응용 표현

1 い형용사

♪ 04-001

い형용사는 사물의 성질이나 상태를 나타내는 품사이다. 활용을 할 수 있는 자립어이며, 문장 속에서 명사를 수식하거나 단독으로 쓰여 술어가 된다.

❶ 자립어이다.

형용사는 자립어, 즉 단독으로 문절을 이룰 수 있는 단어이다.

> **TIP**
> ◆ 문절이란?
> 문장을 구성하고 있는 각각의 부분으로 실제 언어로서 부자연스럽지 않은 문장의 최소 단위를 말한다.

❷ 활용한다.

문장 속에서 의미에 따라 단어의 형태가 변화하는 용언(활용어)이다.

今日(きょう)は寒(さむ)い。 오늘은 춥다.
今日(きょう)は寒(さむ)くない。 오늘은 춥지 않다.
昨日(きのう)は寒(さむ)かった。 어제는 추웠다.
昨日(きのう)は寒(さむ)くなかった。 어제는 춥지 않았다.

❸ 모든 い형용사는 기본형 어미가 반드시 「い」로 끝난다.

> 暑(あつ)い 덥다   おいしい 맛있다   寒(さむ)い 춥다   楽(たの)しい 즐겁다

 # い형용사의 활용

01 어간과 어미

い형용사의 기본형은 항상「い」로 끝난다. 이 때, 마지막 글자「い」를 '어미'라 하며 나머지 앞부분을 '어간'이라고 한다.

기본형	어간	어미
あつい 덥다	あつ	い
おいしい 맛있다	おいし	い
さむい 춥다	さむ	い
たのしい 즐겁다	たのし	い

 TIP

◆ 어간이란?

용언(동사, い형용사, な형용사 및 조동사)의 변하지 않는 부분

◆ 어미란?

용언(동사, い형용사, な형용사 및 조동사)의 변하는 부분

02 い형용사의 활용

い형용사는 어미인「い」를 빼고 다른 활용 어미와 접속어를 붙여 활용한다. い형용사의 활용형은 미연형, 연용형, 종지형, 연체형 및 가정형의 다섯 가지이며 동사와 달리 명령형으로는 활용하지 않는다.

▶ 寒い

활용	어간	활용 어미	접속어	활용
① 미연형	さむ	かろ	う	さむかろう 추울 것이다
② 연용형	さむ	かっ	た	さむかった 추웠다
	さむ	く	ない	さむくない 춥지 않다
	さむ	く	て	さむくて 춥고, 추워서
	さむ	く	-	さむく 춥고, 추워서
	さむ	く	なる する	さむくなる 추워지다 さむくする 춥게 하다
③ 종지형	さむ	い	-	さむい 춥다
④ 연체형	さむ	い	部屋	さむい部屋 추운 방
⑤ 가정형	さむ	けれ	ば	さむければ 추우면
⑥ 명령형	-	-	-	-

❶ 미연형

い형용사의 미연형은「う」로 연결되는 형태를 말한다. 추측의 의미를 나타내는 형용사 어간에 붙는「かろう」는 현대어에서 주로 기본형에「だろう」를 붙여서 사용한다.

❷ 연용형

뒤에 오는 용언을 수식하는 형태이다. 또한 중지법(문장을 일단 중지하고, 다시 뒤에 이어서 나타내는 표현 방식)을 나타내기도 한다.

❸ 종지형

문장 끝에서 잘라 말하는 활용형이다. 기본형 또는 사전형이라고도 한다.

❹ 연체형

명사로 이어지는 활용형이다. 뒤에 명사가 온다.

❺ 가정형

「ば」로 연결되는 형태를 말한다. い형용사의 경우 어미인 「い」를 지우고 「ければ」를 접속한다.

❻ 명령형

い형용사에는 명령형이 존재하지 않는다. 그렇기 때문에 연용형의 「～くなる」, 「～くする」의 동사 부분을 변형시켜서 「～くなる」➡「～くなれ」, 「～くする」➡「～くしろ」라고 한다.

03 い형용사의 활용 시 주의 사항

「いい」와 「よい」는 '좋다'라는 같은 의미를 지닌 い형용사다. 다만 활용을 할 때는 「いい」가 아니라 「よい」로 활용한다. 따라서 '좋지 않다'라고 표현할 때는 「いくない」가 아니라 「よくない」라고 해야 한다.

▶ よい

활용형	어간	활용 어미	접속어	활용
미연형	よ	かろ	う	よかろう 좋을 것이다
연용형	よ	かっ	た	よかった 좋았다
	よ	く	ない	よくない 좋지 않다
	よ	く	て	よくて 좋고, 좋아서
	よ	く	–	よく 좋고, 좋아서
	よ	く	なる する	よくなる 좋아지다 よくする 좋게 하다
종지형	よ	い	–	よい 좋다
연체형	よ	い	こと	よいこと 좋은 것
가정형	よ	けれ	ば	よければ 좋으면
명령형	–	–	–	–

 い형용사의 기본 표현

01 〜い　〜(하)다　

い형용사의 현재 시제 표현을 보통체로 나타낼 때는 기본형을 그대로 사용한다.

今日は寒い。 오늘은 춥다.
このケーキはおいしい。 이 케이크는 맛있다.
この時計は高い。 이 시계는 비싸다.

02 〜くない　〜(하)지 않다　

い형용사를 부정할 때는 어간에「く＋ない」를 붙인다.

今日は寒くない。 오늘은 춥지 않다.
このケーキはおいしくない。 이 케이크는 맛없다.
この時計は高くない。 이 시계는 비싸지 않다.

03 〜かった　〜(았)다　

い형용사의 과거를 보통체로 나타낼 때는 어간에「〜かった」를 붙인다.

昨日は寒かった。 어제는 추웠다.
昨日は忙しかった。 어제는 바빴다.
この時計は高かった。 이 시계는 비쌌다.

04 〜くなかった 〜(하)지 않았다   N5

い형용사의 과거를 부정하는 표현은 어간에 「〜くなかった」를 붙인다.

昨日は寒くなかった。 어제는 춥지 않았다.
昨日は忙しくなかった。 어제는 바쁘지 않았다.
この時計は高くなかった。 이 시계는 비싸지 않았다.

05 〜いです 〜(습)니다   N5

い형용사 기본형에 「〜です」를 붙여서 현재 시제를 정중하게 나타낸다.

今日は寒いです。 오늘은 춥습니다.
このケーキはおいしいです。 이 케이크는 맛있습니다.
この時計は高いです。 이 시계는 비쌉니다.

06 〜くないです・〜くありません 〜(하)지 않습니다 N5

い형용사 어간에 「〜くないです」나 「〜くありません」을 붙이면 현재 시제를 정중하게 부정하는 표현이 된다.

今日は寒くないです。
= 今日は寒くありません。 오늘은 춥지 않습니다.

このケーキはおいしくないです。
= このケーキはおいしくありません。 이 케이크는 맛이 없습니다.

この時計は高くないです。
= この時計は高くありません。 이 시계는 비싸지 않습니다.

♪ 04-008

07 〜かったです　〜(았)습니다　N5

い형용사 어간에 「〜かったです」를 붙이면 과거 상태를 정중하게 나타내는 표현이 된다. 「い형용사＋でした」라고 하면 틀린 표현이 되므로 주의한다.

昨日(きのう)は寒(さむ)かったです。 어제는 추웠습니다.
昨日(きのう)は忙(いそが)しかったです。 어제는 바빴습니다.
この時計(とけい)は高(たか)かったです。 이 시계는 비쌌습니다.

♪ 04-009

08 〜くなかったです・〜くありませんでした　N5
〜(하)지 않았습니다

い형용사 어간에 「〜くなかったです」나 「〜くありませんでした」를 붙이면 정중하게 과거 상태를 부정하는 표현이 된다.

昨日(きのう)は寒(さむ)くなかったです。
＝ 昨日(きのう)は寒(さむ)くありませんでした。 어제는 춥지 않았습니다.

昨日(きのう)は忙(いそが)しくなかったです。
＝ 昨日(きのう)は忙(いそが)しくありませんでした。 어제는 바쁘지 않았습니다.

この時計(とけい)は高(たか)くなかったです。
＝ この時計(とけい)は高(たか)くありませんでした。 이 시계는 비싸지 않았습니다.

♪ 04-010

09 〜いですか　〜(습)니까?　N5

い형용사의 기본형에 「〜ですか」를 붙이면 정중하게 묻는 표현이 된다.

外(そと)は寒(さむ)いですか。 밖은 춥습니까?
テストは難(むずか)しいですか。 시험은 어렵습니까?
その映画(えいが)はおもしろいですか。 그 영화는 재미있습니까?

10 〜くないですか・〜くありませんか
〜(하)지 않습니까?

い형용사의 현재 상태를 부정으로 물을 때는 어간에 「〜くないですか」 또는 「〜くありませんか」를 붙인다. 이 경우 의문을 나타내기도 하지만 어떤 내용을 확인하거나 되묻는 표현도 된다.

外は寒くないですか。
= 外は寒くありませんか。 밖은 춥지 않습니까?

テストは難しくないですか。
= テストは難しくありませんか。 시험은 어렵지 않습니까?

その映画はおもしろくないですか。
= その映画はおもしろくありませんか。 그 영화는 재미없습니까?

11 〜かったですか   〜(았)습니까?

い형용사의 과거 상태를 정중하게 물을 때는 어간에 「〜かったですか」를 붙인다.

外は寒かったですか。 밖은 추웠습니까?
テストは難しかったですか。 시험은 어려웠습니까?
その映画はおもしろかったですか。 그 영화는 재미있었습니까?

12 〜くなかったですか・〜くありませんでしたか N5
~(하)지 않았습니까?

い형용사의 과거 상태를 정중하게 물을 때는 어간에「〜くなかったですか」나「〜くありませんでしたか」를 붙인다. 이 경우 의문을 나타내기도 하지만 확인하거나 되묻는 표현도 된다.

外は寒くなかったですか。
= 外は寒くありませんでしたか。 밖은 춥지 않았습니까?

テストは難しくなかったですか。
= テストは難しくありませんでしたか。 시험은 어렵지 않았습니까?

その映画はおもしろくなかったですか。
= その映画はおもしろくありませんでしたか。 그 영화는 재미없었습니까?

 # い형용사의 응용 표현

01 ～い～ ～한~

い형용사가 명사를 수식할 때는 기본형 그대로 명사 앞에 온다. 명사를 수식할 때 「○○い＋명사」의 형태가 되기 때문에 い형용사라고 불린다.

今日(きょう)もいい天気(てんき)です。 오늘도 좋은 날씨입니다.
昨日(きのう)おもしろい映画(えいが)を見(み)ました。 어제, 재미있는 영화를 봤습니다.
窓(まど)からすずしい風(かぜ)が入(はい)ります。 창문에서 시원한 바람이 들어옵니다.

02 ～くて ～(하)고, ～(해)서

'～(하)고[나열]', '～(해)서[원인]' 등의 의미를 나타낼 때는 い형용사의 어간에 「～くて」를 붙인다. 흔히 い형용사의 て형이라고도 한다.

この店(みせ)は明(あか)るくて広(ひろ)いですね。 이 가게는 밝고 넓군요.
この果物(くだもの)は甘(あま)くておいしいです。 이 과일은 달고 맛있습니다.
山田(やまだ)さんの車(くるま)は新(あたら)しくて高(たか)いです。 야마다 씨의 자동차는 새 것이고 비쌉니다.

03 〜く 〜(하)고

い형용사의 어간에 「く」를 붙이면 문장을 일단 중지하고, 다른 내용으로 뒤를 잇는다. 이를 い형용사의 중지법이라고 한다.

夏は暑く、冬は寒い。 여름은 덥고 겨울은 춥다.
母はやさしく、父は厳しい。 어머니는 상냥하고 아버지는 엄격하다.
空は青く、海は広い。 하늘은 푸르고 바다는 넓다.

04 〜の 〜한 것

い형용사 뒤에 「の」를 붙여서 앞에 제시된 명사를 생략하거나 대용한다. '〜한 것'이라고 해석한다.

大きいのはいくらですか。 큰 것은 얼마입니까?
もうちょっと安いのを見せてください。 좀 더 싼 것을 보여 주세요.

A どのネクタイを買いますか。 어느 넥타이를 사겠습니까?
B 青いのを買います。 파란 것을 사겠습니다.

05 〜く 〜(하)게

い형용사를 동사나 형용사를 꾸미는 부사로 만들려면 어간에 「〜く」를 붙인다. '〜(하)게'라고 해석한다.

私は毎日朝早く起きます。 나는 매일 아침 일찍 일어납니다.
部屋をもっと明るくしてください。 방을 더 밝게 해 주세요.
字をもう少し大きく書きましょう。 글씨를 조금 더 크게 씁시다.

06 い형용사의 음편

い형용사의 음편이란 い형용사의 연용형 「く」가 「う」로 바뀌는 것을 말한다. 주로 정중어인 「ございます(입니다)」와 같이 써서 정중하게 표현할 때 사용한다.

❶ 어간의 마지막 음이 「あ」단이면 「お」단으로 바꾸고 「う」를 붙인다.

▶ ありがたい

　ありがたく+ございます ➡ ありがとう+ございます

▶ おめでたい

　おめでたく+ございます ➡ おめでとう+ございます

　こちらのシャツのほうが少しお高うございます。
　이 셔츠 쪽이 조금 비쌉니다.

　ご利用くださいましてありがとうございます。 이용해 주셔서 감사합니다.

❷ 어간 마지막 음이 「い」단이면 요음 「ゅ」를 삽입하고 「う」를 붙인다.

▶ おおきい

　おおきく+ございます ➡ おおきゅう+ございます

▶ よろしい

　よろしく+ございます ➡ よろしゅう+ございます

　お客さん、これでよろしゅうございますか。 손님, 이걸로 괜찮으십니까?

❸ 어간 마지막 음이 「う」단이거나 「お」단이면 「う」를 붙인다.

▶ さむい

　さむく+ございます ➡ さむう+ございます

▶ おもしろい

　おもしろく+ございます ➡ おもしろう+ございます

　今日もかなりお寒うございます。 오늘도 상당히 춥습니다.

♪ 04-020

07 보조 형용사

본래의 의미가 아니라 보조 역할로 쓰여 앞 문절의 의미를 한정하여 나타내는 형용사를 보조 형용사라고 한다.

「ない」는 '없다(존재하지 않는다)'의 의미이지만 「○○くない」와 같이 い형용사의 뒤에 붙어서 い형용사의 의미를 보조하기도 한다. 보조 형용사로 쓰일 때는 '~지 않다'라는 의미가 된다.
「ほしい(원하다)」도 동사의 「て형」에 붙어 자신의 희망을 나타내는 의미로 사용하는 보조 형용사이다.

형용사	보조 형용사
ない 없다 (형용사)	良くない 좋지 않다 (보조 형용사)
ほしい 원하다 (형용사)	来てほしい 오면 좋겠다 (보조 형용사)

このケーキはおいしくない。 이 케이크는 맛없다.
タバコは体に良くない。 담배는 몸에 좋지 않다.
明日早く来てほしい。 내일 일찍 와 주세요.

な형용사

1. な형용사
2. な형용사의 활용
3. な형용사의 기본 표현
4. な형용사의 응용 표현

1 な형용사

♪ 05-001

な형용사는 활용을 하는 자립어로서, 문장 속에서 명사를 수식하거나 단독으로 술어가 된다. 사물의 성질이나 상태를 나타낸다는 점에서는 い형용사와 같지만 활용하는 방식이 다르다. 명사를 수식할 때 「まじめだ(성실하다)」와 「きれいだ(깨끗하다)」가 「まじめな＋명사」, 「きれいな＋명사」와 같은 형태가 되기 때문에 「な형용사」라고 부른다.

❶ 자립어이다.

な형용사는 자립어, 즉 단독으로 문절을 이룰 수 있는 단어이다. 또한, 동사와 い형용사와 같이 단독으로 술어가 될 수 있다.

❷ 활용한다.

문장 속에서 의미에 따라 단어의 형태가 변화하는 용언(활용어)이다.

彼は親切だ。 그는 친절하다.
彼は親切だろう。 그는 친절할 것이다.
彼は親切ではない。 그는 친절하지 않다.
彼は親切だった。 그는 친절했다.
彼は親切ではなかった。 그는 친절하지 않았다.

❸ 모든 な형용사는 기본형이 「だ」로 끝난다.

> きれいだ 예쁘다, 아름답다 　　 親切だ 친절하다
> 便利だ 편리하다 　　 まじめだ 성실하다

 # な형용사의 활용

01 어간과 어미

な형용사의 기본형은 항상 「だ」로 끝난다. 이 때, 마지막 글자 「だ」를 뺀 형태가 어간이 된다.

기본형	어간	어미
上手(じょうず)だ 잘하다	上手(じょうず)	だ
親切(しんせつ)だ 친절하다	親切(しんせつ)	だ
便利(べんり)だ 편리하다	便利(べんり)	だ
まじめだ 성실하다	まじめ	だ

 TIP

◆ 사전 표기

동사나 い형용사와 달리 な형용사는 사전에 '어간'만 표기되어 있는 경우가 많다.

- 동사: 기본형(종지형)
  예) 食(た)べる 먹다   見(み)る 보다
- い형용사: 기본형(종지형)
  예) おいしい 맛있다   高(たか)い 높다, 비싸다
- な형용사: 어간
  예) 親切(しんせつ) 친절(함)   まじめ 성실(함)

02 な형용사의 활용

な형용사의 활용은 어간에 활용 어미와 접속어가 붙어 이루어진다. な형용사의 활용형에는 미연형, 연용형, 종지형, 연체형 및 가정형의 다섯 가지가 있다. 동사와 달리 명령형은 존재하지 않는다.

▶ 便利(べんり)だ

활용형	어간	활용어미	접속어	활용
❶ 미연형	便利	だろ	う	便利だろう 편리할 것이다
❷ 연용형	便利	だっ	た	便利だった 편리했다
	便利	で	ある (は)ない	便利である 편리하다 便利で(は)ない 편리하지 않다
	便利	で	―	便利で 편리하고, 편리해서
	便利	に	なる する	便利になる 편리해지다 便利にする 편리하게 하다
❸ 종지형	便利	だ	―	便利だ 편리하다
❹ 연체형	便利	な	もの	便利なもの 편리한 것
❺ 가정형	便利	なら	ば	便利なら(ば) 편리하다면
❻ 명령형	―	―	―	―

❶ 미연형

な형용사의 미연형은「う」로 연결되는 형태를 말한다. 어간에「だろう」를 붙여서 추측의 의미를 나타낸다.

❷ 연용형

뒤에 오는 용언을 수식하는 형태이다.

❸ 종지형

문장 끝에서 잘라 말하는 활용형이다. 기본형 또는 사전형이라고도 한다. 다만 な형용사의 경우, 사전에는 기본형이 아니라 어간이 실린다.

❹ 연체형

명사로 연결되는 활용형이다. 뒤에 명사가 온다.

❺ 가정형

「ば」로 연결되는 형태를 말한다. な형용사의 가정형은 「ならば」인데 보통 「ば」를 생략하고 「なら」만 사용하는 경우가 많다.

❻ 명령형

な형용사에는 명령형이 존재하지 않는다. 따라서 연용형의 「～になる」, 「～にする」의 동사를 변형시킨다. 「～になる」는 「～になれ」, 「～にする」는 「～にしろ」가 된다.

な형용사의 기본 표현

01 ～だ　　～(하)다

な형용사의 현재 시제 표현을 보통체로 나타낼 때는 어간에 「～だ」를 붙인다.

山田さんは元気だ。 야마다 씨는 건강하다.
中村さんは歌が上手だ。 나카무라 씨는 노래를 잘한다.
私は野菜が好きだ。 나는 채소를 좋아한다.

02 ～ではない　　～(하)지 않다

な형용사의 현재 시제를 부정할 때는 어간에 「～ではない」를 붙인다.

山田さんは元気ではない。 야마다 씨는 건강하지 않다.
中村さんは歌が上手ではない。 나카무라 씨는 노래를 잘 못한다.
私は野菜が好きではない。 나는 채소를 좋아하지 않는다.

> **TIP**
>
> 명사와 마찬가지로 「～ではない」는 말할 때 「～じゃない」로 축약하기도 한다.
> 山田さんは元気ではない。
> ＝ 山田さんは元気じゃない。 야마다 씨는 건강하지 않다.
> 中村さんは歌が上手ではない。
> ＝ 中村さんは歌が上手じゃない。 나카무라 씨는 노래를 잘 못한다.

♪ 05-004

03 〜だった   〜(했)다

な형용사의 과거를 보통체로 말할 때는 어간에 「〜だった」를 붙인다.

山田さんは元気だった。 야마다 씨는 건강했다.
中村さんは歌が上手だった。 나카무라 씨는 노래를 잘했다.
私は野菜が好きだった。 나는 채소를 좋아했다.

♪ 05-005

04 〜ではなかった   〜(하)지 않았다

な형용사의 과거를 부정할 때는 어간에 「〜ではなかった」를 붙인다.

山田さんは元気ではなかった。 야마다 씨는 건강하지 않았다.
中村さんは歌が上手ではなかった。 나카무라 씨는 노래를 잘하지 않았다.
私は野菜が好きではなかった。 나는 채소를 좋아하지 않았다.

♪ 05-006

05 〜です   〜(합)니다

な형용사의 어간에 「〜です」를 붙이면 현재 시제를 정중하게 나타내는 표현이 된다.

山田さんは元気です。 야마다 씨는 건강합니다.
中村さんは歌が上手です。 나카무라 씨는 노래를 잘합니다.
私は野菜が好きです。 나는 채소를 좋아합니다.

♪ 05-007

06 〜ではありません / 〜ではないです
〜(하)지 않습니다

な형용사 어간에「〜ではありません」이나「〜ではないです」을 붙이면 현재 시제를 정중하게 부정하는 표현이 된다.

山田さんは元気ではありません。
= 山田さんは元気ではないです。 야마다 씨는 건강하지 않습니다.

中村さんは歌が上手ではありません。
= 中村さんは歌が上手ではないです。 나카무라 씨는 노래를 잘 못합니다.

私は野菜が好きではありません。
= 私は野菜が好きではないです。 나는 채소를 좋아하지 않습니다.

♪ 05-008

07 〜でした　〜(했)습니다

な형용사의 과거 상태를 정중하게 표현할 때는 어간에「〜でした」를 붙인다.

山田さんは元気でした。 야마다 씨는 건강했습니다.
中村さんは歌が上手でした。 나카무라 씨는 노래를 잘했습니다.
私は野菜が好きでした。 나는 채소를 좋아했습니다.

♪ 05-009

08 〜ではありませんでした / 〜ではなかったです N5
〜(하)지 않았습니다

な형용사의 과거 상태를 정중하게 부정할 때는, 어간에「〜ではありませんでした」나「〜ではなかったです」를 붙인다.

山田さんは元気ではありませんでした。
= 山田さんは元気ではなかったです。 야마다 씨는 건강하지 않았습니다.

078　PART 05 な형용사

中村さんは歌が上手ではありませんでした。
= 中村さんは歌が上手ではなかったです。 나카무라 씨는 노래를 잘 못했습니다.
私は野菜が好きではありませんでした。
= 私は野菜が好きではなかったです。 나는 채소를 좋아하지 않았습니다.

09 ～ですか ～(합)니까? N5

な형용사의 어간에「～ですか」를 붙이면 정중하게 묻는 표현이 된다.

山田さんは元気ですか。 야마다 씨는 건강합니까? (야마다 씨는 잘 지냅니까?)
中村さんは歌が上手ですか。 나카무라 씨는 노래를 잘합니까?
あなたは野菜が好きですか。 당신은 채소를 좋아합니까?

10 ～ではありませんか / ～ではないですか ～(하)지 않습니까? N5

な형용사의 현재 상태를 부정문으로 물을 때는 어간에「～ではありませんか」또는「～ではないですか」를 붙인다. 이 경우에는 의문을 나타내기도 하지만 어떤 내용을 확인하거나 되묻는 표현도 된다.

山田さんは元気ではありませんか。
= 山田さんは元気ではないですか。 야마다 씨는 건강하지 않습니까?

中村さんは歌が上手ではありませんか。
= 中村さんは歌が上手ではないですか。 나카무라 씨는 노래를 잘하지 않습니까?

田中さんは野菜が好きではありませんか。
= 田中さんは野菜が好きではないですか。
다나카 씨는 채소를 좋아하지 않습니까?

11 ～でしたか　～(했)습니까? N5

な형용사의 과거 상태를 정중하게 물을 때는 어간에「～でしたか」를 붙인다.

山田さんは元気でしたか。　야마다 씨는 건강했습니까?
中村さんは歌が上手でしたか。　나카무라 씨는 노래를 잘했습니까?
田中さんは野菜が好きでしたか。　다나카 씨는 채소를 좋아했습니까?

12 ～ではありませんでしたか / ～ではなかったですか
～(하)지 않았습니까?　N5

な형용사의 과거 상태를 정중하게 확인하거나 반문하는 느낌을 나타낼 때는 な형용사의 어간에「～ではありませんでしたか」나「～ではなかったですか」를 붙이면 된다.

山田さんは元気ではありませんでしたか。
＝ 山田さんは元気ではなかったですか。　야마다 씨는 건강하지 않았습니까?

中村さんは歌が上手ではありませんでしたか。
＝ 中村さんは歌が上手ではなかったですか。
　　나카무라 씨는 노래를 잘하지 않았습니까?

田中さんは野菜が好きではありませんでしたか。
＝ 田中さんは野菜が好きではなかったですか。
　　다나카 씨는 채소를 좋아하지 않았습니까?

 # な형용사의 응용 표현

01 ～な～   ～한～

명사를 수식할 때는 な형용사의 어간에 「な」를 붙인다.

ここは きれいな 公園です。 이곳은 아름다운 공원입니다.
これは 便利な 辞書です。 이것은 편리한 사전입니다.
山田さんは 親切な 人です。 야마다 씨는 친절한 사람입니다.

02 ～で   ～(하)고, ～(해)서

な형용사 어간에 「で」를 붙이면, '～(하)고, ～(해)서'의 의미를 나타낸다. 이를 な형용사의 중지법이라고 하는데 중지법 표현 뒤에는 대개 「、」가 오는 경우가 많다.

心も 元気で、体も 丈夫だ。 마음도 건강하고 몸도 튼튼하다.
ここは きれいで、静かな ところです。 이곳은 아름답고 조용한 곳입니다.
この 町は にぎやかで、交通が 便利です。 이 마을은 번화하고 교통이 편리합니다.

03 ～に   ～(하)게

な형용사는 '～(하)게'라는 부사로 바꿔서 용언 특히 동사를 수식하는 경우가 많다. な형용사를 부사로 만들 때는 어간에 「～に」를 붙이면 된다.

みんな 静かに 勉強しています。 모두들 조용히 공부하고 있습니다.
部屋が きれいに なりました。 방이 깨끗해졌습니다.
水を 大切に してください。 물을 소중히 해 주세요.

04 특수한 な형용사

❶ 어간이 같은 い형용사와 な형용사

な형용사와 い형용사 중에는 어간이 같은 단어가 있다. 두 단어의 뜻이 미묘하게 다른 경우가 있으나 대체로 비슷한 의미로 사용되며 어미 활용이 다를 뿐이다.

な형용사	い형용사	의미
こまかだ	こまかい	잘다, 자세하다
あたたかだ	あたたかい	따뜻하다
まっくろだ	まっくろい	새까맣다
まっしろだ	まっしろい	새하얗다
きいろだ	きいろい	노랗다
やわらかだ	やわらかい	부드럽다
しかくだ	しかくい	사각형이다

❷ 특수한 활용을 하는 な형용사

「同<ruby>おな</ruby>じだ」는 な형용사이지만 명사를 수식할 때 어간에 「な」를 붙이지 않고 「同<ruby>おな</ruby>じ〜」라고 해야 한다.

私<ruby>わたし</ruby>も同<ruby>おな</ruby>じなものをください。(×)
私<ruby>わたし</ruby>も同<ruby>おな</ruby>じものをください。(○) 나도 같은 것을 주세요.
花子<ruby>はなこ</ruby>のかばんと私<ruby>わたし</ruby>のは同<ruby>おな</ruby>じ色<ruby>いろ</ruby>です。 하나코의 가방과 내 것은 똑같은 색입니다.
昨日<ruby>きのう</ruby>と同<ruby>おな</ruby>じ場所<ruby>ばしょ</ruby>で会<ruby>あ</ruby>いましょう。 어제와 같은 장소에서 만납시다.

동사

1. 동사
2. 동사의 종류
3. 동사의 활용

1 동사

01 동사　N5

동사는 사물의 동작이나 작용 등을 나타내는 말이다. い형용사와 な형용사처럼 의미와 용법에 따라 단어의 형태가 변화한다.

02 동사 기본형　N5

동사 기본형은 「う단」으로 끝난다. 기본형은 사전에 나오는 형태를 말하며 '사전형'이라고 부르기도 한다. 다만 「う단」 중에서도 「ふ, ゆ, ず, づ, ぷ」로 끝나는 동사는 없다.

買う 사다　　書く 쓰다　　話す 이야기하다　　待つ 기다리다
死ぬ 죽다　　遊ぶ 놀다　　飲む 마시다　　　　食べる 먹다
する 하다　　来る 오다

	あ	か	さ	た	な	は	ま	や	ら	わ	ん	が	ば
あ단	あ	か	さ	た	な	は	ま	や	ら	わ	ん	が	ば
い단	い	き	し	ち	に	ひ	み		り			ぎ	び
う단	う	く	す	つ	ぬ	ふ	む	ゆ	る			ぐ	ぶ
え단	え	け	せ	て	ね	へ	め		れ			げ	べ
お단	お	こ	そ	と	の	ほ	も	よ	ろ	を		ご	ぼ

TIP

◆ 동사의 어간과 어미

어간(語幹)에는 동사의 기본적인 의미가 담겨 있으며 변하지 않는다. 어미(語尾)는 변화하는 부분을 말하며 동사의 어미는 모두 「う단」이다. 예를 들어 '말하다'라는 의미인 동사 「はなす」의 어간은 「はな(話)」이며 어미는 「す」이다.

2 동사의 종류

01 1그룹동사 N5

❶ 기본형이 「る」 이외의 「う단」 음으로 끝나는 동사

買う 사다　　書く 쓰다　　話す 이야기하다
待つ 기다리다　死ぬ 죽다　遊ぶ 놀다　　飲む 마시다

❷ 기본형의 어미가 「る」로 끝나더라도 「る」 앞의 글자가 「い단」이나 「え단」이 아닌 동사

ある 있다　作る 만들다　取る 잡다　乗る 타다　分かる 알다

❸ 예외 1그룹동사

다음 동사들은 2그룹동사의 형태를 취하고 있으나 1그룹동사이며, 따라서 1그룹동사로 활용한다.

知る 알다　　　　入る 들어가다　　走る 달리다
要る 필요하다　　切る 자르다　　　減る 줄다
帰る 돌아가다　　滑る 미끄러지다　蹴る 차다
握る 쥐다, 잡다　しゃべる 수다를 떨다　散る 떨어지다, 흩어지다

02 2그룹동사　　　N5

❶ 기본형의 어미가 「る」로 끝나고, 「る」 앞이 「い단」인 동사

起きる 일어나다　　落ちる 떨어지다　　借りる 빌리다
見る 보다　　　　　足りる 충분하다

❷ 기본형의 어미가 「る」로 끝나고, 「る」 앞이 「え단」인 동사

食べる 먹다　　　教える 가르치다　　寝る 자다
見せる 보여주다　忘れる 잊다

03 3그룹동사　　　N5

❶ 딱 두 개이다.

来る 오다　　　　　　　する 하다

❷ 동작의 의미를 지닌 한자어에 「する」가 붙는 경우도 3그룹에 속한다.

勉強する 공부하다　食事する 식사하다　運動する 운동하다

3 동사의 활용

동사의 의미와 용법에 따라 기본형이 다른 형태로 변화하는 것을 동사의 활용이라고 한다. 이러한 동사의 활용 형태인 활용형에는 미연형(**ない**형, 의지형), 연용형(**ます**형, **て**형, **た**형), 종지형(기본형), 연체형(명사수식형), 가정형, 명령형 등이 있다. 미연형이나 연용형과 같은 표현은 일본의 학교 문법 용어이지만 일상적으로는 의미를 중심하는 괄호 안의 용어를 사용한다. 동사를 활용할 때에는 그룹별로 규칙이 다르기 때문에 각 동사가 1그룹, 2그룹, 3그룹 중 어디에 속하는지를 정확히 알아야 한다.

♪ 06-001

01 ▸ ない형(미연형) N5

'~하지 않는다'라는 부정의 의미를 나타내는 「ない」가 접속하는 활용 형태이다.

1그룹동사	話す 이야기하다	話さない 이야기하지 않는다
2그룹동사	食べる 먹다	食べない 먹지 않는다
3그룹동사	する 하다	しない 하지 않는다

何も話さない。 아무것도 말하지 않는다.
私は辛いものは食べない。 나는 매운 것은 먹지 않는다.
子どもが宿題をしない。 아이가 숙제를 하지 않는다.

02 ます형, て형, た형(연용형) N5

❶ ます형

동사에 「〜ます」가 접속하는 활용 형태로 '~합니다'라는 정중한 의미를 나타낸다.

1그룹동사	話す 이야기하다	話します 이야기합니다
2그룹동사	食べる 먹다	食べます 먹습니다
3그룹동사	する 하다	します 합니다

友だちと話します。 친구와 이야기합니다.
ご飯を食べます。 밥을 먹습니다.
宿題をします。 숙제를 합니다.

❷ て형

동사에 「〜て」가 접속하는 활용 형태로 '~하고', '~해서'라는 의미이다.

1그룹동사	話す 이야기하다	話して 이야기하고, 이야기해서
2그룹동사	食べる 먹다	食べて 먹고, 먹어서
3그룹동사	する 하다	して 하고, 해서

ゆっくり話してください。 천천히 이야기해 주세요.
ご飯を食べて、会社に行く。 밥을 먹고 회사에 간다.
宿題をして寝る。 숙제를 하고 잔다.

❸ た형

동사에 「〜た」가 접속하는 활용 형태로 '~했다'라는 과거와 완료의 의미를 나타낸다.

1그룹동사	話す 이야기하다	話した 이야기했다
2그룹동사	食べる 먹다	食べた 먹었다
3그룹동사	する 하다	した 했다

友だちと話した。 친구와 이야기했다.
ご飯を食べた。 밥을 먹었다.
宿題をした。 숙제를 했다.

♪ 06-003

03 기본형(종지형)

기본형은 사전에 실리는 동사의 기본적 형태로 '사전형'이라고도 한다. '종지형'은 동사활용형의 하나이며 문장을 마칠 때 사용한다. 그 활용 형태가 기본형과 같기 때문에 동사의 '종지형'은 '기본형'과 같다고 할 수 있다.

1그룹동사	話す 이야기하다
2그룹동사	食べる 먹다
3그룹동사	する 하다

友だちと話す。 친구와 이야기하다.
ご飯を食べる。 밥을 먹다.
宿題をする。 숙제를 하다.

04 명사수식형(연체형) N5

체언(명사, 대명사, 수사)등에 연결되는 동사의 활용형으로 '기본형'과 같은 형태를 취한다.

1그룹동사	話す+とき 이야기할 때
2그룹동사	食べる+とき 먹을 때
3그룹동사	する+とき 할 때

部屋に入るときは、ノックをしてください。 방에 들어올 때는 노크를 하세요.
ご飯を食べるとき、はしを使います。 밥을 먹을 때 젓가락을 사용합니다.
食事をするときはテレビは見ない。 식사를 할 때는 텔레비전은 보지 않는다.

05 가정형

동사가 「〜ば」에 이어지는 활용형으로 '〜하면'이라는 가정을 나타낸다.

1그룹동사	話す 이야기하다	話せば 이야기하면
2그룹동사	食べる 먹다	食べれば 먹으면
3그룹동사	する 하다	すれば 하면

ゆっくり話せば分かります。 천천히 이야기하면 이해합니다.
たくさん食べれば太る。 많이 먹으면 살찐다.
勉強すれば上手になる。 공부하면 능숙해진다.

06 명령형 ♪ 06-006

N4

'~하라', '~해'라는 명령의 의미를 나타내는 활용형이다.

1그룹동사	話す 이야기하다	話せ 이야기해
2그룹동사	食べる 먹다	食べろ 먹어
3그룹동사	する 하다	しろ 해 せよ 해

もっとゆっくり話せ。 더 천천히 이야기해!
野菜を食べろ。 채소를 먹어!
早くしろ。 빨리 해!

07 의지형(미연형) ♪ 06-007

N4

'부정'을 나타내는「ない」와 더불어 '추측, 의지, 권유'를 나타내는 동사 어간에「う」나「よう」가 붙는 형태를 '미연형'이라고 하는데, 편의상 동사에「う」나「よう」를 더한 것을 '의지형'이라고 부른다.

1그룹동사	話す 이야기하다	話そう 이야기해야겠다, 이야기하자
2그룹동사	食べる 먹다	食べよう 먹어야겠다, 먹자
3그룹동사	する 하다	しよう 해야겠다, 하자

先生に話そう。 선생님에게 이야기하자.
ご飯を食べよう。 밥을 먹자.
明日から運動しよう。 내일부터 운동하자.

동사 ます형

1 동사 ます형

2 동사 ます형의 기본 표현

3 동사 ます형의 응용 표현

4 동사의 い형용사화

5 동사의 명사화

1 동사 ます형

♪ 07-001

01 ▶ 동사 ます형의 역할

연용형이란 용언(동사, い형용사, な형용사와 같은 활용하는 말)을 수식하는 형태를 말한다. 동사 연용형은「～ます」,「～て」,「～た」 등에 연결되는데, 이때 「ます」에 연결되는 활용 형태가「ます형」이다. 동사의「ます형」에는 다음과 같은 특징이 있다.

❶ ます를 붙여 정중한 의미를 나타낸다. N5

1그룹동사	話す 이야기하다	話します 이야기합니다
2그룹동사	食べる 먹다	食べます 먹습니다
3그룹동사	する 하다	します 합니다
	来る 오다	来ます 옵니다

❷ 형용사나 동사 등의 용언과 결합하여 복합적인 의미를 나타낸다. N5

歩く 걷다 ＋ はじめる 시작하다 ➡ 歩きはじめる 걷기 시작하다
食べる 먹다 ＋ すぎる 지나치다 ➡ 食べすぎる 지나치게 먹다, 과식하다
使う 사용하다 ＋ にくい 어렵다, 불편하다 ➡ 使いにくい 사용하기 불편하다

❸ 동작성 명사로 사용될 수 있다. N5

「동사 ます형」이 그대로 명사로 사용된다.

▶ 流れる 흐르다 ➡ 流れ 흐름

川が流れる。 강이 흐른다.
川の流れが速い。 강의 흐름이 빠르다.

▶ 泳ぐ 수영하다, 헤엄치다 → 泳ぎ 수영, 헤엄

プールで泳ぐ。 수영장에서 헤엄치다
彼は泳ぎが上手だ。 그는 수영을 잘한다.

❹ 중지법을 나타낸다. N4

동사의 중지법은「ます형」의 형태로 일단 문장을 끊고 다시 이어서 문장을 서술하는 표현 방식이다. 다음에 제시한 문장의 경우「て형」이 회화에서 사용하는 표현이라면,「ます형」의 '중지법'은 글에서 사용하는 표현 방식으로 이해하여도 무방하다.

本を読んで、考える。 책을 읽고 생각한다.
= 本を読み、考える。 책을 읽고 생각한다.

ご飯を食べて、会社に行きます。 밥을 먹고 회사에 갑니다.
= ご飯を食べ、会社に行きます。 밥을 먹고 회사에 갑니다.

02 동사 ます형 만드는 법 N5

동사 활용은 그룹별로 일정한 규칙이 있기 때문에, 해당 동사가 1그룹, 2그룹, 3그룹 중 어디에 속하는지를 정확히 알고 있어야 한다.

❶ 1그룹동사는 어미인「う단」을「い단」으로 바꾸고「ます」를 붙인다.

❷ 2그룹동사는 어미「る」를 떼고「ます」를 붙인다.

❸ 3그룹동사「くる」와「する」는 활용 방법이 불규칙하므로 다음과 같이 변화 형태를 무조건 암기한다.「くる」는「きます」,「する」는「します」이다.

 동사 ます형의 기본 표현

♪ 07-002

01 ～ます ～(합)니다   N5

동사의 현재나 미래를 정중하게 표현한다.

映画を見ます。 영화를 봅니다.
朝ご飯を食べます。 밥을 먹습니다.
本を読みます。 책을 읽습니다.

♪ 07-003

02 ～ません ～(하)지 않습니다   N5

동사의 내용을 정중하게 부정하는 표현이다.

映画を見ません。 영화를 보지 않습니다.
朝ご飯を食べません。 아침을 먹지 않습니다.
本を読みません。 책을 읽지 않습니다.

♪ 07-004

03 ～ました ～(했)습니다   N5

동사의 과거나 완료를 정중하게 나타낸다.

映画を見ました。 영화를 봤습니다.
朝ご飯を食べました。 아침밥을 먹었습니다.
この画は私が描きました。 이 그림은 제가 그렸습니다.

04 〜ませんでした　　〜(하)지 않았습니다　　N5

과거를 정중하게 부정하여 나타내는 표현이다.

映画を見ませんでした。 영화를 보지 않았습니다.
朝ご飯を食べませんでした。 아침밥을 먹지 않았습니다.
昨日はどこへも行きませんでした。 어제는 아무데도 가지 않았습니다.

05 〜ましょう　　〜(합)시다　　N5

말하는 사람이 듣는 사람에게 같이 행동할 것을 적극적으로 제안, 권유하거나 요청할 때 쓰는 표현이다.

あそこでちょっと休みましょう。 저기서 좀 쉽시다.
コーヒーでも飲みましょう。 커피라도 마십시다.
一緒に散歩でもしましょう。 함께 산책이라도 합시다.

06 〜ませんか　　〜(하)지 않겠습니까?　　N5

말하는 사람이 듣는 사람에게 같이 행동할 것을 제안하거나 요청하는 정중한 표현이다. 상대방의 의향을 존중하는 느낌을 준다.

一緒に食事に行きませんか。 함께 식사하러 가지 않겠습니까?
明日テニスをしませんか。 내일 테니스를 치지 않겠습니까?
A 明日映画を見に行きませんか。 내일 영화를 보러 가지 않겠습니까?
B いいですね。行きましょう。 좋아요. 갑시다.

3 동사 ます형의 응용 표현

01 ～ながら　～(하)면서　

동사의 ます형에 조사인 「～ながら」가 붙으면 동작의 동시 진행을 나타낸다.

音楽を聞きながら勉強しました。 음악을 들으면서 공부했습니다.
父はコーヒーを飲みながら、新聞を読んでいます。
아버지는 커피를 마시면서 신문을 읽고 있습니다.
歩きながら電話で話す人が多い。 걸으면서 전화로 이야기하는 사람이 많다.

02 ～に＋이동 동사　～(하)러 이동하다　

동작의 목적 즉, 어떠한 동작을 하려는 목적으로 이동한다는 의미를 표현한다. 동사 ます형에 붙는 조사 「に」가 '～(하)러'와 같이 목적의 의미를 지닌다. 이때 「に」 뒤에 오는 이동 동사에는 「行く(가다), 来る(오다), 出かける(외출하다), 出る(나가다)」 등이 있다.

友だちの家に遊びに行く。 친구 집에 놀러 가다.
母はデパートへ買い物をしに行きました。 어머니는 백화점에 쇼핑을 하러 갔습니다.
山田さん、こちらへちょっとコーヒーを飲みに来ませんか。
야마다 씨, 이쪽으로 잠깐 커피를 마시러 오지 않을래요?

♪ 07-010

03 ～はじめる　　～(하)기 시작하다　

동사 ます형에 붙어 동작의 시작을 나타낸다.

1年前からテニスを習いはじめました。　1년 전부터 테니스를 배우기 시작했습니다.

今朝、7時ごろから雨が降りはじめました。
오늘 아침 일곱 시경부터 비가 내리기 시작했습니다.

夕飯を食べてから宿題をやりはじめました。
저녁밥을 먹고 나서 숙제를 하기 시작했습니다.

♪ 07-011

04 ～つづける　　계속 ～(하)다　

동사 ます형에 붙어서 어떤 동작이 계속된다는 의미를 나타낸다.

子どもはずっと泣きつづけた。　아이는 계속 울었다.

小さい字を書きつづけて、手が疲れました。
작은 글씨를 계속 써서 손이 아팠습니다.

彼は2時間も歩きつづけた。　그는 두 시간이나 계속 걸었다.

♪ 07-012

05 ～おわる　　다 ～(하)다　

동사 ます형에 붙어서 동작의 완료를 나타낸다. 「동사 ます형＋おわる」는 주로 타동사로 만들며 이때 만들어진 복합동사 역시 타동사이다.

ご飯を食べおわってから、テーブルの上を片付けました。
밥을 다 먹고 나서 탁자 위를 치웠습니다.

メールを書きおわったら、このボタンを押してください。
메일을 다 쓰면 이 버튼을 눌러 주세요.

A その本、読み終わったら貸してくださいませんか。
그 책 다 읽으면 빌려 주시지 않겠습니까?

B ええ、いいですよ。 네, 좋아요.

♪ 07-013

06 ～だす　갑자기 ~(하)기 시작하다

어떠한 상황이나 동작이 갑자기 시작된다는 느낌을 나타내는 표현이다.「だす」는「はじめる」와 비슷한 의미이지만 일이 갑작스럽게 시작되었다는 느낌이 더 강하다. '갑자기'라는 의미의 부사「急に」와 함께 쓰는 경우가 많다.

昼頃から急に雨が降り出しました。 점심 무렵부터 갑자기 비가 내리기 시작했습니다.
彼は急に笑いだした。 그는 갑자기 웃음을 터뜨렸다.
どろぼうは警官を見ると、急に逃げ出した。
도둑은 경찰관을 보자 갑자기 도망쳤다.

♪ 07-014

07 ～すぎる　지나치게 ~(하)다, 너무 ~(하)다

정도가 지나쳐서 바람직하지 않다는 의미를 나타낼 때 사용한다.

お酒を飲みすぎて、頭が痛いです。 술을 지나치게 마셔서 머리가 아픕니다.
買い物をしすぎて、お金がなくなった。 쇼핑을 너무 많이 해서 돈이 없어졌다.
ご飯を食べすぎて、お腹が痛くなりました。
밥을 너무 많이 먹어서 배가 아파왔습니다.

「すぎる」가「い형용사」나「な형용사」에 접속할 때는 어간에 붙는다.
このかばんは大きすぎて、持ちにくい。 이 가방은 너무 커서 들기 불편하다.
この道は危なすぎる。 이 길은 너무 위험하다.

08 〜たがる 〜(하)고 싶어 하다 N4

제삼자의 희망을 나타내는 표현이다.

鈴木(すずき)さんは映画(えいが)を見(み)たがっています。 스즈키 씨는 영화를 보고 싶어 합니다.
弟(おとうと)は外国(がいこく)に行(い)きたがっています。 남동생은 외국에 가고 싶어 합니다.
みんなあなたの歌(うた)を聞(き)きたがっています。 모두 당신의 노래를 듣고 싶어 합니다.

09 특수 동사의 ます형 N4

「いらっしゃる(오시다, 가시다, 계시다), おっしゃる(말씀하시다), くださる(주시다), なさる(하시다), ござる(있다)」는 경어에서 사용하는 동사들이다. 모두 1그룹동사이지만 「ます형」으로 활용할 때만큼은 예외에 속한다.

특수동사	ます형	
いらっしゃる 오시다, 가시다, 계시다	いらっしゃります(×)	いらっしゃいます(○)
おっしゃる 말씀하시다	おっしゃります(×)	おっしゃいます(○)
くださる 주시다	くださります(×)	くださいます(○)
なさる 하시다	なさります(×)	なさいます(○)
ござる 있다	ござります(×)	ございます(○)

先生(せんせい)はそうおっしゃいました。 선생님께서는 그렇게 말씀하셨습니다.
明日(あした)はお宅(たく)にいらっしゃいますか。 내일은 댁에 계십니까?

 동사의 い형용사화

♪ 07-017

01 ～たい　～(하)고 싶다　　N5

앞에서 나온「～たがる」가 제삼자의 희망을 나타낸다면 동사 ます형에 접속하는「～たい」는 말하는 사람 자신의 희망(하고 싶은 동작)을 나타내거나 상대방의 희망을 물을 때 사용한다. 주의해야 할 점은「～たい」앞에 희망하는 대상을 쓸 때 목적격 조사인「を」가 아니라「が」를 써야 한다는 점이다.

田中さんは冷たいビールが飲みたいですか。
다나카 씨는 차가운 맥주를 마시고 싶습니까?

明日は家でゆっくり休みたい。 내일은 집에서 푹 쉬고 싶다.

私は田舎の静かなところに住みたい。 나는 시골의 조용한 곳에서 살고 싶다.

 TIP

말하는 사람 자신이 갖고 싶은 물건에 대해 이야기할 때는「ほしい」를 사용한다.
私は車がほしい。 나는 차를 갖고 싶다.

♪ 07-018

02 〜やすい　〜(하)기 쉽다

동사 ます형에 「〜やすい」를 접속하여 '그렇게 하는 것이 쉽다, 간단하다'라는 의미를 나타내는데 '그렇게 되기 쉽다, 그런 경향이 강하다'는 의미로 사용되는 경우도 있다.

❶ 편리

このペンは書きやすいです。 이 펜은 쓰기 편합니다.
この本は字が大きくて読みやすいです。 이 책은 글씨가 커서 읽기 편합니다.

❷ 경향, 가능성

冬は風邪をひきやすい。 겨울에는 감기에 걸리기 쉽다.
雪で道が滑りやすいから、気をつけてください。
눈 때문에 길이 미끄러워지기 쉬우므로 조심하세요.

♪ 07-019

03 〜にくい　〜(하)기 어렵다

동사 ます형에 붙어서 어떤 일을 하기가 어렵거나 불편함을 나타낸다.

このカメラは使いにくいです。 이 카메라는 사용하기 불편합니다.
この本は字が小さくて読みにくいです。 이 책은 글씨가 작아서 읽기 불편합니다.
この地図は分かりにくい。 이 지도는 이해하기 어렵다.

 동사의 명사화

01 ます형의 명사 전성

동사 ます형은 그 자체로 명사로 전성되어 '~(하)기, ~(하)는 일'의 의미로 사용된다. 즉 ます형은 동사의 명사가 되는 셈이다.

> 泳ぐ 수영하다, 헤엄치다 ➡ 泳ぎ 수영, 헤엄
> 帰る 돌아가다 ➡ 帰り 귀가, 귀갓길
> 走る 달리다, 뛰다 ➡ 走り 달리기
> 作る 만들다 ➡ 作り 만들기
> 乗り換える 갈아타다, 환승하다 ➡ 乗り換え 갈아타기, 환승

彼は泳ぎが上手だ。 그는 수영을 잘한다.
子どもは父親の帰りを待っていた。 아이는 아버지의 귀가를 기다리고 있었다.
田中君は走りが速い。 다나카는 달리기가 빠르다.
夜12時まで仕事をするのは働きすぎです。
밤 열두 시까지 일을 하는 것은 과로입니다.

♪ 07-021

02 ~方 ~하는 방법

동사 ます형에 '방법, 법' 등의 의미를 가지고 있는 「方」라는 단어를 붙이면 '그러한 동작을 하는 방법'이라는 의미가 된다.

> 書き方 쓰는 법, 쓰기   読み方 읽는 법, 읽기
> 使い方 사용법   作り方 만드는 법   教え方 가르치는 법

この料理の作り方を知っていますか。 이 요리의 만드는 법을 알고 있습니까?
このケータイの使い方を説明します。 이 휴대전화의 사용법을 설명하겠습니다.
この漢字の読み方を教えてください。 이 한자의 읽는 법을 가르쳐 주세요.

♪ 07-022

03 ~もしない   ~도 하지 않는다(전혀 ~하지 않는다)

동사 ます형에 연결하여 어떤 행동을 하지 않는 것에 대한, 비난이나 불만을 강조하여 나타낸다.

母は読みもしないで漫画を批判する。 어머니는 읽지도 않고 만화를 비판한다.
人の話を聞きもしないで怒り出す。 남의 말을 듣지도 않고 화를 낸다.
自分で調べもしないで、先生に質問するのはやめてほしい。
자신이 조사도 하지 않고, 선생님에게 질문하는 일은 그만두었으면 좋겠다.

♪ 07-023

04 ~はしない   ~은 하지 않는다(절대로 ~하지 않겠다)

동사 ます형에 연결하여 어떤 행동을 하지 않을 것이라는 화자의 강한 확신이나 부정적인 감정을 나타낸다.

そんな話、誰も信じはしないよ。 그런 이야기, 아무도 믿지는 않을거야.
彼は簡単に諦めはしない性格だ。 그는 쉽게 포기하지는 않는 성격이다.
彼はどれだけ責められても、自分の非を認めはしなかった。
그는 아무리 비난을 받아도 자신의 잘못을 인정하지는 않았다.

동사 て형과 た형

1. 동사 て형
2. 동사 て형의 기본 표현
3. 동사 て형의 응용 표현
4. 동사 た형
5. 동사 た형의 응용 표현

1 동사 て형

♪ 08-001

01 동사 て형의 역할　　N5

동사를 '~하고, ~해서'와 같은 의미로 나타낼 때는 동사에 「て」를 붙인다. 이를 「동사 て형」이라고 부른다. 동사 て형은 기본적으로 다음 제시된 의미로 많이 쓰인다.

❶ 순차적 동작

두 가지 이상의 동작이 순서대로 발생한다는 의미이다.

朝起きて、顔を洗います。 아침에 일어나서 세수를 합니다.
宿題をして、寝ました。 숙제를 하고 잤습니다.

❷ 수단, 방법

電気をつけて、部屋を明るくする。 전기를 켜서 방을 밝게 한다.
バスに乗って、学校へ行きます。 버스를 타고 학교에 갑니다.

❸ 원인, 이유

けんかをして、しかられた。 싸움을 해서 꾸중을 들었다.
風邪をひいて、会社を休みました。 감기에 걸려서 회사를 쉬었습니다.

02 동사 て형 만드는 법

1그룹동사의 경우 て형으로 만들 때 어미가 변화하여 특별한 형태로 바뀌는데 이를 '동사의 음편'이라고 한다. 음편에는 い음편, 촉음편, 발음편이 있다.

❶ 1그룹동사

▶ 「く・ぐ」로 끝나는 1그룹동사

「く・ぐ」로 끝나는 1그룹동사를 て형으로 만들려면 어미 「く」와 「ぐ」를 「い」로 바꾸고 각각 「て・で」를 붙인다. 이것을 い음편이라고 부른다. 단, 「行く」는 예외적으로 い음편이 아니라 촉음편의 규칙을 따르므로 「行いて」가 아니라 「行って」라고 해야 한다.

▶ 「う・つ・る」로 끝나는 1그룹동사

「う・つ・る」로 끝나는 1그룹동사는 어미 「う・つ・る」를 「っ」로 바꾼 뒤 「て」를 붙인다. 이를 촉음편이라고 한다.

▶ 「ぬ・ぶ・む」로 끝나는 1그룹동사

「ぬ・ぶ・む」로 끝나는 1그룹동사의 て형은 어미 「ぬ・ぶ・む」를 「ん」으로 바꾼 뒤 「で」를 붙인다. 이를 발음편이라고 한다.

▶ 「す」로 끝나는 1그룹동사

「す」로 끝나는 1그룹동사는 음편 없이 「す」를 떼고 「して」를 붙인다.

❷ 2그룹동사

어미 「る」를 떼고 「て」를 붙인다.

❸ 3그룹동사

「くる」는 「きて」, する는 「して」가 된다.

	기본형	접속형	음편
1그룹 동사	書く	書いて 쓰고, 써서	い음편
	泳ぐ	泳いで 헤엄치고, 헤엄쳐서	
	買う	買って 사고, 사서	촉음편
	立つ	立って 서고, 서서	
	乗る	乗って 타고, 타서	
	死ぬ	死んで 죽고, 죽어서	발음편
	遊ぶ	遊んで 놀고, 놀아서	
	飲む	飲んで 마시고, 마셔서	
	話す	話して 이야기하고, 이야기해서	-
	行く	行って 가고, 가서	예외(い음편이 아니라 촉음편으로 활용)
2그룹 동사	見る	見て 보고, 보아서	-
	食べる	食べて 먹고, 먹어서	-
3그룹 동사	来る	来て 오고, 와서	-
	する	して 하고, 해서	-

2 동사 て형의 기본 표현

01 ～てください ~(해) 주세요

상대방에게 의뢰하거나 부탁할 때 사용하는 표현이다.

明日(あした)は早(はや)く来(き)てください。 내일은 일찍 와 주세요.
ここに名前(なまえ)を書(か)いてください。 여기에 이름을 써 주세요.
ここでは静(しず)かに歩(ある)いてください。 이곳에서는 조용히 걸어주세요.

02 ～てくださいませんか ~(해) 주시지 않겠습니까?

상대방에게 정중하게 의뢰하거나 부탁할 때 사용하는 표현이다. 「～てください」보다 정중한 느낌을 준다.

明日(あした)もう一度(いちど)来(き)てくださいませんか。 내일 한번 더 와 주시지 않겠습니까?
田中(たなか)さんの電話番号(でんわばんごう)を教(おし)えてくださいませんか。
다나카 씨의 전화번호를 가르쳐 주시지 않겠습니까?

A ちょっとこれを持(も)ってくださいませんか。 이것 좀 들어주시지 않겠습니까?
B はい、いいですよ。 네, 좋아요.

♪ 08-004

03 ～てから　～(하)고 나서　N5

앞의 동작이 끝나고 뒤의 동작이 이루어지는 동작의 전후 관계를 나타낼 때 쓰는 표현이다.

学校が終わってから、映画を見に行きます。
학교가 끝나고 나서 영화를 보러 갑니다.

先に手を洗ってからお菓子を食べます。　먼저 손을 씻고 나서 과자를 먹습니다.

A 今すぐ山下さんのうちへ行きますか。 지금 바로 야마시타 씨의 집으로 갑니까?
B いいえ、電話をかけてから行きます。 아니요, 전화를 걸고 나서 갑니다.

♪ 08-005

04 ～ても　～(해)도, ~(하)더라도　N4

제시된 내용과는 다른 내용이나 반대되는 내용이 뒤따르는 경우에 사용하는 역접 표현이다.

雨が降っても出かけます。 비가 와도 외출합니다.
この部屋はクーラーをつけても暑いです。 이 방은 에어컨을 켜도 덥습니다.
このような言葉は辞書を引いても、分かりません。
이런 말은 사전을 찾아도 모르겠습니다.

♪ 08-006

05 ～てもいい　～(해)도 좋다　N4

허가를 요구하거나 해줄 때 사용하는 표현이다.

ここにかばんを置いてもいいですか。 여기에 가방을 놓아도 됩니까?
テストが終わった人は帰ってもいいです。 시험이 끝난 사람은 돌아가도 좋습니다.

A これ、使ってもいいですか。 이거 사용해도 되나요?
B ええ、かまいませんよ。 네, 괜찮아요.

♪ 08-007

06 〜てもかまわない　〜(해)도 좋다, 〜(해)도 상관없다

허가를 요구하거나 해줄 때 사용하는 표현이다. 「〜てもいい」와 거의 같은 의미이지만 '신경쓰지 않는다', '불만이 없다'라는 뉘앙스가 포함되어 있다.

明日、休んでもかまいません。 내일 쉬어도 좋습니다.
窓を開けてもかまいませんか。 창문을 열어도 될까요?
ここにある本は自由に読んでもかまわない。
여기에 있는 책은 자유롭게 읽어도 상관없다.

♪ 08-008

07 〜てはいけない　〜(해)서는 안된다

주로 개인적인 이유 때문에 '그렇게 해서는 안된다'는 금지 표현을 말하고자 할 때 쓰는 표현이다.

部屋にくつを履いて入ってはいけません。 방에 신발을 신고 들어오면 안됩니다.
人の日記を読んではいけません。 다른 사람의 일기를 읽어서는 안됩니다.

A 写真を撮ってもいいですか。 사진을 찍어도 됩니까?
B ここでは撮ってはいけません。 이곳에서는 찍으면 안됩니다.

♪ 08-009

08 〜てはならない　〜(해)서는 안된다

「〜てはいけない」와 마찬가지로 금지 표현이지만 「〜てはならない」는 「〜てはいけない」에 비해 공적이고 사회적인 이유로 그렇게 하면 안된다는 의무감이 강조된다.

芝生の中に入ってはならない。 잔디밭에 들어가서는 안된다.
嘘をついてはならない。 거짓말을 해서는 안된다.
車を運転するときは十分注意しなくてはならない。
차를 운전할 때는 충분히 주의해야만 한다.

 **동사 て형의 응용 표현**

♪ 08-010

01 〜ている　〜(하)고 있다　N5

「〜ている」는 다양한 의미를 갖고 있는데 대표적인 용법 위주로 살펴보겠다.

❶ 동작이나 작용의 진행

동작, 작용이 시작되어 그 시점까지 아직 끝나지 않았음을 나타내는 용법이다.

子どもたちが公園で遊んでいます。　아이들이 공원에서 놀고 있습니다.
山田さんは本を読んでいます。　야마다 씨는 책을 읽고 있습니다.
雨が降っています。　비가 내리고 있습니다.

❷ 결과가 지속되는 상태

동작이나 작용이 끝나서 그 결과가 되는 상태를 나타낼 때 쓴다.

部屋の電気がついています。　방의 전기가 켜져 있습니다.
ドアが開いています。　문이 열려 있습니다.
時計が止まっています。　시계가 멈춰 있습니다.

❸ 동작의 완료

「〜ている」는 동작이 완료되었음을 나타내기도 한다. 이때 '이미'라는 뜻을 가진 부사 「もう」나 「すでに」 등과 함께 쓰면 의미를 더 명확하게 나타낼 수 있다.

その話はもう聞いている。　그 이야기는 이미 들었다.
山田さんはアメリカに行っている。　야마다 씨는 미국에 가 있다.
彼女の気持ちはもう変わっている。　그녀의 마음은 이미 변했다.

♪ 08-011

02 〜てある　〜(해) 있다　N4

「〜てある」는 '인위적 동작에 의한 결과'를 나타내는 표현이다. 누군가에 의해서 지금의 상태가 만들어졌다는 점을 강조하는 느낌이 강하다. 「〜てある」는 타동사에 접속한다.

壁(かべ)にポスターがはってあります。　벽에 포스터가 붙어 있습니다.
机(つくえ)の上(うえ)に新聞(しんぶん)が置(お)いてあります。　책상 위에 신문이 놓여 있습니다.
本(ほん)の後(うし)ろに名前(なまえ)が書(か)いてあります。　책 뒤에 이름이 적혀 있습니다.

시간적 순서		문장 표현
동작	진행	本(ほん)の後(うし)ろに名前(なまえ)を書(か)いています。 책 뒤에 이름을 쓰고 있습니다.
	완료	本(ほん)の後(うし)ろに名前(なまえ)を書(か)きました。 책 뒤에 이름을 썼습니다.
상태		本(ほん)の後(うし)ろに名前(なまえ)が書(か)いてあります。 책 뒤에 이름이 써 있습니다.

 TIP

◆ ている vs てある

① ドアが開(あ)いている。문이 열려 있다. [자동사 + ている]
　－ 자연적 결과에 의한 상태

② ドアが開(あ)けてある。문이 열려 있다. [타동사 + てある]
　－ 인위적 동작에 의한 상태

해석은 같지만 표현하려는 의도에는 차이가 있다. ①「ドアが開いている」에는 저절로 혹은 자연 현상에 의해 문이 열렸다는 의미가 담겨 있다. ②「ドアが開けてある」에는 누군가가 문을 열었기 때문에 그 동작의 결과로 문이 열려 있다는 의미가 담겨 있다.

03 〜ておく   〜(해) 두다, 〜(해) 놓다

동작의 결과를 분명하게 남겨두거나(유지, 방치) 일어날 일을 예상하여 준비한다는 의미가 담겨 있다.

お客さんが来る前に掃除をしておきましょう。
손님이 오기 전에 청소를 해 둡시다. [준비]

パーティーのためにいろいろ準備をしておきました。
파티를 위해 여러가지 준비를 해 두었습니다. [준비]

暑いから、そのままドアを開けておいてください。
더우니까 그대로 문을 열어 두세요. [유지, 방치]

はさみは後で使いますから、ここに置いておいてください。
가위는 나중에 사용할 거니까 여기 놓아 두세요. [유지, 방치]

04 〜てみる   〜(해) 보다

의지를 나타내는 동사 뒤에 붙어서 시험 삼아 해 본다는 의미를 나타낸다.

この料理、おいしいかどうか食べてみてください。
이 요리, 맛있는지 어떤지 먹어 보세요.

一度京都へ行ってみたいです。 한번쯤 교토에 가 보고 싶습니다.

服を買う前に、着てみた。 옷을 사기 전에 입어 보았다.

♪ 08-014

05 ～てしまう　　～(해) 버리다　

어떠한 동작이나 상태가 완전히 끝났다는 것을 강조할 때 사용하는 표현이다. 또한 완료된 상태에 곤란한 감정을 추가하여 나타내는 경우도 있다.

あの本なら全部読んでしまいました。 그 책이라면 전부 읽었습니다.
朝寝坊して、学校に遅れてしまいました。 늦잠 자서 학교에 늦어 버렸습니다.
部屋の電気をつけたまま、寝てしまった。 방 불을 켠 채 자 버렸다.

♪ 08-015

06 ～てくる　　～(해) 오다　

점점 그렇게 되거나 어떤 상태로 변화하기 시작한다는 의미를 나타낸다. 시간적인 의미로는 과거에서 현재로 이어지는 상황을 나타낼 때 사용한다.

この頃、寒くなってきましたね。 요즘 추워졌네요.
入社１年目になって、この仕事にも慣れてきた。
입사 1년째가 되어서 이 일에도 익숙해졌다.
運動を始めたら、体が丈夫になってきました。
운동을 시작했더니 몸이 튼튼해졌습니다.

♪ 08-016

07 ～ていく　～(해) 가다　N4

동작이나 상태가 계속 진행되거나 그러한 경향이 점점 더 강해져 간다는 의미를 나타낼 때 쓴다. 시간적인 의미로는 현재에서 미래를 향해 나아가는 상황을 나타낼 때 사용한다.

私はこれからも日本語の勉強を続けていきます。
저는 앞으로도 일본어 공부를 계속해 가겠습니다.

これからもこの国の人口は増えていくでしょう。
앞으로도 이 나라의 인구는 증가해 갈 것입니다.

A もうすぐ冬ですね。 이제 곧 겨울이군요.
B そうですね。これからはだんだん寒くなっていきますね。
그렇군요. 앞으로는 점점 추워지겠어요.

♪ 08-017

08 ～てたまらない　너무 ～(하)다, ～(해)서 견딜 수 없다　N3

'참다, 견디다'라는 뜻인 동사「たまる」를 변형한 문형이다. 감정 상태를 나타내는 동사나 형용사의 て형에 붙어서 어떤 느낌이나 상태가 너무 강렬하여 어찌 해야할 바를 모르겠다고 말할 때 사용한다.

母の病気のことが心配でたまらない。 어머니의 병이 너무 걱정된다.

風邪薬を飲んだので、眠くてたまらない。 감기약을 먹었더니 너무 졸리다.

09 ～て以来   ～(한) 이래로, ～(하)고 나서 쭉   N2

과거의 어느 시점부터 지금까지 계속 같은 상태가 유지되고 있음을 나타낸다.

彼とは卒業して以来会っていない。 그와는 졸업하고 나서 쭉 만나지 못했다.
先月の初めに雨が降って以来、全然降っていない。
지난 달 초에 비가 내린 이래로 전혀 내리지 않는다.

10 ～てからでないと   ～(하)지 않으면, ～가 되지 않으면   N2

앞에서 언급한 것이 실현되지 않으면 뒤에 오는 내용이 이루어지지 못한다는 의미를 나타낸다. 뒤에는 불가능하거나 부정적인 표현과 많이 쓴다.

親の意見を聞いてからでないと返事できません。
부모님의 의견을 듣지 않으면 답할 수 없습니다.
製品は、入金を確認してからでないと発送しない。
제품은 입금 확인이 되지 않으면 발송하지 않는다.

11 ～てしょうがない   너무 ～(하)다   N2

주로 감정 상태를 나타내는 단어 뒤에 와서 정도가 너무 심하다는 것을 강조한다. 「しょうがない」는 「しようがない」의 회화체 표현이다.

3日も徹夜なので、眠くてしょうがない。
3일이나 밤을 샜더니 졸려서 견딜 수 없다.
今の仕事がいやでしょうがない。 지금 하는 일이 너무 싫다.

♪ 08-021

12 〜てならない　무척 〜(하)다　N2

앞에 나온 「〜てたまらない」나 「〜てしょうがない」와 비슷한 의미로 쓰인다. 대개 바꾸어 써도 무방하지만 「〜てならない」는 동작보다 '막연한 심리 상태'를 나타낼 때 많이 쓰는 문형이다. 즉 저절로 느껴지는 감정에 대해 말할 때 쓴다.

国の家族に会いたくてならない。 고국에 있는 가족을 만나고 싶어 죽겠다.

おじいさんは孫がかわいくてならないようだ。
할아버지는 손자가 무척 귀여운 모양이다.

TIP

◆ てしょうがない vs てたまらない vs てならない

기본적인 의미는 같지만 각 문형 간에 미묘한 어감 차이가 존재한다.

暑いので、のどが渇いてしょうがない。
暑いので、のどが渇いてたまらない。
暑いので、のどが渇いてならない。

제시된 세 문장 다 '더워서 목이 너무 마르다.'라는 의미이다. 다만 강조하는 정도가 조금씩 다른데 「しょうがない, たまらない, ならない」 순으로 뒤로 갈수록 딱딱한 느낌을 준다.

자발적인 감정에 대해서 말할 때에는 반드시 「〜てならない」를 써야 한다. 아래 네 표현 모두 '(어떠한) 생각이 들어서 견딜 수 없다'라는 의미이다.

気がしてならない
思えてならない
思われてならない
感じられてならない

13 〜てはじめて　〜(하)고 나서야 비로소

어떤 과정을 거쳐서 마침내 그러한 상태에 이르렀다는 의미를 나타낸다.

病気になってはじめて健康のありがたさに気づいた。
병에 걸리고 나서야 비로소 건강의 고마움을 깨달았다.

実際に読んでみてはじめて、古典のおもしろさを知った。
실제로 읽어 보고 나서야 비로소 고전의 재미를 알았다.

14 〜てからというもの　〜(하)고 나서

어떤 일을 계기로 일어난 일이 계속된다는 의미로 사용된다.

一度事故を起こしてからというもの、彼は慎重に運転するようになった。
한번 사고를 일으키고 난 후 그는 신중하게 운전하게 되었다.

今年になってからというもの、急激に円高傾向が進んでいる。
올해 들어 급격하게 엔고현상이 이어지고 있다.

15 〜てみせる　반드시 〜하고야 말겠다

화자의 강한 결심이나 각오를 나타낸다.

自分の力で問題を解決して見せると誓った。
자신의 힘으로 문제를 해결하고야 말겠다고 다짐했다.

絶対にこの試合で勝って見せる。 절대로 이 시합에서 이기고야 말겠다.

16 ～てもさしつかえない　　～(해)도 좋다, ~(해)도 문제 없다　N1

「～てもいい, ～てもかまわない」의 격식 차린 표현으로 소극적으로 허용하는 듯한 느낌을 준다.

ここではタバコを吸ってもさしつかえありませんか。
여기서는 담배를 피워도 괜찮습니까?

もう熱も下がったので、散歩に出てもさしつかえありません。
이제 열도 내렸으니 산책하러 나가도 문제 없습니다.

17 ～てやまない　　～(해) 마지않다, 간절히 ~(하)다　N1

마음속으로부터 오랫동안 그런 감정을 강하게 지니고 있다는 의미를 나타낸다. 사용되는 동사는 희망에 관계되는 경우가 많다.

今後も皆さまのご活躍を願ってやみません。
앞으로도 여러분의 활약을 간절히 바라마지 않습니다.

二度とこのような事件が起こらないように祈ってやまない。
두 번 다시 이러한 사건이 일어나지 않기를 간절히 바란다.

4 동사 た형

01 동사 た형의 역할　♪ 08-027　N5

동사에서 '~했다'라고 과거의 의미를 나타낼 때는 동사 た형을 사용한다. 동사 た형은 주로 동작의 완료나 과거에 있었던 일을 나타낸다.

❶ 동작이나 작용의 완료

동작이나 작용이 끝난 상황을 나타낸다.

やっとレポートを書いた。 간신히 보고서를 썼다.
無事に目的地に着いた。 무사히 목적지에 도착했다.
会議はもう終わりました。 회의는 이미 끝났습니다.

❷ 과거의 동작이나 작용

현재 기준시의 이전에 일어난 사실을 나타낸다.

朝起きて牛乳を飲んだ。 아침에 일어나서 우유를 마셨다.
昨日山に登りました。 어제 산에 올랐습니다.
今年の３月に卒業しました。 올해 3월에 졸업했습니다.

❸ 상태의 지속

뒤에 오는 명사를 수식하여 동작이 끝난 결과가 지속된다는 의미를 나타낸다.

壁にかけた絵。 벽에 건 그림.
雪の積もった山。 눈이 쌓인 산.
帽子をかぶった人。 모자를 쓴 사람.

02 동사 た형 만드는 법   N5

❶ 1그룹동사

▶ 어미가 「く・ぐ」로 끝나는 1그룹동사

「く・ぐ」로 끝나는 1그룹동사를 「た형」으로 만들려면 「く」와 「ぐ」를 「い」로 바꾸고 각각 「た・だ」를 붙인다. 이것을 い음편이라고 부른다. 단, 「行く」는 예외적으로 い음편이 아니라 촉음편의 규칙을 따르므로 「行いた」가 아니라 「行った」라고 해야 한다.

▶ 어미가 「う・つ・る」로 끝나는 1그룹동사

「う・つ・る」로 끝나는 1그룹동사는 「う・つ・る」를 「っ」로 바꾼 뒤 「た」를 붙인다. 이를 촉음편이라고 한다.

▶ 어미가 「ぬ・ぶ・む」로 끝나는 1그룹동사

「ぬ・ぶ・む」로 끝나는 1그룹동사의 て형은, 「ぬ・ぶ・む」를 「ん」으로 바꾼 뒤 「だ」를 붙인다. 이를 발음(撥音)편이라고 한다.

▶ 어미가 「す」로 끝나는 1그룹동사

「す」로 끝나는 1그룹동사는 음편 없이 「す」를 떼고 「した」를 붙인다.

❷ 2그룹동사

어미 「る」를 떼고 「た」를 붙인다.

❸ 3그룹동사

「くる」는 「きた」, 「する」는 「した」가 된다.

5 동사 た형의 응용 표현

♪ 08-028

01 ～た後で　～(한) 후에

동작의 순서를 나타내는 표현으로, 앞의 동작이 이루어진 후에 뒤의 동작이 이루어진다는 의미를 나타낸다.

顔を洗った後で、ご飯を食べます。 세수를 한 후에 밥을 먹습니다.
授業が終わった後で掃除をします。 수업이 끝난 후에 청소를 합니다.
映画を見た後で、お茶でも飲みましょう。 영화를 본 후에 차라도 마십시다.

♪ 08-029

02 ～た方がいい　～(하)는 편이 좋다

상대방에게 무엇인가를 권유하거나 충고, 조언하는 표현으로 동사 た형에 붙는다. 동사 た형은 보통 과거의 의미로 해석하지만 여기에서는 현재의 의미로 해석한다.

熱があったら、すぐ病院へ行った方がいいですよ。
열이 있으면 바로 병원에 가는 편이 좋아요.
今日は早くうちへ帰った方がいい。 오늘은 일찍 집에 돌아가는 편이 좋다.
朝ご飯は食べた方が体にいい。 아침밥은 먹는 편이 몸에 좋다.

♪ 08-030

03 〜たあげく　〜(한) 끝에　

어떤 일을 오랜 기간 했지만 끝내 유감스러운 결과가 나왔음을 나타낼 때 쓰는 표현이다. 단발성인 일이나 가벼운 일에 대해서는 사용하지 않는다. 「〜たあげく」 뒤에 오는 문장은 항상 완료형으로 끝난다.

彼女は苦労したあげく、とうとう病気になってしまった。
그녀는 고생한 끝에 결국 병들어 버렸다.

迷ったあげく、今の会社を辞めることにした。
망설인 끝에 지금 다니는 회사를 그만두기로 했다.

♪ 08-031

04 〜た末に　〜(한) 끝에　

「〜た末に」는 어떠한 일의 결과를 강조하는 표현이다. 그 결과에 이르기까지 오랜 시간이 걸렸거나 여러 문제점이나 어려움이 있었다는 의미가 담겨 있다.

2年間苦労した末に、やっと論文が完成した。
2년간 고생한 끝에 드디어 논문이 완성되었다.

いろいろ悩んだ末に、進学は辞めることにした。
여러 가지로 고민한 끝에 진학은 그만두기로 했다.

♪ 08-032

05 〜たとたん　〜(한) 순간, 〜(하)자마자　

어떤 일이 이루어지자마자 바로 다른 일이 갑자기 발생할 때 사용한다.

子どもは母親の顔を見たとたん泣きだした。
아이는 엄마의 얼굴을 보자마자 울음을 터뜨렸다.

どろぼうが金庫に手をかけたとたん、非常ベルが鳴りだした。
도둑이 금고에 손을 대자마자 비상벨이 울리기 시작했다.

06 〜たが最後　　〜(했)다 하면

어떤 행동이 한 번 이루어지면 좋지 않은 상황이 쭉 유지된다는 의미를 나타낸다. 따라서 이어지는 말에는 부정적인 결과가 온다.「た」와「最後」사이에「が」가 들어간다는 점에 주의하자.

信用というものは、一度失ったが最後取り戻すのはなかなか難しい。
신용이라는 것은 한 번 잃었다 하면 돌이키기란 좀처럼 어렵다.

彼にお金を貸したが最後、絶対に戻ってこない。
그에게 돈을 빌려주었다 하면 절대로 되돌아오지 않는다.

07 〜た矢先に　　막 〜(하)려던 참에, 〜(하)려는 바로 그때에

무언가를 시작하려는 바로 그때에 어떤 일이 발생한다는 느낌을 나타낸다.

帰ろうとしていた矢先に部長に仕事を頼まれた。
돌아가려는 바로 그때 부장님에게 일을 부탁받았다.

洗濯を始めようとした矢先に雨が降り出した。
막 세탁을 시작하려던 참에 비가 내리기 시작했다.

동사 ない형

1. 동사 ない형
2. 동사 ない형의 기본 표현
3. 동사 ない형의 응용 표현

1 동사 ない형

01 동사 ない형 만드는 법　N5

동사 ない형은 동사에 부정의 의미를 지닌 조동사 「ない」를 연결하는 형태를 말한다. 동사 ない형은 그룹별로 다음과 같이 다른 활용을 한다.

❶ 1그룹동사

어미를 「あ단」으로 바꾸고 「ない」를 붙인다.

❷ 2그룹동사

어미 「る」를 떼고 「ない」를 붙인다.

❸ 3그룹동사

「くる」는 「こない」, 「する」는 「しない」가 된다.

1그룹동사	買う	買わない 사지 않는다
	書く	書かない 쓰지 않는다
	話す	話さない 이야기하지 않는다
	遊ぶ	遊ばない 놀지 않는다
	読む	読まない 읽지 않는다
	乗る	乗らない 타지 않는다
2그룹동사	見る	見ない 보지 않는다
	起きる	起きない 일어나지 않는다
	食べる	食べない 먹지 않는다

3그룹동사	来る	来ない 오지 않는다
	する	しない 하지 않는다

02 동사 ない형 주의할 점 N5

❶ 「う」로 끝나는 1그룹동사의 ない형

1그룹동사는 어미를 あ단으로 바꾸고 ない를 붙인다. 단,「買う」,「言う」,「歌う」처럼「う」로 끝나는 1그룹동사는「う」를「わ」로 바꾼다. 즉「買う」는「買あない」가 아니라「買わない」가 된다.

❷ 「ある」의 ない형

'있다'는 의미를 나타내는「ある」는「ない형」을 사용하지 않는다. 즉,「あらない」라고 하지 않으며「ない형」대신에 い형용사「ない」를 사용한다.

2 동사 ない형의 기본 표현

01 ~ない ~(하)지 않다

동사 ない형에 연결하여 어떠한 동작을 부정한다.

タバコは吸わない。 담배는 피우지 않는다.
辛いものは食べない。 매운 것은 먹지 않는다.
田中さんは今日来ない。 다나카 씨는 오늘 오지 않는다.

02 ~なかった ~(하)지 않았다

동사 ない형에 「~なかった」를 붙이면 그 동작을 하지 않았다는 과거 부정을 나타낸다.

昨日はどこへも行かなかった。 어제는 아무 데도 가지 않았다.
写真は少ししか撮らなかった。 사진은 조금밖에 찍지 않았다.
薬を飲んでも、熱が下がらなかった。 약을 먹어도 열이 내려가지 않았다.

03 ~ないで ~(하)지 않고

앞의 동작을 실현하고 있지 않은 상태로 뒤의 일이 그것과 동시간대에 있는 것을 나타낸다.

昨夜お風呂に入らないで寝ました。 어젯밤에 목욕을 하지 않고 잤습니다.
本を見ないで答えを書きます。 책을 보지 않고 답을 씁니다.
タクシーに乗らないで、電車で行きましょう。 택시를 타지 말고, 전철로 갑시다.

♪ 09-004

04 〜ないでください 〜(하)지 마세요 N5

상대방에게 어떠한 동작을 하지 말라고 요구하는 명령이나 의뢰 표현이다.

ここではタバコを吸わないでください。 이곳에서는 담배를 피우지 마세요.
私のケーキを食べないでください。 내 케이크를 먹지 마세요.
大きい声で話さないでください。 큰 소리로 말하지 마세요.

♪ 09-005

05 〜なくて 〜(하)지 않아서 N4

주로 뒤에 오는 상황의 원인이나 이유를 나타낸다.

子どもが何も食べなくて心配している。 아이가 아무것도 먹지 않아서 걱정하고 있다.
お金がなくて旅行に行けない。 돈이 없어서 여행을 갈 수 없다.
なかなか電車が来なくて、遅刻してしまった。
좀처럼 전철이 오지 않아서 지각해 버렸다.

♪ 09-006

06 〜ない方がいい 〜(하)지 않는 편이 좋다 N4

어떠한 동작을 하지 않도록 조언할 때 사용한다.

たばこは吸わない方がいいです。 담배는 피우지 않는 편이 좋습니다.
天気が悪いときは出かけない方がいいですよ。
날씨가 나쁠 때는 외출하지 않는 편이 좋아요.
この薬は子どもに飲ませない方がいいですよ。
이 약은 아이에게 먹이지 않는 것이 좋아요.

07 ～ず(に)　～(하)지 않고　N4

「ないで」와 거의 같은 표현으로「ずに」는 문어체에서「ないで」는 구어체에서 자주 쓰인다.「する」의 변형인「しないで」는「しずに」가 아니라「せずに」라고 하는 점에 유의한다.

近いからバスに乗らずに歩きましょう。 가까우니까 버스를 타지 말고 걸읍시다.
辞書を使わずに、この本を読みました。 사전을 사용하지 않고 이 책을 읽었습니다.
今朝弟はご飯を食べずに学校へ行きました。
오늘 아침 남동생은 밥을 먹지 않고 학교에 갔습니다.
勉強せずに、テストを受けた。 공부하지 않고 시험을 봤다.

TIP

◆ ないで vs ず(に)

● ないで와 ず(に)

상태의 의미로 동사를 꾸며주는 경우에는「～ないで」나「～ず(に)」둘 다 사용할 수 있다.
休まないで働く。 ＝ 休まずに働く。 쉬지 않고 일하다.

이중 부정(부정의 표현을 반복하여 사용하는 것)의 경우에는「～ないで」나「～ず(に)」를 사용한다.
泣かないではいられない。 ＝ 泣かずにはいられない。 울 수밖에 없었다.

● ないで

부정의 의뢰나 희망을 나타낼 때는「～ないで」만 사용한다.
走らないでほしい。 뛰지 않으면 좋겠다.
言わないでください。 말하지 마세요.

08 〜なければならない　〜(해)야 한다　

사회적 상식, 사회 통념에서의 당연히 그렇게 해야 할 '의무'나 '필요성'이 있다는 의미를 나타낸다.

約束(やくそく)は守(まも)らなければならない。 약속은 지켜야 한다.

明日(あした)は試験(しけん)があるので、勉強(べんきょう)しなければなりません。
내일은 시험이 있기 때문에 공부해야 합니다.

今日(きょう)は6時(ろくじ)までにうちへ帰(かえ)らなければなりません。
오늘은 여섯 시까지 집에 돌아가야 합니다.

09 〜なくてはいけない　〜(해)야 한다　

주관적 생각으로 그렇게 해야 할 '의무'나 '필요성'의 의미를 나타낸다.

明日(あした)は朝早(あさはや)く起(お)きなくてはいけません。 내일은 아침 일찍 일어나야 합니다.

パソコンが壊(こわ)れたので直(なお)さなくてはいけない。
컴퓨터가 고장났기 때문에 고쳐야 한다.

いやでもテストは受(う)けなくてはいけません。 싫더라도 테스트는 받아야 합니다.

10 〜なくてもいい　〜(하)지 않아도 좋다　

그렇게 할 필요가 없다는 의미를 나타낸다.

日曜日(にちようび)は学校(がっこう)に行(い)かなくてもいいです。 일요일에는 학교에 가지 않아도 됩니다.

分(わ)からなければ書(か)かなくてもいいです。 이해가 안 가면 쓰지 않아도 좋습니다.

行(い)きたくなければ、行(い)かなくてもいい。 가고 싶지 않으면 가지 않아도 좋다.

11 〜なくてもかまわない　〜(하)지 않아도 상관없다

'~하지 않아도 상관없다', '~하지 않아도 좋다'로 해석하며 그렇게 할 필요가 없다는 의미를 나타낸다.「〜なくてもいい」보다「〜なくてもかまわない」가 조금 더 조심스러운 느낌을 준다.

今度の会議には出なくてもかまいませんか。
이번 회의에는 참석하지 않아도 상관없습니까?

この仕事は、急がなくてもかまいません。 이 일은 서두르지 않아도 상관없습니다.

この部屋は掃除をしなくてもかまいません。 이 방은 청소하지 않아도 괜찮습니다.

3 동사 ない형의 응용 표현

♪ 09-012

01 ～ないように　～(하)지 않도록　

'그렇게 하지 않겠다'는 어떤 동작의 의도를 나타내는 표현이다. 「～に」를 생략하여, 「～ないよう」의 형태로 쓰는 경우도 있다.

時間に遅れないように駅から走った。 시간에 늦지 않도록 역부터 달렸다.
室内では、タバコを吸わないようにしてください。
실내에서는 담배를 피우지 않도록 하세요.

♪ 09-013

02 ～ないことには　～(하)지 않고는　

「～なければ」에 해당하는 표현이다. 어떤 조건이 충족되지 않으면 결과가 따르지 않는다는 의미를 나타낸다. 「～ないことには」 뒤에는 반드시 부정의 의미가 담긴 문장이 와야 한다.

食べてみないことには、おいしいかどうか分からない。
먹어 보지 않고서는 맛있는지 어떤지 모른다.
努力しないことには、成功するはずがない。 노력하지 않고서는 성공할 리가 없다.

03 〜ないことはない / 〜ないこともない N2
〜못할 것은 없다 / 〜못할 것도 없다

이중 부정을 사용하여 소극적인 긍정 또는 단정을 피할 때 사용하는 표현이다.

彼の意見も理解できないことはない。 그의 의견도 이해할 수 없는 것은 아니다.

難しいが、方法によってはできないこともない。
어렵지만 방법에 따라서는 불가능한 것도 아니다.

04 〜ないではいられない・〜ずにはいられない N2
〜(하)지 않을 수 없다

어떤 상황을 보고 참지 못한 채 자신도 모르게 어떤 행동을 했다고 말하고 싶을 때 사용한다. 단, 「〜ずにはいられない」의 경우, 「する」는 「〜しずにはいられない」가 아니라 「〜せずにはいられない」라고 해야 한다.

美しい景色を見ると、写真を撮らないではいられない。
아름다운 풍경을 보면, 사진을 찍지 않을 수 없다.

気に入った物を見つけると、買わないではいられない。
마음에 든 것을 발견하면 사지 않고서는 견딜 수 없다.

この本を読むと、だれでも感動せずにはいられないだろう。
이 책을 읽으면 누구라도 감동하지 않을 수 없을 것이다.

甘い物が好きでケーキを見ると、食べずにはいられない。
단것을 좋아해서 케이크를 보면 먹지 않을 수 없다.

♪ 09-016

05 ～なくはない / ～なくもない
~하는 것은 아니다 / ~하는 것도 아니다

'꼭 그렇게 못하는 것은 아니다'라는 의미로 소극적인 긍정을 나타내는 표현이다.

このシャツは少しきついが、着られなくはない。
이 셔츠는 조금 끼긴 하지만 입을 수 없는 것은 아니다.

納豆は食べられなくはないけど、あまり好きではない。
낫토는 못 먹는 것은 아니지만, 별로 좋아하지 않는다.

彼の考えも理解できなくもない。 그의 생각도 이해 못할 것도 없다.

この料理は食べられなくもないけど、もう頼まない。
이 요리는 못 먹는 것도 아니지만, 더 이상 주문하지 않겠다.

♪ 09-017

06 ～ないではおかない・～ずにはおかない
반드시 ～(하)겠다, ～(하)고야 만다

동작을 나타내는 동사에 붙어서 반드시 그렇게 하고 말겠다는 강한 의지를 나타내거나 심리, 감정을 나타내는 동사에 붙어서 그렇게 되는 것이 당연하다는 의미를 강조한다.

❶ 화자의 의지를 강조

今度こそ、彼に謝らせずにはおかない。
이번에야말로 그에게 사과하도록 만들고야 말겠다.

誤解を解くため、本人に直接説明しないではおかない。
오해를 풀기 위해, 본인에게 직접 설명하겠다.

❷ 당연함을 강조

その美しい風景は、見る人の心を奪わないではおかなかった。
그 아름다운 풍경은 보는 사람의 마음을 빼앗았다(빼앗아 버렸다).

彼の一言は彼女の心を傷つけずにはおかなかった。
그의 한마디는 그녀의 마음에 상처를 입히고 말았다.

PART 09 동사 ない형

07 ～ないではすまない・～ずにはすまない
반드시 ～해야 한다, ～(하)지 않으면 해결되지 않는다

상식적으로 생각하여 그렇게 하지 않으면 어떠한 문제가 해결되지 않는다는 것을 강조하는 표현이다. 「～なければならない」와 같은 의미이다.

事実(じじつ)が明(あき)らかになった以上(いじょう)、責任(せきにん)を取(と)らないではすまないだろう。
사실이 밝혀진 이상 책임을 지지 않으면 안 될 것이다.

私(わたし)のせいでこうなったのだから、謝(あやま)らずにはすまない。
나 때문에 이렇게 되었으니 사과하지 않으면 해결되지 않는다.

08 ～ずじまい ～(하)지 못하고 끝남

「ず(～하지 않음)」에 「しまい(끝)」가 붙어 변형된 문법이다. 그 일을 끝내지 못한 상태로 되어 버렸다고 강조하는 표현이다.

今日(きょう)は忙(いそが)しくて結局(けっきょく)、昼食(ちゅうしょく)も取(と)れずじまいだった。
오늘은 바빠서 결국 점심 식사도 하지 못하고 말았다.

出張(しゅっちょう)で東京(とうきょう)に来(き)たのに、仕事(しごと)で忙(いそが)しくて、友人(ゆうじん)にも会(あ)わずじまいだった。
출장으로 도쿄에 왔는데도 일이 바빠서 친구도 못 만나고 말았다.

09 ～ないものでもない
～못할 것도 없다, ～(하)지 않는것도 아니다

막연한 가능성을 나타내는 표현으로, 소극적으로 긍정하거나 단정을 피할 때 사용한다.

この問題(もんだい)は関係者(かんけいしゃ)の努力(どりょく)で解決(かいけつ)できないものでもない。
이 문제는 관계자의 노력으로 해결하지 못할 것도 없다.

頼(たの)まれれば、引(ひ)き受(う)けないものでもない。 부탁 받는다면 맡지 못할 것도 없다.

♪ 09-021

10 ～なくして   ~없이, ~이 없으면

「～がなければ」와 같은 의미를 나타낸다. 그것이 없으면 뒤의 일이 이루어질 수 없다는 의미로, 뒤에는 부정어가 온다. 「～なくしては」의 형태로 강조하여 나타내기도 한다.

毎日の努力なくして、成功はありえない。
매일 노력하는 일 없이 성공은 있을 수 없다.

あの映画は涙なくしては見られない。 그 영화는 눈물 없이는 볼 수 없다.

♪ 09-022

11 ～なしに   ~없이   N1

「～なしに」 앞에 오는 그것이 없으면 불가능하거나 곤란하다는 부정적인 의미를 표현한다. 「～なしには」의 형태로 강조하여 나타내기도 한다.

目的なしに留学するのには賛成できない。
목적 없이 유학하는 데에는 찬성할 수 없다.

許可なしに入室することを禁止する。 허가 없이 입실하는 것을 금지한다.

♪ 09-023

12 ～ないですむ・～ずにすむ
~(하)지 않고 해결되다, ~(하)지 않아도 된다

어떠한 문제가 심각한 상태에 도달하지 않고 해결되었다는 의미를 나타낸다. 「～ないですむ」, 「～ずにすむ」와 더불어 「～なくてすむ」를 쓰기도 한다.

山田さんが手伝ってくれたおかげで、残業せずにすんだ。
야마다 씨가 도와 준 덕분에 야근하지 않고 끝났다.

予約の変更ができたので、キャンセル料を払わないですんだ。
예약을 변경할 수 있어서 취소 수수료를 내지 않아도 됐다.

자동사와 타동사

1. 자동사와 타동사
2. 자동사와 타동사의 분류
3. 짝을 이루는 자동사와 타동사
4. 타동사 응용 표현

1 자동사와 타동사

♪ 10-001

자동사란 주어가 외부적인 영향 없이 스스로 움직이는 것. 즉 주어 자신의 움직임을 나타내는 동사를 말한다. 「友だちが来る」처럼 「주어＋が＋자동사」의 형태를 취하며, 간혹 「が」 대신 「に」나 「と」와 같은 조사를 취하는 경우도 있다.

友だちが来る。 친구가 온다.
スープが冷める。 수프가 식는다.
時計が壊れる。 시계가 고장나다.

 **TIP**

◆ 조사 「を」를 사용하는 자동사

통과하는 장소나 동작의 출발점에는 조사 「を」를 사용하며 뒤에는 이동의 뜻이 담긴 자동사가 온다.

道を歩く。 길을 걷다.　　　　　家を出る。 집을 나가다.
空を飛ぶ。 하늘을 날다.　　　　バスを降りる。 버스에서 내리다.
坂を登る。 비탈길을 오르다.　　角を曲がる。 모퉁이를 돌다.
席を立つ。 자리를 뜨다.　　　　川を渡る。 강을 건너다.

타동사란 어떠한 대상에 동작이나 영향을 미치는 의미를 지닌 동사. 즉 목적어를 취하는 동사를 말한다. 목적어에는 주로 조사 「を」를 쓴다. 「父はお茶を飲む」처럼 「주어＋は＋목적어＋を＋타동사」의 형태를 취한다.

父はお茶を飲む。 아버지는 차를 마신다.
妹は本を読む。 여동생은 책을 읽는다.
山田さんは荷物を届ける。 야마다 씨는 짐을 배달한다.

2 자동사와 타동사의 분류

♪ 10-002

자동사와 타동사는 다음과 같이 크게 네 가지 유형으로 나뉜다.

❶ 자동사뿐인 동사

> ある 있다   行(い)く 가다   来(く)る 오다   死(し)ぬ 죽다

❷ 타동사뿐인 동사

> 着(き)る 입다   食(た)べる 먹다   飲(の)む 마시다

❸ 자동사와 타동사가 짝을 이루는 동사

자동사와 타동사의 어간이 같고 어미가 다르다.

授業(じゅぎょう)が 始(はじ)まる。 수업이 시작되다.(자동사)
授業(じゅぎょう)を 始(はじ)める。 수업을 시작하다.(타동사)
音楽(おんがく)が 聞(き)こえる。 음악이 들리다.(자동사)
音楽(おんがく)を 聞(き)く。 음악을 듣다.(타동사)

④ 자동사와 타동사가 같은 동사

하나의 동사가 자동사와 타동사, 두 가지 의미를 지니고 있다.

運ぶ(はこぶ) 진행되다, 운반하다   　　吹く(ふく) 불다
増す(ます) 늘다, 늘리다   　　　　　寄せる(よせる) 밀려오다, 가까이 대다
笑う(わらう) 웃다, 비웃다

仕事(しごと)が運ぶ(はこぶ)。 일이 진척되다. [자동사]
机(つくえ)を運ぶ(はこぶ)。 책상을 옮기다. [타동사]
風(かぜ)が吹く(ふく)。 바람이 불다. [자동사]
笛(ふえ)を吹く(ふく)。 피리를 불다. [타동사]
人(ひと)が笑う(わらう)。 사람이 웃다. [자동사]
人(ひと)を笑う(わらう)。 사람을 비웃다. [타동사]

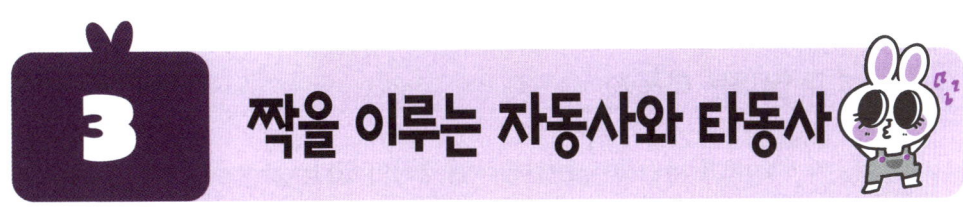

3 짝을 이루는 자동사와 타동사

01 [-aru], [-eru]의 패턴을 이루는 자동사와 타동사

[-aru]로 끝나면 자동사, [-eru]로 끝나면 타동사인 경향이 있다.

자동사 [-aru]		타동사 [-eru]	
上がる	오르다	上げる	올리다
下がる	내리다	下げる	낮추다
閉まる	닫히다	閉める	닫다
集まる	모이다	集める	모으다
変わる	바뀌다	変える	바꾸다
決まる	결정되다	決める	결정하다
止まる	멈춰서다	止める	멈춰세우다
始まる	시작되다	始める	시작하다
かかる	걸리다	かける	걸다
見つかる	발견되다	見つける	발견하다
終わる	끝나다	終える	끝내다
伝わる	전해지다	伝える	전달하다

02 す로 끝나는 타동사

어미가 「す」로 끝나는 동사는 타동사인 경향이 있다.

자동사 [-iru]		타동사 [-osu]	
起きる	일어나다	起こす	일으키다
落ちる	떨어지다	落とす	떨어뜨리다
降りる	내리다	降ろす	내려놓다

자동사 [-ru]		타동사 [-su]	
移る	옮겨지다	移す	옮기다
写る	찍히다(사진), 복사되다	写す	찍다(사진), 복사하다
直る	고쳐지다, 수리되다	直す	고치다, 수리하다
治る	치료되다	治す	치료하다
渡る	건너다	渡す	건네주다
残る	남다	残す	남기다

자동사 [-eru]		타동사 [-asu]	
出る	나오다	出す	꺼내다
冷える	차가워지다	冷やす	차게 하다, 식히다
増える	늘어나다	増やす	늘리다

자동사 [-eru]		타동사 [-su]	
壊れる	부서지다, 고장나다	壊す	부수다, 고장내다
倒れる	쓰러지다	倒す	쓰러뜨리다
汚れる	더러워지다	汚す	더럽히다

자동사 (기타)		타동사 [-su]	
消える	꺼지다, 지워지다	消す	끄다, 지우다
無くなる	없어지다	無くす	분실하다
沸く	끓다	沸かす	끓이다
乾く	마르다	乾かす	말리다

 타동사 응용 표현

♪ 10-003

01 〜てある   ~(해)져 있다

「타동사＋てある」는 '인위적 동작에 의한 결과'를 나타낸다.

テーブルの上に手紙が置いてあります。
탁자 위에 편지가 놓여 있습니다. (누군가 놓아서 그 결과 놓여져 있다는 의미)

カレンダーに今月の予定が書いてあります。
달력에 이번 달 예정이 적혀 있습니다. (누군가 써서 그 결과 쓰여 있다는 의미)

♪ 10-004

02 〜ておく   ~(해) 두다, ~(해) 놓다

「타동사＋ておく」는 동작의 결과를 분명하게 남겨두거나(유지, 방치), 일어날 일을 미리 예상하여 준비하는 의미를 나타낸다.

❶ 유지, 방치

A 窓を閉めましょうか。 창문을 닫을까요?
B いいえ、そのまま開けておいてください。 아니요, 그대로 열어 두세요.

❷ 준비

ビールを冷蔵庫に入れておきました。 맥주를 냉장고에 넣어 두었습니다.
友だちの家に行く前に、電話しておく。 친구 집에 가기 전에 전화를 해 둔다.

의지형과 명령형

1. 의지형
2. 의지형의 기본 표현
3. 의지형의 응용 표현
4. 명령형과 금지명령형
5. 기타 표현

1 의지형

01 의지형의 역할   ♪ 11-001   N5

❶ 의지

말하는 사람의 의지나 결심 즉, 자신의 행동에 대한 분명한 생각을 나타낸다.

今日は疲れたから、早く寝よう。 오늘은 피곤하니까 일찍 자야겠다.
明日映画を見に行こう。 내일 영화를 보러 가야겠다.

❷ 권유

상대방에게 함께 어떠한 행동을 하자고 말할 때 사용한다. 주로 대등한 관계나 아랫사람에게 사용한다. 종조사인 「ね, よ, ぜ」 등을 붙여 쓸 수 있다. 정중하게 권유할 때는 「～ましょう」라고 한다.

雨になりそうだよ。だから、ピクニックは辞めようね。
비가 올 것 같아. 그러니까 피크닉은 그만두자.

A 何か食べに行かない？ 무언가 먹으러 가지 않을래?
B 駅の前にレストランがあるからそこへ行こう。
역 앞에 레스토랑이 있으니 그곳으로 가자.

❸ 추량

추량이란 불확실한 판단이나 예상한 내용을 나타내는 것을 말한다. 많이 사용되는 용법은 아니며 일반적으로는 예문의 「だろう」 형태로 쓰이는 경우가 더 많다.

明日は晴れよう。 ＝ 明日は晴れるだろう。 내일은 맑을 것이다.
彼は今日も遅れよう。 ＝ 彼は今日も遅れるだろう。
그는 오늘도 늦을 것이다.

02 의지형 만드는 법

의지형은 동사에 추량의 조동사 「~(よ)う」를 붙여서 만든다. 「う」는 1그룹동사에, 「よう」는 2그룹과 3그룹동사에 붙는다.

❶ 1그룹동사
어미를 「お단」으로 바꾸고 「う」를 붙인다.

❷ 2그룹동사
어미 「る」를 떼고 「よう」를 붙인다.

❸ 3그룹동사
「くる」는 「こよう」, 「する」는 「しよう」가 된다.

	기본형	의지형
1그룹동사	書く	書こう 쓰겠다, 쓰자
	話す	話そう 이야기하겠다, 이야기하자
	遊ぶ	遊ぼう 놀겠다, 놀자
	飲む	飲もう 마시겠다, 마시자
	乗る	乗ろう 타겠다, 타자
2그룹동사	見る	見よう 보겠다, 보자
	起きる	起きよう 일어나겠다, 일어나자
	食べる	食べよう 먹겠다, 먹자
3그룹동사	来る	来よう 오겠다, 오자
	する	しよう 하겠다, 하자

 **의지형의 기본 표현**

♪ 11-002

01 ～(よ)うと思う   ～(하)려고 생각하다

말하는 사람이 어떤 동작을 하겠다는 의지를 다른 사람에게 알리는 경우를 나타낸다.

今日は早く寝ようと思います。 오늘은 일찍 자려고 생각합니다.
新しいカメラを買おうと思います。 새 카메라를 사려고 생각합니다.
今すぐ手紙の返事を書こうと思います。 지금 당장 편지 답장을 쓰려고 생각합니다.

♪ 11-003

02 ～(よ)うと思っている   ～(하)려고 생각하고 있다

어떠한 의지를 일정 기간 지속적으로 유지하고 있는 경우를 나타낸다. 말하는 사람은 물론이고 듣는 사람과 제삼자의 의지에 대해서도 사용할 수 있다.

夏休みに旅行に行こうと思っています。
여름 방학에 여행을 가려고 생각하고 있습니다.
将来は、静かな郊外で暮らそうと思っています。
장래에는 조용한 교외에서 생활하려고 생각하고 있습니다.
山田さんは留学しようと思っています。
야마다 씨는 유학하려고 생각하고 있습니다.

◆ 「의지형＋と思う」 vs 「의지형＋と思っている」

	의지형＋と思う	의지형＋と思っている
시간적 성격	일시적	지속적
의지의 주체	말하는 사람	말하는 사람, 듣는 사람, 제3자

♪ 11-004

03 ～(よ)うとする　　～(하)려고 하다　　N4

자신의 의지를 행동으로 옮기려는 적극적인 상태를 나타내는 표현이다.

家を出ようとしたとき、電話がかかってきました。
집을 나서려고 했을 때 전화가 걸려 왔습니다.

漢字を覚えようとしても、すぐ忘れてしまう。
한자를 외우려고 해도 바로 잊어 버린다.

英語の先生になろうとして勉強しています。
영어 선생님이 되려고 공부하고 있습니다.

♪ 11-005

04 ～(よ)うか　　～(할)까?, ～(할)래?　　N4

「동사 의지형＋か」의 형태를 사용하여 자신의 권유에 대한 상대방의 생각을 묻는다.

今日は一緒に帰ろうか。 오늘은 같이 돌아갈까?

A 映画でも見に行こうか。 영화라도 보러 갈까?

B うん、いいね。 그래, 좋아!

 의지형의 응용 표현

♪ 11-006

01 ～(よ)うではないか　～(하)지 않겠는가?, ～(하)지 않을래?　

상대에게 어떠한 행동을 제안하거나 호소할 때 사용한다. 회화체에서는 「～ではないか」 대신에 「～じゃないか」의 형태로 사용하는 경우가 많다.

この計画を成功させるために、みんなで頑張ろうではないか。
이 계획을 성공시키기 위해서 다 같이 노력해야 하지 않겠는가.

一緒に昼ご飯でも食べようじゃないか。
함께 점심이라도 먹지 않을래? (함께 점심이라도 먹자!)

♪ 11-007

02 ～(よ)うものなら　～(하)게 된다면　

조건 표현의 하나로, 만약 그렇게 된다면 중대한 결과를 초래할 것이라는 화자의 감정을 나타낸다. 이때의 의지형은 '의지'를 나타낸다기 보다는 '추량'의 느낌을 나타낸다.

少しでも遅刻しようものなら、先生に叱られる。
조금이라도 지각하게 된다면 선생님에게 혼난다.

彼に本当のことを話そうものなら、大変なことになるだろう。
그에게 사실을 이야기하게 된다면 큰일 날 것이다.

03 ～(よ)うが・～(よ)うと・～(よ)うとも
～라 할지라도

역접(문장 앞 부분의 내용과 반대되는 내용이 뒤따르는 경우)의 내용을 강조하여 나타내는 문장체 표현이다. 강한 의지나 결단을 나타내는 문장에서 사용되는 경우가 많다.

何年かかろうがあきらめるつもりはない。 몇 년이 걸리더라도 포기할 생각은 없다.
あなたが何をしようと自由です。 당신이 무엇을 하든 자유입니다.
どのような非難を浴びようとも、自分の考えを貫くつもりだ。
어떠한 비난 받더라도 자기 생각을 관철할 작정이다.

04 ～(よ)うか～まいか   ～(할)지 말지

그것을 해야 할지 여부에 대하여 망설일 때 사용하는 표현이다.

先生に本当のことを言おうか言うまいか一晩中考え続けた。
선생님에게 진실을 말할지 말지 밤새 계속 생각했다.
今度の旅行に参加しようかしまいか、迷っている。
이번 여행에 참가할지 말지 망설이고 있다.

05 ～(よ)うが～まいが・～(よ)うと～まいと
～(하)든 말든

서로 대비되는 두 동작이나 작용을 나열하여 어느 쪽이든 똑같다는 의미를 나타낸다.

みんなが反対しようがしまいが、私は気にしない。
모두가 반대하든 말든 나는 신경 쓰지 않겠다.
行こうと行くまいと、あなたの好きにしてください。
가든지 말든지 당신 마음대로 하세요.

♪ 11-011

06 ~(よ)うにも~ない   ~(하)려고 해도 ~(할) 수 없다

어떠한 동작을 하려는 의지는 있지만 원하는 대로 되지 않는다는 아쉬움을 나타낸다.「~にも」앞뒤로 같은 동사를 쓰며, 앞에는 의지형, 뒤에는 가능형이 들어간다.

歯が痛くて食べようにも食べられない。 이가 아파서 먹고 싶어도 먹을 수 없다.
料理の材料がないので、作ろうにも作れない。
요리 재료가 없어서 만들려고 해도 만들 수가 없다.

♪ 11-012

07 ~つもりだ   ~(할) 작정이다, ~(할) 예정이다

동사 기본형에「~つもりだ(작정이다, 예정이다)」를 붙여서, 상대방에게 어떤 동작을 하겠다는 적극적인 의지를 나타낸다.「동사 의지형＋と思う」와 비슷한 의미를 나타낸다. 다만, 상대방이 어떤 동작을 할 의지가 있는지 물을 때는「동사 기본형＋つもりだ」의 형태로 나타낸다.

明日の午後出発するつもりです。 내일 오후에 출발할 작정입니다.
私は将来医者になるつもりです。 저는 장래에 의사가 될 생각입니다.

A 大学を卒業したらどうするつもりですか。
대학을 졸업하면 어떻게 할 생각입니까?
B 就職するつもりです。 취직할 생각입니다.

4 명령형과 금지명령형

01 명령형의 역할

명령형은 어떠한 행동을 하라고 지시하는 강한 의지 표현이다. 그대로 사용하면 매우 강한 느낌을 주기 때문에 상하 관계가 명확한 경우에 사용하며 주로 남성이 사용하는 표현이다. 실제 상황에서 명령을 받는 상대방은 대개 듣는 사람이므로 동작하는 사람을 생략해서 말하는 것이 일반적이다. 한편, 가까운 사이에서는 명령형에 종조사「よ」를 붙여 말하기도 하는데 이때는 '충고, 설득, 강한 권유' 등으로 의미가 바뀐다.

♪ 11-013

02 명령형 만드는 법

❶ 1그룹동사

어미를「え단」으로 고친다.

❷ 2그룹동사

어미「る」를 떼고「ろ」를 붙인다.

❸ 3그룹동사

「くる」는「こい」,「する」는「しろ」,「せよ」가 된다.

	기본형	명령형
1그룹동사	書く	書け 써!
	話す	話せ 이야기해!
	読む	読め 읽어!
2그룹동사	起きる	起きろ 일어나!
	食べる	食べろ 먹어!
3그룹동사	来る	来い 와!
	する	しろ / せよ 해!

このノートに書け。 이 노트에 써!
早く起きろ。 빨리 일어나!
明日、必ず来い。 내일 꼭 와!
もっと勉強しろ。 더 공부해!

♪ 11-014

03 금지명령형의 역할과 만드는 법

금지명령형은 어떠한 동작을 제재하는 강한 의지 표현이다. 금지명령형은 동사 그룹에 상관없이 기본형 뒤에 「な」만 붙이면 된다.

	기본형	금지명령형
1그룹동사	書く	書くな 쓰지 마
	話す	話すな 이야기하지 마
	飲む	飲むな 마시지 마
2그룹동사	見る	見るな 보지 마
	食べる	食べるな 먹지 마
3그룹동사	来る	来るな 오지 마
	する	するな 하지 마

これはだれにも話すな。 이건 누구에게도 이야기하지 마!
テレビばかり見るな。 텔레비전만 보지 마라!
寒いから外に出るな。 추우니까 밖에 나가지 마!

11-015

01 ～なさい　～(하)렴, ～(하)시오, ～(하)거라　N4

「～なさい」는 동사 ます형에 접속한다. 상대방에게 지시하는 표현이지만 동사 명령형보다 부드러운 느낌을 준다. 부모가 자식에게, 교사가 학생에게 등 어른이 아이에게 사용하는 경우가 많다.

早<ここに来なさい。 어서 이쪽으로 오거라.
ご飯を食べる前に手を洗いなさい。 밥을 먹기 전에 손을 씻으렴.
お客さんが来る前に部屋を掃除しなさい。 손님이 오기 전에 방을 청소하거라.

 TIP

◆ 명령의 강약

다음 문장은 모두 '빨리 해!'라는 의미를 나타낸다. 아래로 갈수록 명령의 정도가 약해진다. 또한, 종조사「よ」를 붙이기도 한다.
早くしろ(よ)。
早くしなさい(よ)。
早くして(よ)。

수수 표현

1 수급 표현

2 수익 표현

3 수급 표현의 경어 표현

4 수익 표현의 경어 표현

5 수수 표현의 응용 표현

1 수급 표현

수급(受給) 표현이란 수수 표현 중에서도 물건을 주고 받는 표현을 말한다. 수급 표현은 주는 주체와 받는 주체에 따라 선택하는 동사가 달라진다. 따라서 문장 속에서 누가 주고 누가 받는지를 잘 파악한다면 쉽게 이해할 수 있다.

♪ 12-001

01 あげる (내가 다른 사람에게) 주다　　N5

말하는 사람이나 제삼자가 또 다른 제삼자에게 물건을 줄 때 사용한다. 여기에서 받는 사람에게는 「に」를 붙인다.

私は友だちにお菓子をあげました。 나는 친구에게 과자를 줬습니다.
私は妹にボールペンをあげました。 나는 여동생에게 볼펜을 줬습니다.
田中さんは中山さんにプレゼントをあげました。
다나카 씨는 나카야마 씨에게 선물을 줬습니다.

> **TIP**
>
> ◆ やる
>
> 「やる」는 남에게 물건을 줄 때 사용하는 「あげる」와 기본적인 의미는 같다. 단, 손아랫사람이나 동물에게 먹이를 주거나 식물에 물을 줄 때 주로 사용한다. 요즘은 동물이나 식물에게 먹이나 물을 줄 때에도 「あげる」를 사용하기도 한다.
>
> 私は弟に本をやりました。 나는 남동생에게 책을 줬습니다.
> 毎朝、花に水をやります。 매일 아침 꽃에 물을 줍니다.
> 鳥にえさをやった。 새에게 먹이를 줬다.

02 くれる (다른 사람이 나에게) 주다

다른 사람이 말하는 사람 자신이나, 말하는 사람과 가까운 제삼자(형제, 가족, 애인 등)'에게 준다고 표현할 때 사용한다. 따라서 주어는 '나'가 아니라 '다른 사람'이다. 우리말로는 '주다'라는 표현이 하나이지만 일본어에서는 내가 남에게 줄 때 쓰는「あげる」와 남이 내게 줄 때 쓰는「くれる」의 두 표현이 있다는 점에 주의하자.

中村さんは私に本をくれました。 나카무라 씨는 나에게 책을 줬습니다.
田中さんは妹にプレゼントをくれました。
다나카 씨는 내 여동생에게 선물을 줬습니다.

A それ、山田さんのかばんですか。いいかばんですね。
그거, 야마다 씨의 가방입니까? 좋은 가방이군요.
B ええ。父が私にくれました。 네, 아버지가 나에게 줬습니다.

03 もらう 받다

우리말의 '받다'에 해당하는 표현이다. 말하는 사람 자신, 혹은 제삼자가 또다른 제삼자에게서 '받는' 표현이다.

私は友だちにめずらしい切手をもらいました。
나는 친구에게 희귀한 우표를 받았습니다.
私は父に時計をもらいました。 나는 아버지에게 시계를 받았습니다.
そのネクタイはだれにもらいましたか。 그 넥타이는 누구에게서 받았습니까?
弟は今井さんからプレゼントをもらいました。
남동생은 이마이 씨에게서 선물을 받았습니다.

TIP

◆ あげる vs くれる vs もらう

주고 받는 표현은 '주는 사람', '받는 사람', '물건'의 세 가지 관계로 구성된다.

● 나는 야마다 씨에게 선물을 줬습니다.
　私(주는 사람)は山田さん(받는 사람)にプレゼント(물건)をあげました。

● 야마다 씨는 내게 선물을 줬습니다.
　山田さん(주는 사람)は私(받는 사람)にプレゼント(물건)をくれました。

● 나는 야마다 씨에게 선물을 받았습니다.
　私(받는 사람)は山田さん(주는 사람)にプレゼント(물건)をもらいました。

◆ あげる vs くれる

첫 번째 문장과 두 번째 문장을 보면 알 수 있듯이 말하는 사람이 어떤 입장에서 이야기를 하는지에 따라「あげる」와「くれる」를 구별하여 사용한다. 말하는 사람이 주는 입장이라면「あげる」, 받는 입장이라면「くれる」를 사용한다.

◆ くれる vs もらう

두 번째 문장과 세 번째 문장의 경우 주는 사람과 받는 사람, 물건이 동일하므로 같은 의미이다. 다만 문장 속에서의 주어와 대상이 바뀌었으므로 동사 또한「くれる」나「もらう」중에 선택해야 한다.

2 수익 표현

수익(受益) 표현은 수수 표현 중에서도 동사 て형에「あげる、くれる、もらう」를 붙여서 동작을 주고 받는 행위를 나타낸다. 이때 동작의 내용은 받는 사람에게 이득이 되는 내용인 경우가 많다. 주고 받는 내용이 물건이 아니라 행위라는 것을 제외하면 기본적인 내용은 수급 표현과 같다.

♪ 12-004

01 ~てあげる　(내가 남에게) ~(해) 주다

말하는 사람이나 제삼자가 또 다른 제삼자에게 어떠한 동작을 해 줄 때에 사용한다.

私は友だちにプレゼントを買ってあげました。
나는 친구에게 선물을 사줬습니다.

私は山田さんの仕事を手伝ってあげました。
나는 야마다 씨의 일을 도와줬습니다.

中山さんは田中さんに辞書を貸してあげました。
나카야마 씨는 다나카 씨에게 사전을 빌려줬습니다.

 TIP

◆ ~てやる

대등한 관계나 손아랫사람에게 어떠한 동작을 베풀 때에 사용한다.

私は弟に鉛筆を買ってやりました。 나는 남동생에게 연필을 사줬습니다.
テニスはぼくが教えてやるよ。 테니스는 내가 가르쳐 줄게.

♪ 12-005

02　〜てくれる　　(다른 사람이 내게) 〜(해) 주다　

다른 사람이 말하는 사람 자신이나 말하는 사람과 가까운 사람에게 어떠한 동작을 해 준다는 의미이다.

ジョンさんは私に英語を教えてくれました。
존 씨는 나에게 영어를 가르쳐 줬습니다.

山田さんは妹に本を貸してくれました。
야마다 씨는 여동생에게 책을 빌려줬습니다.

A すてきなネクタイですね。どこで買ったんですか。
멋진 넥타이로군요. 어디서 산 건가요?

B 母が誕生日にプレゼントしてくれたんです。
어머니가 생일에 선물해 준 겁니다.

♪ 12-006

03　〜てもらう　　〜(해) 받다　

다른 사람으로부터 어떠한 혜택이 되는 동작의 영향을 받게 되는 경우를 나타낸다.

私は父に時計をプレゼントしてもらいました。
나는 아버지에게 시계를 선물 받았습니다. → 아버지는 내게 시계를 선물해 줬습니다.

私はジョンさんに英語を教えてもらいました。
나는 존 씨에게 영어를 가르쳐 받았습니다. → 존 씨는 내게 영어를 가르쳐 줬습니다.

分からないことは、先生に教えてもらいます。
모르는 것은 선생님에게 가르쳐 받습니다. → 모르는 것은 선생님이 가르쳐 줍니다.

◆ 〜てくれる vs 〜てもらう

'존 씨는 나에게 영어를 가르쳐 줬습니다'라는 문장을 일본어로 만들어 보자. 두 가지 표현을 쓸 수 있다.

→ ジョンさんは私に英語を教えてくれました。
→ 私はジョンさんに英語を教えてもらいました。

의미상의 차이는 없으나 일본인들은 두 번째 문장의「〜てもらう」를 더 많이 사용한다.

3 수급 표현의 경어 표현

수수동사인 「あげる, くれる, もらう」는 각각에 대응하는 경어가 존재한다. 주고받는 행위를 하는 사람이 '말하는 사람(자신)'인지, '상대방(다른 사람)'인지에 따라 달라진다.

동작의 주체(행위자)	보통말	경어
말하는 사람	あげる 주다	さしあげる 드리다 [겸손]
다른 사람	くれる 주다	くださる 주시다 [존경]
말하는 사람	もらう 받다	いただく 받다 [겸손]

'겸손'은 '말하는 사람(자신)'을 낮추는 말이며 존경은 '상대방(다른 사람)'을 높이는 말이다.

♪ 12-007

01 さしあげる 드리다

「さしあげる」는 「あげる」를 겸손하게 나타낸 말이다.

木村先生にお花をさしあげました。 기무라 선생님께 꽃을 드렸습니다.

このネクタイは鈴木先生にさしあげるつもりです。
이 넥타이는 스즈키 선생님께 드릴 생각입니다.

それ、食べてはいけないよ。お客さまにさしあげるものだから。
그거 먹으면 안돼! 손님에게 드릴 거니까.

02 くださる 주시다

「くださる」는「くれる」의 높임말(존경어)이다.

これは先生が私にくださった辞書です。 이것은 선생님께서 저에게 주신 사전입니다.
この本は鈴木先生がくださったものです。 이 책은 스즈키 선생님이 주신 것입니다.
中村さんは私に映画のチケットをくださいました。
나카무라 씨는 제게 영화표를 주셨습니다.

03 いただく 받다

「いただく」는 윗사람에게 무언가를 받을때 사용하는「もらう」의 겸손 표현이다.

私は先生に辞書をいただきました。 나는 선생님에게 사전을 받았습니다.
この本は村山さんからいただいたものです。
이 책은 무라야마 씨에게 받은 것입니다.
妹は田中先生からプレゼントをいただきました。
여동생은 다나카 선생님에게 선물을 받았습니다.

 # 수익 표현의 경어 표현

01 〜てさしあげる   〜(해) 드리다

남에게 어떤 동작을 한다는 의미를 겸손하게 말하는 표현이다. 다른 사람, 특히 손윗사람에게 호의적인 행의를 베풀 때에 사용한다. 다만 주어가 '나'이고 윗사람에게 직접적으로 「さしあげる」를 쓰는 경우에는 생색을 내는 듯한 느낌이 들기 때문에 남용하지 않는 편이 좋다.

私はおばあさんのかばんを持ってさしあげました。
나는 할머니의 가방을 들어드렸습니다.

高木さんを駅まで送ってさしあげました。 다카기 씨를 역까지 배웅해 드렸습니다.

山田先生にペンを貸してさしあげました。 야마다 선생님께 펜을 빌려 드렸습니다.

02 〜てくださる   〜(해) 주시다

다른 사람(주로 손윗사람)이 자신에게 어떠한 동작을 베풀어 준다는 의미를 나타내는 존경 표현이다.

この写真は先生が撮ってくださいました。 이 사진은 선생님께서 찍어주셨습니다.

山田先生は、私の話をよく聞いてくださいました。
야마다 선생님은 제 이야기를 잘 들어 주셨습니다.

田中さんは車で私を駅まで送ってくださいました。
다나카 씨는 차로 나를 역까지 배웅해 주셨습니다.

12-012

03 ～ていただく ～(해) 받다, 다른 사람이 ～(해) 주다 N5

다른 사람(특히 윗사람)으로부터 이득이 되는 동작을 받는다는 의미를 나타내는 겸손한 표현이다.

分からない言葉を先生に教えていただきました。
모르는 말을 선생님에게 가르쳐 받습니다. → 모르는 말을 선생님이 가르쳐 주셨습니다.

中川先生に作文を直していただきました。
나카가와 선생님께 작문을 고쳐 받았습니다. → 나카가와 선생님이 작문을 고쳐 주셨습니다.

私は田中さんに東京を案内していただきました。
나는 다나카 씨에게 도쿄를 안내 받았습니다. → 다나카 씨는 내게 도쿄를 안내해 주셨습니다.

5 수수 표현의 응용 표현

♪ 12-013

01 ～ください 주세요   N5

상대방에게 가볍게 지시하거나 요청할 때 쓰는 표현이다. '주세요'를 의미하는 「ください」는 「くださる」의 특수한 명령형으로 보면 된다.

鉛筆(えんぴつ)を一本(いっぽん)ください。 연필을 한 자루 주세요.
手紙(てがみ)をください。 편지를 주세요.

♪ 12-014

02 ～てください ～(해) 주세요   N5

동사의 て형에 「ください」를 붙여서 가볍게 지시하거나 권유, 부탁할 때 사용하는 표현이다.

この漢字(かんじ)の読(よ)み方(かた)を教(おし)えてください。 이 한자 읽는 법을 가르쳐 주세요.
ここにお名前(なまえ)と住所(じゅうしょ)を書(か)いてください。 여기에 이름과 주소를 써 주세요.

♪ 12-015

03 ～ないでください ～(하)지 마세요   N5

상대방에게 무언가 하지 말라고 가볍게 지시하거나 권유, 부탁할 때 사용하는 표현이다.

大(おお)きい声(こえ)で話(はな)さないでください。 큰 소리로 말하지 마세요.
風邪(かぜ)のときはお風呂(ふろ)に入(はい)らないでください。 감기에 걸렸을 때는 목욕하지 마세요.

PART 12 수수 표현

04 〜させてください　〜시켜 주세요, 〜(하)게 해 주세요　N4

동사의 사역형에「〜てください」를 붙여서, 그렇게 하고 싶다는 강한 의지를 나타내어 상대의 허락을 요구하는 표현이다.

その仕事は私にやらせてください。 그 일은 저에게 시켜 주세요.
少し考えさせてください。 조금 생각하게 해 주세요.

05 〜させていただく　〜(하)겠다　N3

동사의 사역형에「〜ていただく」를 붙여서, 상대방에게 자신이 하려고 하는 동작에 대해서 허락을 구하는 겸손의 표현이다. 자신의 의지를 강하게 나타내는 느낌이 강하다.

お先に帰らせていただきます。 먼저 돌아가겠습니다.
ここでもう少し待たせていただきたいのですが。
여기서 좀 더 기다리고 싶습니다만.

수동형

1. 수동형
2. 수동형의 기본 표현
3. 수동형의 관련 사항

1 수동형

♪ 13-001

01 수동형 N4

수동이란 다른 외부 요소에 의해서 동작이나 작용을 받게 되는 경우를 말한다. 이때, 동작이나 작용을 받는 쪽이 수동문의 주어가 된다.

先生が田中さんをほめた。 선생님이 다나카 씨를 칭찬했다.

같은 내용의 문장을 수동으로 만들면 다음과 같다.

田中さんは先生にほめられた。 다나카 씨는 선생님에게 칭찬받았다.

02 수동형 만드는 법 N4

❶ 1그룹동사

어미를 「あ단」으로 바꾸고 「れる」를 붙인다.

❷ 2그룹동사

어미 「る」를 떼고 「られる」를 붙인다.

❸ 3그룹동사

「くる」는 「こられる」, 「する」는 「される」로 바꾼다.

	기본형	수동형
1그룹동사	呼ぶ	呼ばれる 불리다
	押す	押される 밀리다
	踏む	踏まれる 밟히다
	作る	作られる 만들어지다
	しかる	しかられる 꾸중듣다, 혼나다
2그룹동사	いじめる	いじめられる 괴롭힘을 당하다
	ほめる	ほめられる 칭찬받다
3그룹동사	来る	来られる 오게 되다
	する	される 당하다, 받다
	招待する	招待される 초대받다

수동형의 기본 표현

♪ 13-002

01 사람과 사람 사이의 수동

가장 대표적인 수동문의 형식이다. 사람(동작을 받는 사람)과 사람(동작을 하는 사람)의 동작을 중심으로 문장을 표현한다. 이 경우 수동형이 사용된 수동문은 대부분 능동문으로 만들 수 있다.

先生が田中さんをほめた。 선생님이 다나카 씨를 칭찬했다. [능동문]
田中さんは先生にほめられた。 다나카 씨는 선생님에게 칭찬받았다. [수동문]

田中さん	は	先生	に	ほめられた
동작을 받는 사람	は	동작을 하는 사람	に	타동사의 수동형

다만, 주어가 'わたし(나)'인 경우에는 생략하는 경우가 많다.

またかさをなくして母にしかられた。 (しかる → しかられる)
또 우산을 잃어버려서 어머니에게 야단맞았다.

友だちの結婚式に招待されました。 (招待する → 招待される)
친구의 결혼식에 초대받았습니다.

私は母にしかられました。 (しかる → しかられる)
나는 어머니에게 꾸중을 들었습니다.

私は祖母に育てられました。 (育てる → 育てられる)
나는 할머니에게 양육을 받았습니다(할머니가 나를 길렀습니다).

私は母に起こされました。 (起こす → 起こされる)
나는 어머니에게 깨워졌습니다(어머니가 나를 깨웠습니다).

♪ 13-003

02 소유물의 수동

주어의 소유물이나 신체의 일부 등이 다른 사람이나 다른 동작 주체의 행위를 받았을 때를 나타내는 수동이다. 주어는 '신체의 일부'나 '소유물'이 아니라 '사람'이거나 '소유자'가 되어야 한다.

犬は山田さんの手をかんだ。 개는 야마다 씨의 손을 물었습니다. [능동문]
山田さんは犬に手をかまれた。(○) 야마다 씨는 개에게 손을 물렸습니다. [수동문]
山田さんの手は犬にかまれた。(×)

소유물 수동인 경우, 수동 문장은 다음과 같은 형식으로 구성된다. 주어가 'わたし(나)'인 경우에는 생략되는 경우가 많다.

山田さん	は	犬	に	手	を	かまれた
동작을 받는 사람 (또는 동작을 받는 대상)	は	동작을 하는 사람 (또는 동작의 주체)	に	동작을 받는 사람의 소유물	を	타동사의 수동형

電車の中で、となりの人に足を踏まれました。
전철 안에서 옆 사람에게 발을 밟혔습니다.

私はどろぼうに財布を盗まれた。 나는 도둑에게 지갑을 도난당했다.

だれかに本を持って行かれた。
누군가에게 책을 가져감을 당했다(누군가가 내 책을 가져갔다).

花子は先生に絵をほめられた。 하나코는 선생님에게 그림을 칭찬받았다.

私は子どもにケータイを壊された。
나는 아이에게 휴대폰을 파손당했다(아이가 내 휴대폰을 망가뜨렸다).

13-004

03 피해 수동   N4

수동 문장 중에서 동작을 받는 사람에게 피해가 미치는 경우를 '피해 수동'이라고 한다. 여기서 '피해'란, '곤란함', '유감', '불쾌함' 등을 나타낸다.

夕べ友だちが来て、テストの勉強ができなかった。
夕べは友だちに来られて、テストの勉強ができなかった。
어젯밤에는 친구가 와서 시험공부를 할 수 없었다.

피해 수동의 문장은 다음과 같은 형식으로 구성된다.

友だち	に	来られる(피해 수동)
동작을 하는 사람 (또는 동작의 주체)	に	자동사의 수동형 또는 타동사의 수동형

忙しいとき、社員に休まれて困っています。
바쁠 때에 사원이 결근해서 곤란해 하고 있습니다.

会社の帰りに雨に降られて、大変でした。
회사에서 돌아오는 길에 비를 맞아서 힘들었습니다.

電車の中で子どもに泣かれた。 전철 안에서 아이가 울었다. (그래서 곤란했다)
どろぼうに入られて私は困った。 도둑이 들어서 나는 곤란했다.
家の前にトラックをとめられて、困った。
집 앞에 트럭을 세워놓아서 곤란했다.

 TIP

피해 수동은 자동사를 수동으로 만드는 경우가 많아서, 그대로 직역을 하면 부자연스럽다. 따라서 직역보다는 문맥에 따라 적절한 해석이 필요하다.

友だちに来られる。 친구가 오다.
社員が休まれる。 사원이 결근하다.
雨に降られる。 비를 맞다, 비에 젖다.
子どもに泣かれる。 아이가 울다.
父に死なれる。 아버지를 잃다, 아버지가 죽다.

13-005

04 무생물의 수동   N4

주어가 사물인 문장에서의 수동형은 능동문의 '동작의 대상이 되는 사물'에 해당하는 것이 '수동의 주어'가 되는 경우를 말한다. 무생물의 수동은 어떠한 일의 보편성이나 객관성을 강조하려는 의도로 흔히 사용된다. 무생물 수동의 동작의 주체는 특정 인물이 아니라 조직이거나 단체인 경우가 대부분이다. 그런데 실제로는 동작의 주체는 나타내지 않는 경우가 많다.

この お酒はイギリスで作られた。 이 술은 영국에서 만들어졌다. [장소 강조]

石油は外国から輸入されています。
석유는 외국으로부터 수입되고 있습니다. [장소 강조]

トルストイの小説は今も愛されています。
톨스토이의 소설은 지금도 사랑받고 있습니다. [대상 강조]

このビルは20年前に建てられました。
이 빌딩은 20년 전에 건설되었다. [시간 강조 : 역사적 사실 강조]

このいすは木で作られました。 이 의자는 나무로 만들어졌습니다. [재료 강조]

電話はベルによって発明された。 전화는 벨에 의해서 발명되었다. [동작 주체 강조]

 **TIP**

무생물 수동에서 동작의 주체를 명확하게 나타낼 필요가 있는 경우 「~に」가 아니라 「~によって」를 사용한다. 주로 발견, 발명, 창작과 같은 내용을 나타내는 문장에서 쓴다.

アメリカ大陸はコロンブスによって発見された。
아메리카 대륙은 콜롬부스에 의해서 발견되었다.

このすばらしい曲はベートーベンによって作曲された。
이 훌륭한 곡은 베토벤에 의해서 작곡되었다.

3 수동형의 관련 사항

01 ～(ら)れる와 ～てもらう

「～(ら)れる」와「～てもらう」는 어떠한 동작을 받는다는 의미를 나타내지만 그 내용에는 차이가 있다.「れる / られる」는 불쾌함, 유감 등의 뉘앙스가 들어가지만「～てもらう」는 상대방에 대한 고마운 마음을 전달할 때 쓰는 경우가 많다.

山田さんは部長に仕事を頼まれて忙しそうです。(○)
야마다 씨는 부장님에게 일을 부탁받아서 바쁜 듯합니다. [불쾌함, 유감]

山田さんは部長に仕事を頼んでもらって忙しそうです。(×)

昨日間違い電話に起こされて、その後なかなか眠れなかった。(○)
어제 잘못 걸려온 전화에 깨서 그 후 좀처럼 잠들 수 없었다. [불쾌함, 유감]

昨日間違い電話に起こしてもらって、その後なかなか眠れなかった。(×)

両親に結婚を反対されて困っている。(○)
부모님이 결혼을 반대해서 곤란해 하고 있다. [불쾌함, 유감]

両親に結婚を反対してもらって困っている。(×)

壊れた自転車を友だちに直された。(×)
壊れた自転車を友だちに直してもらった。(○)
고장난 자전거를 친구가 고쳐 줬다. [감사]

02 ～(ら)れる의 다른 용법

조동사「～(ら)れる」는 수동의 의미를 나타낼 뿐 아니라 가능, 존경, 자발이라는 의미도 지니고 있다.「～(ら)れる」를 붙여서 가능, 존경, 자발을 만드는 방법은 수동을 만드는 방법과 같다. 단, 1그룹동사의 '가능'은 현대어에서는 특별한 형태를 취하므로 주의하자.

❶ 수동 : ~당하다, ~받다

외부 요소로부터 동작, 작용을 받는다는 의미를 나타낸다.

友だちの結婚式に招待される。 친구 결혼식에 초대받다.
難しい問題が出される。 어려운 문제가 출제되다.

❷ 가능 : ~(할) 수 있다

'~(할) 수 있다'는 가능의 의미를 나타낸다.

「読む, 書く」등의 1그룹동사는 어미를「あ단」으로 바꾸고 가능의 의미를 지닌「れる」를 붙인다. 다만, 현대에 와서는「読まれる, 書かれる」의 형태가 아니라「読める, 書ける」와 같은 가능동사를 사용한다. 또한 3그룹동사인「する」의 가능형은「できる」이다.

学校まで5分で行かれる。
학교까지 5분 안에 갈 수 있다. (현대어에서는 行ける라고 해야 한다.)
私は辛いものが食べられます。 나는 매운 것을 먹을 수 있습니다.

❸ 존경 : ~(하)시다

경어 표현의 하나로, 남을 존경하는 의미를 나타낸다.

日本語はどこで勉強されましたか。 일본어는 어디에서 공부하셨습니까?
これは田中先生が書かれた本です。 이것은 다나카 선생님이 쓰신 책입니다.

❹ **자발 : 저절로 ~되다**

어떠한 동작이 자연스럽게 저절로 이루어진다는 의미를 나타낸다.

故郷(こきょう)のことが思(おも)い出(だ)される。 고향이 (저절로) 생각난다.
家族(かぞく)のことが案(あん)じられる。 가족 일이 걱정된다.

사역형과 사역수동형

1 사역형

2 사역수동형

1 사역형

♪ 14-001

01 사역형 N4

어떠한 동작이나 행위를 지시하거나 허락할 때 사용하는 표현을 사역이라고 한다. 동사의 사역은 조동사 「(さ)せる(~시키다)」를 사용하여 나타낸다.

生徒(せいと)たちが本(ほん)を読(よ)む。 학생들이 책을 읽는다.

위의 내용을 바탕으로 사역형의 문장을 만들면 다음과 같다.

先生(せんせい)は生徒(せいと)たちに本(ほん)を読(よ)ませる。 선생님은 학생들에게 책을 읽게 한다. [사역문]

위에 제시된 보통문의 경우, 학생들이 책을 읽는다는 단순한 사실을 나타내고 있다. 사역문의 경우는 선생님이 학생들에게 책을 읽도록 한다는 '어떠한 일을 시킨다'는 지시의 의미를 나타내고 있는 것이다.

02 사역형 만드는 법 N4

❶ 1그룹동사

어미를 「あ단」으로 바꾸고 「せる」를 붙인다.

❷ 2그룹동사

어미 「る」를 떼고 「させる」를 붙인다.

❸ 3그룹동사

「くる」는 「こさせる」, 「する」는 「させる」가 된다.

	기본형	사역형
1그룹동사	書く	書かせる 쓰게 하다
	話す	話させる 이야기하게 하다
	待つ	待たせる 기다리게 하다
	遊ぶ	遊ばせる 놀게 하다
	読む	読ませる 읽게 하다
	乗る	乗らせる 타게 하다
2그룹동사	見る	見させる 보게 하다
	食べる	食べさせる 먹게 하다
	調べる	調べさせる 조사하게 하다
3그룹동사	来る	来させる 오게 하다
	する	させる 하게 하다

TIP

◆ 着せる・見せる・似せる

「着せる(입히다), 見せる(보여주다), 似せる(비슷해 보이게 만들다)」는 동사 자체에 사역의 의미가 들어 있으므로 사역형으로 바꾸지 않는다.

♪ 14-002

03 사역문

능동문을 사역문으로 만들면 능동문 속의 주어가 수식어로 바뀐다. 원래 문장의 술어가 '자동사'인지 '타동사'인지에 따라 변화하는 형태가 달라진다.

❶ 자동사 사역문

능동문의 술어가 '자동사'인 경우 보통문의 '주어'는 「～を」의 형태로 변한다. 즉, 다음 문장을 예로 들면 「子ども＋が」가 「子ども＋を」의 형태로 변한다.

子どもが遊ぶ。 아이가 논다.
私は子どもを遊ばせる。 나는 아이를 놀게 한다. (사역문)

실제 문장에서는 어떠한 정보가 추가되거나 때로는 생략되기도 하므로 명확히 위의 사역 문장의 형태로 보이지 않을 수도 있다. 그러나 문장에 익숙해지면 핵심적인 구성 요소를 찾아낼 수 있을 것이다. 다음 문장은 사역문을 보다 일상적이며 자연스럽게 나타낸 문장이다.

私は公園で子どもを遊ばせた。 나는 공원에서 아이를 놀게 했다. [사역문]

子どもを買い物に行かせたんですが、少し心配です。
아이를 장보러 보냈는데 조금 걱정입니다.

小さい子どもを一人で遊ばせるのはよくない。
어린 아이를 혼자 놀게 하는 것은 좋지 않다.

けんかして、弟を泣かせてしまった。 싸워서 남동생을 울려 버렸다.

お母さんが子どもに床の上を歩かせます。
엄마가 아이에게 마루 위를 걷게 합니다.

TIP

◆ 장소 이동을 나타내는 동사의 사역표현

장소 이동을 나타내는 동사(자동사)는 장소 뒤에「を」를 붙이게 되는데, 이 경우「を」가 중복되는 것을 피하기 위해「に」를 사용하여 나타낸다.

子どもが部屋の中を歩く。 아이가 방 안을 걷다. [능동문]
子どもを部屋の中を歩かせる。 아이를 방 안을 걷게 하다. [부자연스러운 사역문]
子どもに部屋の中を歩かせる。 아이에게 방 안을 걷게 하다. [자연스러운 사역문]

② 타동사 사역문

능동문의 술어가 '타동사'인 경우, 능동문의 '주어'는「～に」의 형태로 변한다. 즉,「子ども+が」가「子ども+に」의 형태로 변한다.

子どもが野菜を食べる。 아이가 채소를 먹는다. [능동문]
私が子どもに野菜を食べさせる。 내가 아이에게 채소를 먹게 한다. [사역문]
先生は生徒に漢字を書かせました。 선생님은 학생에게 한자를 쓰게 했습니다.
お母さんは子どもにお皿を洗わせました。
어머니는 아이에게 접시를 씻게 했습니다(설거지를 시켰습니다).
この仕事は彼にやらせてみたらどうですか。
이 일은 그에게 시켜 보면 어떨까요?

2 사역수동형

♪ 14-003

01 사역수동형

사역수동은 사역에 수동을 추가하여, 상대방의 의지에 의해 어떤 행동을 했을 때 쓰는 표현이다. 「~(さ)せられる」는 '억지로 ~(하)다, 어쩔 수 없이 ~(하)다'로 해석한다.

<ruby>酒<rt>さけ</rt></ruby>を<ruby>飲<rt>の</rt></ruby>む。 술을 마시다. (능동문 – 자신이 마시다)
<ruby>酒<rt>さけ</rt></ruby>を<ruby>飲<rt>の</rt></ruby>ませる。 술을 마시게 하다. (사역문 – 남에게 술을 마시게 하다)
<ruby>酒<rt>さけ</rt></ruby>を<ruby>飲<rt>の</rt></ruby>ませられる。 할 수 없이 술을 마시다. (사역수동문 – 자신이 마시지만 억지로 마시다)

02 사역수동형 만드는 법

동사의 사역수동형은 동사 사역형(~させる)에 수동의 조동사 「られる」를 붙어서 만든다.

❶ 1그룹동사

어미를 「あ단」으로 바꾸고 「せられる」를 붙인다.

❷ 2그룹동사

어미 「る」를 떼고 「させられる」를 붙인다.

❸ 3그룹동사

「くる」는 「こさせられる」, 「する」는 「させられる」로 바꾼다.

	기본형	사역형	사역수동형
1그룹동사	書く	書かせる	書かせられる
	話す	話させる	話させられる
	待つ	待たせる	待たせられる
	遊ぶ	遊ばせる	遊ばせられる
	読む	読ませる	読ませられる
	乗る	乗らせる	乗らせられる
2그룹동사	見る	見させる	見させられる
	食べる	食べさせる	食べさせられる
	調べる	調べさせる	調べさせられる
3그룹동사	来る	来させる	来させられる
	する	させる	させられる

♪ 14-004

03 사역수동문　N4

사역수동형에는 기본적으로 자신의 의지와 상관없이 어떤 일이 발생한다는 의미가 바탕에 깔려 있다. 이 경우 우리말로는 적절한 의역이 필요하다.

❶ 곤란함을 나타내는 사역수동문 N4

いやだと言ったのに、母に病院へ行かせられた。
싫다고 말했는데도 어머니가 병원을 가게 했다.

昨日の飲み会でお酒をたくさん飲ませられて頭が痛い。
어제 회식에서 술을 억지로 많이 마셨더니 머리가 아프다.

私は野菜がきらいでしたが、よく母に野菜を食べさせられました。
나는 채소를 싫어했지만 자주 어머니가 억지로 야채를 먹게 했습니다.

私は母に部屋の掃除をさせられました。
나는 엄마 때문에 (억지로) 청소를 해야 했습니다.

彼は先月本社から支社へ転勤させられた。
그는 지난 달에 본사에서 지사로 전근을 해야만 했다.

❷ 자연 발생적인 감정을 나타내는 사역수동문 N3

楽しめる映画もいいが、時には考えさせられる映画もいい。

즐길 수 있는 영화도 좋지만 때로는 생각하게 하는 영화도 좋다.

あの店は料理だけではなく、接客にも感心させられます。

저 가게는 요리뿐 아니라 접객에도 감탄하게 됩니다.

♪ 14-005

04 사역수동형의 축약

사역수동형은 다음의 두 가지 조건을 전제로 축약해서 쓸 수 있다.

- 1그룹동사일 것.
- 1그룹동사라도 기본형이 「す」로 끝나지 않는 동사

1그룹의 사역수동을 축약할 때는, 다음의 여러 단계를 거치지 말고, 바로 「あ단＋される」로 기억하면 편리하다. 실제로 회화에서는 축약하여 사용하는 경우가 더 많다.

- 기본형 : うたう 노래하다
- 사역형 : うたわせる 노래시키다
- 사역수동 : うたわせられる 억지로 노래하게 되다
- 사역수동(축약) : うたわされる 억지로 노래하게 되다

子どものとき、私はよく兄に泣かせられました。
= 子どものとき、私はよく兄に泣かされました。

어릴 적에 나는 형 때문에 자주 울었습니다.

事故があったので電車の中で３０分も待たせられた。
= 事故があったので電車の中で３０分も待たされた。

사고가 나서 전철 안에서 30분이나 기다려야 했다.

조건 표현

1. と
2. ば
3. たら
4. なら

1 と

조건이란 주로 '~하면'으로 해석하며, 앞의 내용이 성립한 상태에서 뒤의 내용이 성립하는 경우를 말한다. 조건 표현에는 크게 「と, ば, たら, なら」가 있다. 「と, ば, たら, なら」는 빈번하게 사용하며 각각 미묘한 차이를 지니고 있으므로 주의한다. 조건 표현은 어떤 상황 속에서 공통적으로 사용할 수 있는 경우도 있거니와 특별한 상황에서만 제한적으로 사용해야 하는 경우도 있다. 각각 기본적인 용법을 정리한 후 주의점을 익히자.

01 と의 접속 방법 N4

품사	접속 방법	접속 형태의 예
동사	동사의 기본형＋と	飲む → 飲むと 食べる → 食べると 来る → 来ると する → すると
い형용사	い형용사의 기본형＋と	寒い → 寒いと 高い → 高いと
な형용사	な형용사의 어간＋だ＋と	きれいだ → きれいだと 暇だ → 暇だと
명사	명사＋だ＋と	雨 → 雨だと 学生 → 学生だと

02 と의 용법　　N4

확정 조건, 가정은 물론이고 습관적인 일이나 자연 법칙 같은 경우에 주로 사용한다. 조건과는 관계없이 '발견'이라는 특별한 용법으로 사용되는 경우도 있다.

❶ 확정 조건

「と」는 100% 그러한 사실이나 화자가 생각하는 바, 혹은 믿는 일에 쓰는 조건 표현이다.

いつも使っているパソコンが壊れると本当に困ります。
늘 사용하는 컴퓨터가 고장나면 정말 난처합니다.

このお酒はたくさん飲むと、頭が痛くなります。
이 술은 많이 마시면 머리가 아파집니다(두통이 납니다).

雨が降ると、試合は中止になります。 비가 내리면 시합은 중지됩니다.

あなたが今辞めてしまうと、たいへん困ります。
당신이 지금 그만둬 버리면 몹시 곤란합니다.

旅行に行きたいが仕事が忙しいとなかなか難しい。
여행을 가고 싶지만 일이 바쁘면 좀처럼 어렵다.

学生だと料金が安くなります。 학생이라면 요금이 저렴해집니다.

❷ 일반적 사실

어떤 조건이 갖추어지면 언제나 같은 일이 발생한다는 의미를 나타낸다. 즉, 반복적이며 지속적인 일을 나타낸다. 습관, 법칙, 길 안내 등에 사용한다. 「必ず(반드시), いつも(언제나)」등의 표현과 함께 사용되기도 한다.

春になると、さくらの花が咲きます。 봄이 되면 벚꽃이 핍니다. [자연 법칙]

秋になると、木の葉の色が変わります。
가을이 되면 나뭇잎 색깔이 변합니다. [자연 법칙]

1に2を足すと3になる。 1에 2를 더하면 3이 된다. [법칙]

お金を入れてボタンを押すと、切符が出てきます。
돈을 넣고 버튼을 누르면, 표가 나옵니다. [당연]

父は毎朝起きると、新聞を読みます。
아버지는 매일 아침 일어나면 신문을 읽습니다. [습관]

この店は平日はすいていますが、週末になるととても込みます。
이 가게는 평일은 한산합니다만 주말이 되면 매우 붐빕니다. [경향]

雪が降るといつもバスが遅れてくる。 눈이 오면 언제나 버스가 늦게 온다. [경향]

あそこの角を左へ曲がると、銀行があります。
저 모퉁이를 왼쪽으로 돌면 은행이 있습니다. [길 안내]

その道をまっすぐ行くと小学校があります。
그 길을 쭉 가면 초등학교가 있습니다. [길 안내]

❸ 발견

조건과는 다른 용법으로 어떤 행위 뒤에 무언가를 알게 되거나 어떤 결과가 발생했을 때 사용한다. 주로 '~(했)더니'로 해석한다. 과거 사실을 나타내는 문장이기 때문에 문장 후반부는 반드시 과거형(た형)이어야 한다.

ドアを開けると、新聞が落ちていた。 문을 열었더니 신문이 떨어져 있었다.

ストーブをつけると、部屋が暖かくなった。 난로를 켰더니 방이 따뜻해졌다.

朝起きて外を見ると、雪が積もっていた。
아침에 일어나 밖을 보았더니 눈이 쌓여 있었다.

外に出ると、強い風が吹いていた。 밖으로 나갔더니 강한 바람이 불고 있었다.

◆ 「~と」를 쓰지 못하는 경우

「~と」를 사용한 문장 뒤에는 명령, 의뢰, 금지, 충고, 권유, 희망 등과 같은 의지를 강조하는 표현은 올 수 없다.

春になると、さくらの花が咲きます。(○) 봄이 되면 벚꽃이 핍니다.

春になると、花見に行くつもりです。(×)

뒤에 의지와 관련된 표현이 올 때에는 「~たら」를 사용해야 한다.

コンビニへ行ったら、ジュースを買ってきてください。
편의점에 가면 주스를 사 오세요. [의뢰]

仕事が終わったら、買い物に行きたいです。
일이 끝나면 쇼핑을 하러 가고 싶습니다. [희망]

映画を見るひまがあったら、勉強しなさい。
영화를 볼 여유가 있으면 공부하렴. [충고, 지시]

2 ば

01 ば의 접속 방법 N4

❶ 동사

1그룹동사는 어미 「う단」을 「え단」으로 바꾸고 「ば」를 붙인다. 2그룹동사는 어미 「る」를 떼고 「れば」를 붙인다. 3그룹동사 「くる」는 「くれば」로, 「する」는 「すれば」로 바꾼다.

❷ い형용사

い형용사는 어간에 「ければ」를 붙인다.

❸ な형용사와 명사

な형용사 어간, 명사에 「なら(ば)」를 붙인다. 「なら(ば)」는 「ば」를 생략하여 「なら」로 나타내기도 한다.

품사	접속 방법	접속 형태의 예
동사	1그룹동사 「う단」 → 「え단+ば」 2그룹동사 「る」 → 「れば」 3그룹동사 「くれば」, 「すれば」	飲む → 飲めば 食べる → 食べれば 来る → 来れば する → すれば
い형용사	い형용사 어간+ければ	寒い → 寒ければ 高い → 高ければ
な형용사	な형용사 어간+なら(ば)	きれいだ → きれいなら(ば) 暇だ → 暇なら(ば)
명사	명사+なら(ば)	雨 → 雨ならば 学生 → 学生ならば

02 ば의 용법

❶ 가정

가정은 「ば」의 가장 대표적인 용법으로, '만약 ~(하)면'이라는 의미를 나타낸다. 아직 이루어지지 않은 일을 가정하여, 그것을 조건으로 하여 어떤 일이 발생하는 경우에 쓰인다. 즉, 「ば」에 해당하는 일이 발생하지 않으면, 뒤의 일이 발생하지 않는다는 의미이다.

あなたが行けば、私も行きます。 당신이 가면 나도 가겠습니다.
= あなたが行かなければ、私も行きません。
당신이 가지 않으면 나도 가지 않겠습니다.

위 문장 속에는 '당신이 가면 나도 가겠습니다'는 의미이지만 '당신이 가지 않으면 나도 가지 않겠습니다'라는 의미가 포함되어 있다.

明日晴れれば、出かけます。 내일 맑으면 외출합니다.
= 明日晴れなければ、出かけません。 내일 맑지 않으면 외출하지 않겠습니다.

安ければ買いたいです。 싸면 사고 싶습니다.
= 安くなければ買いません。 싸지 않으면 사지 않겠습니다.

天気がよければ買い物に行きます。もし雨が降れば出かけません。
날씨가 좋으면 쇼핑을 가겠습니다. 만약 비가 내리면 가지 않겠습니다.

お金があれば、何でも買えるだろう。 돈이 있다면 무엇이든 살 수 있을 것이다.
ゆっくり説明すれば分かるはずです。 천천히 설명하면 알 수 있을 것입니다.
今度の土曜日、ひまならば映画に行きませんか。
이번 토요일에 한가하면 영화를 보러 가지 않을래요?

❷ 일반적 사실

자연법칙을 나타내거나, 필연적인 일에 사용한다.「と」와 같은 용법이다.

春になれば、さくらの花が咲きます。 봄이 되면 벚꽃이 핍니다. [자연법칙]
1に2を足せば、3になる。 1에 2를 더하면 3이 된다. [법칙]
お金を入れれば、切符が出ます。 돈을 넣으면 표가 나옵니다. [당연한 결과]
たくさん食べれば、太ります。 많이 먹으면 살이 찝니다. [당연한 결과]

♪ 15-003

03 ～ば～ほど　　～(하)면 ~(할)수록

어느 한쪽의 정도가 강해지면 다른 한쪽의 정도도 강해진다는 의미를 나타낸다.

この本は読めば読むほどおもしろい。 이 책은 읽으면 읽을수록 재미있다.
給料は多ければ多いほどいいのだ。 급료는 많으면 많을수록 좋은 것이다.

♪ 15-004

04 ～も～ば～も　　～도 ~(하)고 ~도

앞의 사항과 같은 종류의 사항을 늘어놓을 때 사용하는 표현이다. '나열', '첨가'의 의미를 나타낸다.

本もあればノートもあります。 책도 있고 노트도 있습니다.
今の私にはお金もなければ遊ぶ時間もない。
지금 내게는 돈도 없고 놀 시간도 없다.

05 ～さえ～ば　　～만 ~(하)면　　　N2

앞에 오는 조건만 갖추어지면 뒤에 오는 내용이 성립된다는 의미를 나타낸다. 관용구처럼 쓰이는 경우가 많으니 「天気さえよければ(날씨만 좋다면)」이나 「時間さえあれば(시간만 있다면)」과 같은 간단한 문장은 외워두자.

天気さえよければ、よい旅行になるだろう。 날씨만 좋으면 좋은 여행이 될 것이다.
電話番号さえ分かればいいので、住所は書かなくてもいいです。
전화번호만 알면 되므로 주소는 쓰지 않아도 괜찮습니다.

06 ～ばこそ　　~(이)기에, ~(하)기에　　　N1

원인이나 이유를 강조하는 표현이다.

君の将来を考えればこそ、忠告するのだ。 너의 장래를 생각하기에 충고하는 것이다.
会社はよい社員がいればこそ発展するものだ。
회사는 좋은 사원이 있기에 발전하는 법이다.

07 ～ばそれまでだ　　~(하)면 끝장이다　　　N1

앞에 오는 내용대로 되면 모든 것이 끝나 버림을 표현할 때 사용한다. 어쩔 방도가 없다는 절망이나 단념을 나타낸다. 「それまでだ」 앞에 오는 가정 표현으로는 주로 「～ば」를 사용하지만 「～と, ～たら, ～なら」를 쓰는 경우도 있다.

いくらお金や名誉があっても、死んでしまえばそれまでだ。
아무리 돈이나 명예가 있어도 죽어 버리면 끝장이다.
どんなにいい機械があっても、使い方が分からなければそれまでだ。
아무리 좋은 기계가 있어도 사용법을 모르면 그걸로 끝이다.

3 たら

01 たら의 접속 방법

「～たら」는 동사, い형용사, な형용사, 명사 모두 「～て, ～た, ～たり」가 붙는 활용 형태에 접속한다.

품사	접속 방법	접속 형태의 예
동사	동사의 たら형＋たら(だら) (て, た, たり와 같은 접속 형태)	飲む → 飲んだら 食べる → 食べたら 来る → 来たら する → したら
い형용사	い형용사 어간＋かったら	寒い → 寒かったら 高い → 高かったら
な형용사	な형용사 어간＋だったら	きれいだ → きれいだったら ひまだ → ひまだったら
명사	명사＋だったら	雨 → 雨だったら 学生 → 学生だったら

 15-008

02 たら의 용법

가정 표현인 「～と, ～ば, ～たら, ～なら」 중에서 「～たら」는 사용 범위가 가장 넓기 때문에 일상회화에서 많이 쓰인다. 가정뿐만 아니라 일반적 사실이나 발견 등에도 사용된다.

❶ 가정

이루어지지 않은 일을 가정하여 '만약에 그렇게 된다면'의 의미를 나타내는 표현이다. 의지나 상상이나 희망 등의 내용을 나타낸다.

あなたが行ったら、私も行きます。 당신이 가면 나도 가겠습니다.
もし明日雨が降ったら、どうしますか。 만약 내일 비가 내리면 어떻게 합니까?
大学生になったら何がしたいですか。 대학생이 되면 무엇을 하고 싶습니까?
暇があったら、ぜひ一度遊びに来てください。
시간이 있으면 꼭 놀러 오세요.
商品の使い方が分からなかったら、いつでも聞いてください。
상품의 사용법을 모르면 언제라도 물으세요.

❷ 동작의 전후 관계

앞의 내용이 완료되거나 성립하고 나서, 뒤의 동작이 발생한다는 의미를 표현한다. '~(하)고 나서', '~(한) 후에'의 의미를 포함하고 있으며 가까운 장래에 이루어질 일에 대해 말할 때 사용한다.

家に帰ったら、まずシャワーを浴びます。 집에 돌아가면 먼저 샤워을 합니다.
仕事が終わったら、映画を見に行くつもりです。
일이 끝나면 영화를 보러 갈 생각입니다.
ご飯を食べたら、早く学校へ行きなさい。 밥을 먹었으면 어서 학교에 가렴.
東京に着いたら、電話してください。 도쿄에 도착하면 전화해 주세요.
スーパーへ行ったら、パンと牛乳を買ってきてください。
슈퍼마켓에 가면 빵과 우유를 사오세요.

❸ 일반적 사실

필연적이며 당연한 내용이나 습관 등을 나타낸다. 「～と」와 같은 용법이다.

春になったら、さくらの花が咲きます。 봄이 되면 벚꽃이 핍니다. [자연법칙]
1に2を足したら3になる。 1에 2를 더하면 3이 된다. [법칙]
お金を入れたら、切符が出ます。 돈을 넣으면 표가 나옵니다. [당연한 결과]
雪が降ったらいつもバスが遅れてくる。
눈이 내리면 언제나 버스가 늦게 온다. [습관, 경향]

その道をまっすぐ行ったら小学校があります。
그 길을 곧바로 가면 초등학교가 있습니다. [길 안내]

私は朝起きたら、まずラジオをつけてニュースを聞きます。
나는 아침에 일어나면 먼저 라디오를 켜고 뉴스를 듣습니다. [습관]

④ 발견

「~たら」는 조건과 관계없이 '발견'이라는 용법으로 사용되는 경우가 있다. 앞에 나오는 행위로 인해 어떤 결과가 발생하거나 무엇인가가 발견된다는 의미를 나타낸다.

家に帰ったら小包が届いていた。 집에 돌아갔더니 소포가 도착해 있었다.
ドアを開けたら新聞が落ちていた。 문을 열었더니 신문이 떨어져 있었다.
久しぶりにスーパーに行ったら、セールをしていた。
오랜만에 슈퍼마켓에 갔더니 세일을 하고 있었다.
薬を飲んだらすぐに風邪が治った。 약을 먹었더니 바로 감기가 나았다.
やってみたら意外と簡単だった。 해 보았더니 의외로 간단했다.

> **TIP**
>
> '발견' 용법은 「~たら」이외에도 「~と」를 사용하여 나타낼 수도 있다. 다만 「~たら」를 회화에서 더 많이 사용한다.
>
> 窓を開けると、雨が降っていた。 창문을 열었더니 비가 내리고 있었다.
> ≒ 窓を開けたら、雨が降っていた。 창문을 열었더니 비가 내리고 있었다.
> うちへ帰ると、友達から手紙が届いていた。
> 집에 돌아갔더니 친구에게 편지가 와 있었다.
> ≒ うちへ帰ったら、友達から手紙が届いていた。
> 집에 돌아갔더니 친구에게 편지가 와 있었다.

♪ 15-009

03 ~たらどうですか ~(하)면 어떨까요?　N4

상대방에게 가볍게 제안이나 충고하는 표현이다.

先生に相談したらどうですか。 선생님에게 상담하면 어떨까요?
ちょっと休んだらどうですか。 잠시 쉬면 어떨까요?

4 なら

01 なら의 접속 방법　　N4

❶ 동사와 い형용사, 명사

「〜なら」는 동사, い형용사, 명사의 기본형에 붙는다.

❷ な형용사

「〜なら」는 な형용사의 어간에 붙는다.

품사	접속 방법	접속 형태의 예
동사	동사 기본형+なら	飲む → 飲むなら 食べる → 食べるなら 来る → 来るなら する → するなら
い형용사	い형용사 기본형+なら	寒い → 寒いなら 高い → 高いなら
な형용사	な형용사 어간+なら	きれいだ → きれいなら 暇だ → 暇なら
명사	명사+なら	雨 → 雨なら 学生 → 学生なら

02 なら의 용법

❶ 조언, 권유

「〜なら」의 가장 대표적인 용법이다. 상대방이 말한 정보를 근거로 조언하거나 충고할 때 자주 사용한다. 문장 끝부분에 의지, 권유, 명령 등의 내용이 등장하는 경우가 많다.

A 私は、明日パーティーに行くつもりですが、あなたも一緒に行きませんか。 나는 내일 파티에 갈 생각입니다만 당신도 함께 가지 않겠습니까?
B ええ、あなたが行くなら、私も行きたいです。
네, 당신이 간다면 나도 가고 싶습니다.

A ちょっと、コンビニへ行ってきます。 잠깐 편의점에 다녀오겠습니다.
B そう？ コンビニへ行くならジュースを買ってきてください。
그래요? 편의점에 간다면 주스를 사오세요.

重い荷物があるなら車で行ったほうがいいですよ。
무거운 짐이 있으면 차를 타고 가는 편이 좋습니다.

京都へ行くなら新幹線が便利ですよ。 교토에 간다면 신칸센이 편리해요.

日本料理を食べるなら、やはり寿司ですね。
일본 요리를 먹는다면 역시 초밥이지요.

暑いなら、上着を脱いでもいいですよ。 더우면 상의를 벗어도 좋아요.

❷ 순서

「〜なら」에는 앞부분과 뒷부분의 동작의 순서가 역순인 경우를 나타내는 용법이 있다. 즉, 뒤 문장에 나오는 동작이「〜なら」에 접속하는 앞문장의 동작보다 먼저 성립한다는 것을 강조하는 용법이다.

日本へ行くなら、日本語を勉強してください。
일본에 간다면 일본어를 공부하세요(일본에 가기 전에 일본어를 공부한다).

日本へ行ったら、日本語を勉強してください。
일본에 가면 일본어를 공부하세요(일본에 가서 공부를 한다).

京都に行くなら、観光地図を買ってください。
교토에 갈 것이라면 관광 지도를 사세요(관광 지도를 사서 교토에 간다).

京都に行ったら、観光地図を買ってください。
교토에 가면 관광 지도를 사세요(교토에서 관광 지도를 산다).

단, 「~なら」가 반드시 역순을 나타내는 것이 아니므로 주의하도록 한다. 문장의 내용을 잘 파악해야 한다.

旅行に行くなら、大きいかばんを買っておいたほうがいい。
여행을 간다면 커다란 가방을 사 두는 편이 좋다(커다란 가방을 산 후 여행을 간다).

旅行に行くなら、お土産を忘れないでください。
여행을 가면 선물을 잊지 마세요(여행을 가서 선물을 산다).

❸ 화제 제시

주로 명사에 붙어 화제를 제시하여 강조한다.

カメラなら日本製がいい。 카메라라면 일제가 좋다.
新聞ならここにあるよ。 신문이라면 여기에 있어.
田中さんならできると思います。 다나카 씨라면 할 수 있다고 생각합니다.

A もしもし。内田さん、いらっしゃいますか。
　여보세요. 우치다 씨, 계십니까?
B 内田ですか。内田ならもう出かけましたけど。
　우치다요? 우치다라면 벌써 나갔는데요.

03 ~ならいざしらず　~(라)면 몰라도　N1

「~ならいざしらず」 앞에 제시된 어떤 상황이라면 어쩔 수가 없지만, 뒤에는 그렇지 않기 때문에 실제로 납득할 수 없다는 내용이 온다.

素人ならいざしらず、ベテランの君がこんなミスをするとは。
초보자라면 몰라도 베테랑인 자네가 이런 실수를 하다니.

方向音痴ならいざしらず何度も来ているのに、また道に迷うなんて信じられない。
길눈이 어둡다면 몰라도 몇 번이나 왔는데 또 길을 헤매다니 믿을 수가 없어.

04 〜ならまだしも　　〜(라)면 몰라도, 〜(라)면 그나마 다행이지만　N1

'좋지는 않아도 그나마 괜찮지만'의 의미를 나타내며, 문형의 후반부에는 곤란하거나 비난하는 내용이 따른다. 「まだしも」는 「まだ」의 강조 표현이다.

こんないたずらは子どもならまだしも、もう大人だから、絶対に許せない。
이런 장난은 아이라면 몰라도 이제 어른이니까 절대로 용서할 수 없다.

一度だけならまだしも、何度も嘘をつくとは許せない。
한번뿐이면 몰라도 몇 번이나 거짓말을 하다니 용서할 수 없다.

가능형

1 가능형

2 가능형의 응용 표현

1 가능형

01 가능형 만드는 법

어떤 동작을 하는 것이 가능하다는 의미를 나타내도록 동사를 활용한 형태를 동사 가능형이라고 한다. 예를 들어 「飲む(마시다)」를 「飲める(마실 수 있다)」로, 「食べる(먹다)」를 「食べられる(먹을 수 있다)」로 바꾸면 동사 자체에 가능의 의미를 지니게 된다.

	기본형	가능형
1그룹동사	書く	書ける 쓸 수 있다
	話す	話せる 이야기할 수 있다
	遊ぶ	遊べる 놀 수 있다
	読む	読める 읽을 수 있다
	乗る	乗れる 탈 수 있다
2그룹동사	見る	見られる 볼 수 있다
	起きる	起きられる 일어날 수 있다
	食べる	食べられる 먹을 수 있다
3그룹동사	来る	来られる 올 수 있다
	する	できる 할 수 있다

❶ 1그룹동사

어미「う단」을「え단」으로 고치고「る」를 붙인다.

❷ 2그룹동사

어미「る」를 떼고「られる」를 붙인다.

❸ 3그룹동사

「くる」는 「こられる」, 「する」는 「できる」가 된다.

1그룹동사를 가능형으로 만들려면, 어미를 あ단으로 바꾸고 「れる」를 붙인다. 이 때, 이를 축약하여 어미를 え단으로 바꾸고 「る」를 붙여 사용하는 경우가 많다. 이렇게 만들어진 동사를 '가능동사'라고 부른다.

기본형	가능형	가능동사
書く	書かれる	書ける
話す	話される	話せる
遊ぶ	遊ばれる	遊べる
読む	読まれる	読める
乗る	乗られる	乗れる

♪ 16-001

02 가능형이 불가능한 경우

❶ 가능의 의미가 들어 있는 동사

「分かる(이해하다), 聞こえる(들리다), 見える(보이다), 慣れる(익숙해지다)」 등과 같이 동사 자체에 가능의 의미가 담겨 있는 동사는 가능형으로 만들 수 없다.

ジョンさんは日本語が全然分かれません。(×)
ジョンさんは日本語が全然分かりません。(○)
존 씨는 일본어를 전혀 알지 못합니다.

今日は天気がいいから、星がよく見えられます。(×)
今日は天気がいいから、星がよく見えます。(○)
오늘은 날씨가 좋아서 별이 잘 보입니다.

PART 16 가능형

❷ 주어가 무생물인 경우

무생물이 주어인 문장에서는 동사 가능형을 사용할 수 없다.

このかばんは大きくて、たくさん入られます。(×)
このかばんは大きくて、たくさん入ります。(○)
이 가방은 커서 많이 들어갑니다.

パソコンが壊れて動けなくなってしまいました。(×)
パソコンが壊れて動かなくなってしまいました。(○)
컴퓨터가 고장나서 작동하지 않게 되어버렸습니다.

♪ 16-002

03 타동사의 가능형

타동사(목적어를 취하는 동사)의 경우, 기본적으로 동작의 대상을 나타내는 명사 뒤에 붙는 조사「を」는「が」로 바꾸어 사용한다. 이것은 타동사의 가능동사는 상태를 나타낸다고 보기 때문이다.

私は日本語の新聞が読めます。 나는 일본어 신문을 읽을 수 있습니다.
仕事がたくさんあってなかなか帰れない。 일이 많아서 좀처럼 돌아갈 수 없다.
私はさしみが食べられます。 나는 생선회를 먹을 수 있습니다.
昨日よく寝られたから、今日は気分がいいです。
어제 푹 잘 수 있었기 때문에 오늘은 기분이 좋습니다.
朝なかなか起きられません。 아침에 좀처럼 일어날 수 없습니다.
彼は車の運転ができます。 그는 자동차 운전을 할 수 있습니다.
中村さんは用事があって来られないそうです。
나카무라 씨는 용건이 있어서 올 수 없다고 합니다.
漢字は読むことはできますが、書くことはできません。
한자는 읽을 수 있습니다만 쓸 수는 없습니다.

A 中村さんはお酒が飲めますか。 나카무라 씨는 술을 마실 수 있어요?
B ええ、好きですよ。 네, 좋아해요.

2 가능형의 응용 표현

🎵 16-003

01 ~ことができる   ~(할) 수 있다   N4

동사는 가능동사로 형태를 바꾸지 않고도 동사 기본형에 「ことができる」를 붙여서 가능형으로 만들 수 있다. 예를 들어 「飲む(마시다)」에 「~ことができる(~것이 가능하다)」를 붙여서 「飲むことができる」로 바꿀 수 있다.

お酒を飲むことができる。 = お酒が飲める。 술을 마실 수 있다.
あなたは漢字を読むことができますか。 당신은 한자를 읽을 수 있습니까?
木村さんは英語を話すことができます。 기무라 씨는 영어를 말할 수 있습니다.
私は自転車に乗ることができます。 나는 자전거를 탈 수 있습니다.

🎵 16-004

02 가능형+ようになる   ~(할) 수 있게 되다   N4

동사 가능형에 「~ようになる」를 붙이면 예전에는 불가능했던 일이 가능해졌다는 상황의 변화를 나타낸다.

カタカナが書けるようになりました。 가타카나를 쓸 수 있게 되었습니다.
子どもが1歳になって歩けるようになりました。
아이가 한 살이 되어 걸을 수 있게 되었습니다.
日本語が少し話せるようになりました。 일본어를 조금 말할 수 있게 되었습니다.

◆ 습관, 반복적인 동작

가능형이 아닌 동사 기본형에「~ようになる」를 붙이면 어떠한 동작이 반복되어 습관화된다는 의미를 나타낸다.

このごろ朝早く目が覚めるようになりました。
요즘 아침 일찍 잠에서 깨게 되었습니다.

彼もやっとまじめに勉強するようになりました。
그도 가까스로 성실하게 공부하게 되었습니다.

03 가능형 + ものなら ~(할) 수 있다면

동사 가능형에「~ものなら」를 붙이면 실현이 곤란한 일을 강하게 희망할 때 사용하는 표현이 된다. 어떤 일을 희망하지만 실현 가능성이 없다는 느낌을 준다. 뒤에는 보통「~たい(~고 싶다)」와 같은 희망 표현이 온다.

子どものころに戻れるものなら戻りたい。
어린 시절로 돌아갈 수만 있다면 돌아가고 싶다.

行けるものならヨーロッパに行ってみたい。
갈 수만 있다면 유럽에 가 보고 싶다.

休めるものなら休みたいが、仕事がたくさんあって休めない。
쉴 수만 있다면 쉬고 싶지만 일이 많아서 쉬지 못한다.

양태와 추량

1. そうだ
2. ようだ
3. らしい
4. だろう・でしょう・かもしれない・みたいだ

1 そうだ

♪ 17-001

조동사「そうだ」에는 어떤 상황이나 상태에 대한 불확실한 판단을 나타내는 양태(様態)와 들은 바를 전하는 전문(伝聞)의 두 가지 용법이 있다. 이 두 가지는 접속에 따라 의미가 달라지므로「そうだ」에 접속하는 말의 형태를 보면 된다.

雨が降りそうだ。 비가 올 것 같다. [양태]
雨が降るそうだ。 비가 온다고 한다. [전문]

♪ 17-002

01 ▸ 양태의 そうだ N4

❶ 접속 방법

'양태(様態)'란 어떤 사물의 모양이나 상황을 보고, 어떠한 상태가 될 것 같다는 화자의 판단을 나타낸다. 상황 묘사에 가까운 표현이며 직감적인 판단을 나타낸다. 시각적인 정보에 근거한 경우가 많다. 어떠한 상황이나 상태에 대한 표현이므로 말하는 사람의 의지가 담긴 행위에는 사용하지 않는다.

품사	접속 방법	예
동사	동사 ます형+そうだ	雨が降りそうだ 비가 내릴 것 같다
い형용사	어간+そうだ	寒そうだ 추울 것 같다
な형용사	어간+そうだ	ひまそうだ 한가할 것 같다
명사	―	―

◆ いい와 ない

い형용사 중, 「いい(よい)」와 「ない」의 경우 「いそうだ / よそうだ」, 「なそうだ」라고 하면 안 된다. 어간에 「さ」를 추가하여 각각 「よさそうだ」, 「なさそうだ」라고 해야 한다.

いい / よい → よさそうだ

ない → なさそうだ

❷ 부정 표현

품사	기본형	긍정 표현	부정 표현
동사	降る	降りそうだ 내릴 것 같다	降りそうにない 내릴 것 같지 않다
	終わる	終わりそうだ 끝날 것 같다	終わりそうにない 끝날 것 같지 않다
い형용사	高い	高そうだ 비쌀 것 같다	高くなさそうだ 高そうではない 비쌀 것 같지 않다
	おいしい	おいしそうだ 맛있을 것 같다	おいしくなさそうだ おいしそうではない 맛있을 것 같지 않다
な형용사	まじめだ	まじめそうだ 성실할 것 같다	まじめではなさそうだ まじめそうではない 성실할 것 같지 않다
	ひまだ	ひまそうだ 한가할 것 같다	ひまではなさそうだ ひまそうではない 한가할 것 같지 않다

▶ 동사

동사에 접속하는 「そうだ」의 부정 표현은 「~そうにない, ~そうもない, ~そうにもない」이다.

雨（あめ）は降（ふ）りそうではない。(×)
雨（あめ）は降（ふ）りそうにない。＝ 雨（あめ）は降（ふ）りそうもない。
＝ 雨（あめ）は降（ふ）りそうにもない。 비는 내릴 것 같지 않다.

▶ い형용사와 な형용사

い형용사는 어간에 「~くなさそうだ」 혹은 「~そうではない」를 붙인다. 주로 「~くなさそうだ」를 사용한다. な형용사는 어간에 「~ではなさそうだ」 혹은 「~そうではない」를 붙인다.

このお菓子（かし）はあまりおいしくなさそうだ。
＝ このお菓子（かし）はあまりおいしそうではない。
이 과자는 별로 맛있을 것 같지 않다.

あの人（ひと）はまじめではなさそうだ。
＝ あの人（ひと）はまじめそうではない。 저 사람은 성실하지 않을 것 같다.

❸ 주의 사항

▶ 명사에는 「そうだ」를 접속할 수 없다.

명사를 추측이나 양태의 표현으로 나타낼 때는 「そうだ」 대신 「ようだ」를 써야 한다.

あの人（ひと）は会社員（かいしゃいん）そうだ。(×)
あの人（ひと）は会社員（かいしゃいん）のようだ。(○)
저 사람은 회사원인 듯하다.

▶ 현재 또는 가까운 미래의 상태를 추측하는 표현이므로 과거 상태에 대해서는 사용하지 않는다.

今（いま）にも雨（あめ）が降（ふ）り出（だ）しそうな天気（てんき）ですね。 금세라도 비가 내릴듯한 날씨로군요.
棚（たな）の上（うえ）の物（もの）が落（お）ちそうだ。 선반 위의 물건이 떨어질 것 같다.

テーブルの上においしそうなケーキがある。
테이블 위에 맛있어 보이는 케이크가 있다.

公園で子どもたちが楽しそうに遊んでいる。
공원에서 아이들이 즐거운 듯이 놀고 있다.

簡単そうな問題から始めましょう。 간단해 보이는 문제부터 시작합시다.

この椅子はとても丈夫そうですね。 이 의자는 매우 튼튼해 보이네요.

♪ 17-003

02 전문(伝聞)의 そうだ

다른 사람으로부터 듣거나 얻은 정보를 다른 사람에게 전달할 때 사용한다. 전해 들은 정보의 출처를 나타낼 때는 흔히 「〜によると, 〜によれば(〜에 따르면)」를 사용한다. 「そうだ」는 기본형에 붙는다. 현재형인 경우는 다음의 표와 같이 기억하도록 하자.

품사	접속 방법	예
동사	기본형+そうだ	雨が降るそうだ 비가 내린다고 한다
い형용사	어간+い+そうだ	寒いそうだ 춥다고 한다
な형용사	어간+だ+そうだ	ひまだそうだ 한가롭다고 한다
명사	명사+だ+そうだ	学生だそうだ 학생이라고 한다

天気予報によると、明日は雨が降るそうだ。
일기 예보에 의하면 내일은 비가 내린다고 한다.

友だちの話によると、あの映画はとてもおもしろいそうだ。
친구의 말에 따르면 저 영화는 무척 재미있다고 한다.

村上さんの話では、北海道の夏は湿度が低いのでさわやかだそうだ。
무라카미 씨의 이야기에 따르면 홋카이도의 여름은 습도가 낮아서 상쾌하다고 한다.

園子さんのお父さんは大学の先生だそうだ。
소노코 씨의 아버지는 대학 선생님이라고 한다.

新しい先生はとてもやさしい方だそうです。
새로운 선생님은 매우 상냥한 분이라고 합니다.

2 ようだ

「ようだ」는 비유, 예시, 추량 등 다양한 용법으로 사용된다.

품사	접속 방법	예
동사	기본형+ようだ	雨が降るようだ 비가 내릴 듯하다
い형용사	~い+ようだ	寒いようだ 추운 듯하다
な형용사	~な+ようだ	ひまなようだ 한가한 모양이다
명사	명사+の+ようだ	学生のようだ 학생인 듯하다

현재 시제에 접속할 때는「동사 / い형용사 / な형용사 / 명사의 명사접속형+ようだ」로 기억하면 된다. 그리고「~ようだ」의 부정 표현은「~ないようだ」이다.「~ようではない」로 쓰지 않는다는 점에 주의하자.

♪ 17-004

01 추량　　　N2

화자 자신이 주관적으로 판단, 추측하는 표현이다. 자신의 직접적인 감각이나 경험을 토대로 과거, 현재, 미래의 일을 추측하거나 판단하는 경우에 사용한다.

熱もあるし、咳も出る。どうも風邪をひいたようだ。
열도 있고 기침도 난다. 아무래도 감기에 걸린 듯하다.

今日は昨日より暖かいようだ。 오늘은 어제보다 따뜻한 듯하다.

山田さんは、コーヒーが嫌いなようです。
야마다 씨는 커피를 싫어하는 것 같습니다.

あの人はお医者さんのようです。 저 사람은 의사인 것 같습니다.

♪ 17-005

02 비유

어떤 사물이나 사항을 제시하여, 그것과 같은 성질이나 상태라는 의미를 나타낸다. 거의 비슷하다는 의미를 지닌 '마치'라는 뜻의 부사인 「まるで」나 「あたかも」와 함께 사용하는 경우가 많다.

この景色はきれいで、まるで絵のようだ。
이곳의 경치는 아름다워서 마치 그림 같다.

ここは夜でも昼間のように明るいですね。 이곳은 밤에도 대낮처럼 밝군요.

みんな子どものように楽しく歌っている。 모두 아이처럼 즐겁게 노래하고 있다.

試験に合格できて、まるで夢のようです。 시험에 합격하다니, 마치 꿈만 같아요.

まだ春なのに、今日は夏のように暑いです。
아직 봄인데도 오늘은 여름처럼 덥습니다.

♪ 17-006

03 예시

같은 종류의 내용 중 구체적인 예를 들어 말하는 표현법이다. 「명사＋の＋ような(~와 같은)」, 「명사＋の＋ように(~와 같이)」의 형태로 사용된다.

コーヒーのような熱いものが飲みたいです。
커피와 같은 뜨거운 것을 마시고 싶습니다.

スキーのような冬のスポーツが好きだ。 스키와 같은 겨울 스포츠를 좋아한다.

東京のような大都市は生活費が高い。 도쿄와 같은 대도시는 생활비가 비싸다.

彼のように優秀な人材はいない。
그와 같이 우수한 인재는 없다(그는 매우 우수한 인재다).

チョコレートのような甘いものはたくさん食べないほうがいいですよ。
초콜릿처럼 단 것은 많이 먹지 않는 편이 좋아요.

04 ～ように ～(하)게끔, ～(하)도록

어떤 동작이나 작용의 목적이나 목표를 나타내거나 동작을 지시할 때 사용한다.

❶ 동작의 목적

合格できるように、一生懸命勉強しています。
합격할 수 있게끔 열심히 공부하고 있습니다.

涼しい風が入るように窓を開けておく。
시원한 바람이 들어오도록 창문을 열어 둔다.

子どもにも分かるようにやさしい言葉で説明する。
아이도 이해하도록 쉬운 말로 설명한다.

熱が下がるように注射をしてもらった。 열이 내려가게끔 주사를 맞았다.

時間に遅れないように家を出た。 시간에 늦지 않도록 집을 나섰다.

❷ 동작의 지시

의뢰하거나 가볍게 명령할 때 사용한다.

開始時刻に遅れないようにしてください。 시작 시간에 늦지 않도록 하세요.

テレビを見すぎないように注意しましょう。
텔레비전을 너무 많이 보지 않도록 주의합시다.

室内では、タバコを吸わないようにしてください。
실내에서는 담배를 피우지 않도록 하세요.

風邪を引かないように気をつけてください。
감기에 걸리지 않도록 조심하세요.

後ろの人にもよく見えるように字を大きく書いてください。
뒷사람에게도 잘 보이게끔 글씨를 크게 써 주세요.

♪ 17-008

05 〜ようになる　～(하)게 되다　N4

동사 가능형 뒤에「〜ようになる」가 붙어서 예전의 상태에서 변화한 결과로 지금의 상태가 존재한다는 의미를 나타낸다.

英語が話せるようになりました。 영어를 말할 수 있게 되었습니다.

一週間練習して少し運転できるようになりました。
일주일 연습해서 조금 운전할 수 있게 되었습니다.

何度も話し合ううちに、お互いを理解できるようになった。
몇 번이고 이야기를 나누는 동안에 서로를 이해할 수 있게 되었다.

テレビで紹介されたおかげで、店に客がたくさん来るようになった。
텔레비전에서 소개된 덕분에 가게에 손님이 많이 오게 되었다.

スキーなんて簡単ですよ。だれでもすぐできるようになります。
스키 같은 건 간단해요. 누구든 금방 탈 수 있게 됩니다.

♪ 17-009

06 〜ようにする　～(하)기로 하다 [의지]　N4

기본형에 접속하여 어떠한 일을 의지를 갖고 한다는 의미를 나타낸다.

彼とはもう二度と会わないようにした。 그와는 두 번 다시 만나지 않기로 했다.

合格するまでゲームはしないようにする。
합격할 때까지 게임은 하지 않도록 하겠다.

旅行に行きたいので、お金をためるようにしています。
여행을 가고 싶어서 돈을 모으려고 하고 있습니다.

ダイエットのために、できるだけ食べないようにしています。
다이어트를 위해서 되도록 먹지 않으려고 하고 있습니다.

暇なときは、近くの公園を散歩して、体を動かすようにしている。
한가할 때는 근처 공원을 산책하며 몸을 움직이려고 한다.

3 らしい

조동사 「らしい」는 '추량'과 '전문'의 용법으로 사용된다.

품사	접속 방법	예
동사	기본형+らしい	雨が降るらしい 비가 내릴 듯하다
い형용사	い형용사+らしい	寒いらしい 추울 듯하다
な형용사	な형용사 어간+らしい	ひまらしい 한가할 듯하다
명사	명사+らしい	学生らしい 학생인 듯하다

♪ 17-010

01 추량

「らしい」는 근거가 있지만 불확실한 상황 판단을 나타낼 때 사용한다. 이것을 추량 용법이라고 한다. 대체로 「ようだ」와 비슷한 의미이다. 단, 「ようだ」는 자신의 감각이나 체험 등에 바탕을 둔 판단인 반면 「らしい」는 외부에서 듣거나 얻은 객관적인 근거를 토대 삼아 상당한 확신을 갖고 판단할 때 쓰는 표현이다. 그런 까닭에 「らしい」를 객관성이 강한 추량이라고 말한다.

田中さんは、数学があまり得意ではないらしい。
≒ 田中さんは、数学があまり得意ではないようだ。
다나카 씨는 수학을 그리 잘하는 것 같지 않다.

道路が濡れている。昨夜、雨が降ったらしい。
≒ 道路が濡れている。昨夜、雨が降ったようだ。
도로가 젖어 있다. 어젯밤에 비가 내린 것 같다.

部屋の電気が消えている。だれもいないらしい。
≒ 部屋の電気が消えている。だれもいないようだ。
방 불이 꺼져 있다. 아무도 없는 것 같다.

> **TIP**
>
> ◆ ようだ vs らしい
>
> 「らしい」는 자신의 경험보다 타인의 경험을 토대로 판단할 때 많이 쓴다. 그렇기 때문에 의사가 환자를 진찰할 때 「らしい」를 쓰면 남의 말을 전하는 듯한 무책임한 느낌을 준다.
>
> 風邪を引いたようですね。薬を出しましょう。(○)
> 감기인 것 같군요. 약을 드리겠습니다.
> 風邪を引いたらしいですね。薬を出しましょう。(×)

♪ 17-011

02 전문

조동사 「らしい」가 전문(伝聞)의 의미로 쓰일 때는 「そうだ」를 대체하는 경우가 많다. 다만, 「そうだ」는 정보의 출처가 분명한 경우에 사용하는 경우가 많은 반면 「らしい」는 소문처럼 정보의 출처가 분명하지 않은 경우에 주로 사용한다.

今日は、雪が降るらしい。
≒ 今日は、雪が降るそうだ。 오늘은 눈이 내린다고 한다.

新聞によると、近くバス代が上がるらしい。
≒ 新聞によると、近くバス代が上がるそうだ。
신문에 의하면 곧 버스 요금이 오른다고 한다.

木村さんは中国語ができるらしいです。
기무라 씨는 중국어를 할 수 있다는 것 같습니다.

山田さんは昨日イギリスへ行ったらしいです。
야마다 씨는 어제 영국에 갔다고 합니다.

A 鈴木さん、今日は元気がないね。 스즈키 씨, 오늘은 기운이 없네요.
B テストが悪くて、また先生に注意されたらしいよ。
시험 점수가 나빠서 또 선생님한테 주의를 받았다나 봐.

4 だろう・でしょう かもしれない・みたいだ

♪ 17-012

01　〜だろう　〜(할) 것이다　　N4

「〜だろう」는 미래의 일이나 불확실한 내용에 대하여 사용한다. 자신의 경험과 지식에 근거하여, 주관적으로 판단하는 느낌이 강하다. 「たぶん(아마), きっと (틀림없이, 꼭), おそらく(아마, 필시), まさか(설마)」와 함께 사용되는 경우가 많다.

품사	접속 방법	예
동사	기본형+だろう	雨が降るだろう 비가 내릴 것이다
い형용사	い형용사+だろう	寒いだろう 추울 것이다
な형용사	어간+だろう	暇だろう 한가할 것이다
명사	명사+だろう	学生だろう 학생일 것이다

来年はきっと景気が回復するだろう。 내년에는 틀림없이 경기가 회복될 것이다.
彼はたぶん来ないだろう。 그는 아마 오지 않을 것이다.
たぶん明日も寒いだろう。 아마 내일도 추울 것이다.
彼を説得するのは無理だろう。 그를 설득하는 것은 무리일 것이다.
あした雨が降ったら、試合は中止だろう。 내일 비가 오면 시합은 중지될 것이다.

♪ 17-013

02 ～でしょう　～(하)겠지요, ~(할) 것입니다

「～でしょう」는「～だろう」의 정중한 표현이다. 따라서 접속 방법은「～だろう」와 동일하다.

明日は晴れるでしょう。 내일은 맑겠지요.
彼はたぶん来ないでしょう。 그는 아마 오지 않겠지요.
このお菓子はきっとおいしいでしょう。 이 과자는 분명 맛있을 겁니다.
働きながら勉強するのは大変でしょう。 일하면서 공부하는 것은 힘들겠지요.
梅雨だから、明日もきっと雨でしょう。 장마철이니까 내일도 분명 비가 오겠지요.

♪ 17-014

03 ～だろうと思う　～(할) 것이라고 생각한다

「～だろうと思う」는「～だろう」보다 말하는 사람의 생각을 더욱 강조하는 표현이다. 단,「～だろう」의 정중 표현이「～でしょう」라고 해서「～でしょうと思う」라고는 하지 않는다.

この製品は売れないだろうと思う。 이 제품은 팔리지 않을 것이라고 생각한다.
彼はこの計画には反対するだろうと思う。
그는 이 계획에는 반대할 것이라고 생각한다.
これで問題ないだろうと思います。 이것으로 문제 없을 것이라 생각합니다.
今度の試験はやさしいだろうと思います。 이번 시험은 쉬울 것이라고 생각합니다.

위에서 아래로 갈 수록 자신의 추량에 대한 확신이 강해진다.
これで問題ないだろう。 이것으로 문제 없을 것이다.
これで問題ないだろうと思う。 이것으로 문제 없을 것이라고 생각한다.
これで問題ないと思う。 이것으로 문제 없다고 생각한다.

04 〜かもしれない　〜(할)지도 모른다

「〜かもしれない」는 그럴 가능성이 있다는 단순한 추정의 의미를 나타낸다. 당연히 그렇지 않을 가능성이 있다는 의미도 포함하고 있다. 「〜だろう」에 비해 말하는 쪽의 확신이 약하며 실현 가능성이 낮은 경우에 사용한다. '어쩌면, 혹시'라는 뜻인 「もしかすると, もしかしたら, ひょっとすると, ひょっとしたら」 등의 부사와 함께 쓰는 경우가 많다. 「〜かもしれない」의 정중한 표현은 「〜かもしれません」이다.

품사	접속 방법	예
동사	기본형+かもしれない	雨が降るかもしれない 비가 올지도 모른다
い형용사	い형용사+かもしれない	寒いかもしれない 추울지도 모른다
な형용사	어간+かもしれない	暇かもしれない 한가할지도 모른다
명사	명사+かもしれない	学生かもしれない 학생일지도 모른다

彼はこの意見に反対するかもしれない。 그는 이 의견에 반대할지도 모른다.
彼女はまだ来ていない。間違ったバスに乗ったかもしれない。
그녀는 아직 오지 않고 있다. 버스를 잘못 탔을지도 모른다.
雨が降りそうだ。はやく帰ったほうがいいかもしれない。
비가 올 것 같다. 빨리 돌아가는 편이 좋을지도 모른다.
会議は思ったより長いかもしれません。 회의는 생각보다 길지도 모른다.
駅の近くの部屋が便利かもしれない。 역 근처 방이 편리할지도 모른다.
ここは夜になると危険かもしれません。 여기는 밤이 되면 위험할지도 모릅니다.
道が込んでいる。事故かもしれない。 길이 붐비고 있다. 사고일지도 모른다.
彼の話はもしかすると本当かもしれません。
그의 이야기는 어쩌면 사실일지도 모릅니다.

05 ～みたいだ ～(한) 것 같다

「～みたいだ」는「～ようだ」의 회화체 표현으로, 주로 일상적이고 격식을 따지지 않는 회화에서 사용한다.「だ」를 생략하고 쓰는 경우도 있다.

품사	접속 방법	예
동사	기본형＋みたいだ	雨が降るみたいだ 비가 내릴 것 같다
い형용사	い형용사＋みたいだ	寒いみたいだ 추울 것 같다
な형용사	어간＋みたいだ	無理みたいだ 무리인 듯하다
명사	명사＋みたいだ	学生みたいだ 학생인 듯하다

熱があるみたいだから、病院へ行ったほうがいい。
열이 있는 것 같으니 병원에 가는 게 좋겠어. [추량]

父は忙しいみたいだから、後で話そう。
아버지는 바쁜 것 같으니까 나중에 이야기하자. [추량]

この店は静かみたいで、落ち着きます。
이 가게는 조용한 것 같아서, 마음이 편해집니다. [추량]

外は雨みたいだ。みんな傘をさして歩いている。
밖은 비가 오는 것 같다. 모두 우산을 쓰고 걷고 있다. [추량]

みんな子どもみたいに楽しく歌っている。
모두 어린아이처럼 즐겁게 노래하고 있다. [비유]

試験に合格できて、まるで夢みたいだ。 시험에 합격하다니 마치 꿈 같다. [비유]

東京みたいな大都市は生活費が高い。 도쿄 같은 대도시는 생활비가 비싸다. [예시]

彼みたいに優秀な人材はいない。 그 사람처럼 우수한 인재는 없다. [예시]

경어

1 경어

2 정중어

3 존경어

4 겸양어

1 경어

♪ 18-001

❶ 경어

경어란 말하는 사람이 상대방에게 경의를 나타낼 때 쓰는 표현을 말한다. 상사나 고객 등에게 사용하는 경우가 많다.

その本、読んだ？ 그 책 읽었어? [보통체]
その本、読みましたか。 그 책 읽었습니까? [정중어]
その本、お読みになりましたか。 그 책 읽으셨습니까? [존경어]

위의 세 문장이 대화에서 주는 느낌은 상당히 다르다. 즉, 경의를 나타내는 정도가 다른데 아래로 갈수록 경의를 나타내는 정도가 강해진다.

❷ 경어의 분류

▶ **정중어**

정중하고 조심스럽게 말함으로써 상대방에 대한 경의를 나타내는 말

▶ **존경어**

듣는 사람이나 대화 속에 등장하는 사람을 높이는 말

▶ **겸양어**

말하는 사람 자신의 동작이나 상태를 낮추어 간접적으로 상대방이나 다른 사람을 높이는 말

2 정중어

정중어는 정중하고 조심스럽게 말함으로써 상대방에게 경의를 나타내는 말이다. 문장이나 회화체에서 가장 많이 접하는 형태이다.

♪ 18-002

01 ～です / ～ます   ～(입)니다 / ～(합)니다   N5

우리말의 '～입니다', '～합니다'에 해당하는 표현이며 가장 기본적인 경어 표현이다.

これは本です。 이것은 책입니다.
この店のパンはおいしいです。 이 가게의 빵은 맛있습니다.
中村さんは歌が上手です。 나카무라 씨는 노래를 잘합니다.
ここに本があります。 이곳에 책이 있습니다.
映画を見ます。 영화를 봅니다.
デパートで買い物をします。 백화점에서 쇼핑을 합니다.

02 お / ご   N5

문법상 접두어에 해당하는「お」나「ご」를 붙여서, 정중하고 부드러운 느낌을 나타낸다.

❶ 순수한 일본어에는「お」를 붙인다.

> お酒 술   お茶 차   お金 돈   お花 꽃   お天気 날씨   お皿 접시

❷ 한자어에서 온 말에는「ご」를 붙인다.

> ご家族 가족　　ご近所 이웃　　ご婦人 부인　　ご本 책　　ご老人 노인

❸ 예외

한자어에서 온 명사이지만「ご」가 아니라「お」를 붙이는 경우가 있다.

> お電話 전화　　お料理 요리　　お食事 식사
> お会計 계산, 지불　　お勉強 공부

♪ 18-003

03 ござる

「ござる」는「ある」의 정중한 표현이다. 매우 공손한 느낌을 주기 때문에 '겸양'의 의미로 받아들이는 경우가 많지만 문법상으로는 '정중어'에 속한다.

❶ ある → ござる
お忘れ物はございませんか。 잊으신 물건은 없습니까?
社長のかばんはあそこにございます。 사장님의 가방은 저기에 있습니다.

❷ ~である → ~でござる
山田でございます。どうぞよろしくお願いいたします。
야마다입니다. 아무쪼록 잘 부탁드리겠습니다.
入り口はこちらでございます。 입구는 이쪽입니다.

❸ ~てある → ~てござる
お申込に必要な申請書は受付にご用意してございます。
신청에 필요한 신청서는 접수처에 준비되어 있습니다.
書類はあちらに置いてございます。 서류는 저기에 놓여 있습니다.

3 존경어

'존경어'란 상대방이나 대화 속에 등장하는 사람을 높여서 나타내는 말이다.

01 お＋동사 ます형＋になる / ご＋한자어＋になる (N4)
~(하)시다

동사 ます형을 응용한 표현으로 가장 기본적인 존경 표현이다. 다만 동사 ます형 외에 동작을 나타내는 '한자어'에도 응용할 수 있다.

この本は山田先生がお書きになりました。 이 책은 야마다 선생님께서 쓰셨습니다.

先生はお出かけになりました。 선생님은 외출하셨습니다.

どうぞ、おかけになってください。 자, 앉아 주십시오.

社長が会議でご紹介になった本を読んで感動した。
사장님께서 회의에서 소개하신 책을 읽고 감동했다.

多くの方がこのサービスをご利用になりました。
많은 분이 이 서비스를 이용하셨습니다.

そこまでご心配にならなくても、いいと思います。
거기까지 걱정하지 않으셔도 된다고 생각합니다.

> **TIP**
> 「ご＋한자어＋になる」는 「한자어＋なさる」로 쓰기도 한다.
> 田中先生は研究の結果をご発表になりました。
> = 田中先生は研究の結果を発表なさいました。
> 다나카 선생님은 연구 결과를 발표하셨습니다.
>
> そこまでご心配にならなくても、いいと思います。
> = そこまで心配なさらなくても、いいと思います。
> 거기까지 걱정하지 않으셔도 된다고 생각합니다.

02 〜(ら)れる　〜(하)시다　

「〜(ら)れる」는 동작 주체에 대한 존경을 나타낸다. 「〜(ら)れる」는 존경 이외에도 수동과 가능을 나타내는 용법이 있으므로 문맥으로 의미를 구별하도록 한다.

先生は何時に戻られますか。 선생님은 몇 시에 돌아오십니까?

A 木村さん、もうこの本を読まれましたか。
　 기무라 씨, 벌써 이 책을 읽으셨습니까?

B ええ、読みました。 네, 읽었습니다.

社長は毎朝早く起きられるそうです。 사장님은 매일 아침 일찍 일어나신다고 합니다.

会議で石田先生は自分の意見を述べられました。
회의에서 이시다 선생님은 자신의 의견을 말씀하셨습니다.

社長は今日午後に来られるそうです。 사장님은 오늘 오후에 오신다고 합니다.

日本語はどれぐらい勉強されましたか。 일본어는 어느 정도 공부하셨습니까?

 TIP

◆ 존경형 만드는 법

● 1그룹 동사
어미「う단」을「あ단」으로 바꾸고「れる」를 붙인다.

● 2그룹 동사
어미「る」를 떼고「られる」를 붙인다.

● 3그룹 동사
「くる」는「こられる」,「する」는「される」가 된다.

03 お+동사 ます형+ください / ご+한자어+ください
~(해) 주십시오   N4

「お+ます형+くださる」는 상대방에게 어떠한 동작을 요구할 때 사용하는 존경의 표현이다. 「~てください」보다 강한 존경의 의미를 나타낸다.

そちらで少々お待ちください。 그쪽에서 잠시 기다려 주십시오.
どうぞこちらにお座りください。 자, 이쪽에 앉으세요.
ご家族のみなさんによろしくお伝えください。
가족분들께 안부 잘 전해 주십시오.

パーティーにぜひご参加ください。 파티에 꼭 참가해 주십시오.
細かいお金をご用意ください。 잔돈을 준비해 주십시오.
どうぞ遠慮なくご使用ください。 사양마시고 써 주세요(사용하세요).

04 특수한 존경 표현

❶ 존경의 경어 동사

동사의 존경 표현을 쓸 때 반드시「お+ます형+になる」나「れる / られる」라는 형식이어야 하는 것은 아니다. 「来る(오다), 行く(가다), いる(있다), 食べる(먹다), 見る(보다)」 등과 같은 동사는 특별한 단어를 사용하여 존경의 의미를 나타내기도 한다. 이러한 동사를 경어 동사라고 한다. 이러한 경어 동사는 일상적으로 많이 사용하므로 외워두는 것이 좋다.

明日はどこかへいらっしゃいますか。 내일은 어딘가에 가십니까?
山田先生は大阪からおいでになりました。
야마다 선생님은 오사카에서 오셨습니다.

近くにお越しになったときは、ぜひお立ち寄りください。
근처에 오시는 경우에는 꼭 들러 주세요.

あの映画はもうご覧になりましたか。 그 영화는 벌써 보셨습니까?
先生は何を召し上がりますか。 선생님은 무엇을 드시겠습니까?
この花の名前をご存じですか。 이 꽃의 이름을 알고 계십니까?

先生は何とおっしゃいましたか。 선생님께서는 뭐라고 말씀하셨습니까?

コーヒーと紅茶とどちらになさいますか。
커피와 홍차 중 어느 쪽으로 하시겠습니까?

A 長野先生は今どちらですか。 나가노 선생님은 지금 어디에 계십니까?
B 先生は研究室にいらっしゃいます。 선생님은 연구실에 계십니다.

보통 동사	경어 동사 (존경)
いる 있다	いらっしゃる おいでになる
行く 가다	いらっしゃる おいでになる お越しになる
来る 오다	いらっしゃる おいでになる お越しになる お見えになる
する 하다	なさる
言う 말하다	おっしゃる
食べる 먹다 飲む 마시다	召し上がる
見る 보다	ご覧になる
知っている 알고 있다	ご存じだ
くれる (나에게) 주다	くださる
寝る 자다	お休みになる
着る 입다	お召しになる
年をとる 나이를 먹다	お年を召す
気に入る 마음에 들다	お気に召す
風邪を引く 감기에 걸리다	お風邪を召す

❷ **존경의 명사** Ⓝ❶

명사의 존경 표현에는「お休み(휴식), お仕事(일), ご住所(주소), ご氏名(성명)」처럼 접두어인「お」나「ご」등을 붙여서 만드는 표현과 자체적으로 존경의 의미를 가지고 있는 명사가 있다.

▶ 접두어「お、ご、貴、尊、高」

접두사「お」와「ご」중「お」는 고유 일본어에 붙으며,「ご」는 한자어에 주로 붙는다.

お	お名前 이름　お仕事 일, 직업　お休み 휴식, 휴일
ご	ご住所 주소　ご氏名 성명　ご職業 직업
貴	貴社 귀사　貴校 귀교　貴兄 귀형(친한 선배나 동료)　貴職 상대방의 직함
尊	ご尊父 춘부장(다른 사람의 아버지)　ご尊顔 존안(얼굴)　ご尊家 귀댁
高	ご高評 비평　ご高配 배려　ご高説 고견(의견)

▶ 특수한 존경의 명사

> 令嬢 따님　　令息 아드님　　芳名 이름　　御社 귀사

こちらにお名前とご住所をご記入ください。
여기에 이름과 주소를 기입해 주십시오.

先日内田さんのご令嬢がご結婚されました。
얼마 전에 우치다 씨의 따님이 결혼하셨습니다.

明日御社にうかがいます。 내일 귀사를 찾아뵙겠습니다.

4 겸양어

♪ 18-008

01 お+동사 ます형+する / ご+한자어+する ~(하)다 N4

겸양 표현이란 자신이나 자기 쪽(가족, 회사, 소속된 그룹 등)을 낮춰 표현함으로써 상대방을 높이는 표현을 말한다. 「お+동사 ます형+する」, 「ご+한자어+する」는 대표적인 겸양 표현이다. 겸양 표현에는 자신을 낮춤으로써 간접적으로 상대방이나 다른 사람을 높이는 의도가 담겨 있다. 따라서 행위에 상대가 없는 일에는 겸양 표현을 사용하지 않는다.

私にできることはお手伝いします。 제가 할 수 있는 일은 도와드리겠습니다.
この書類は私が田中部長にお渡しします。
이 서류는 제가 다나카 부장님께 전해 드리겠습니다.
これは林先生にお借りした本です。 이것은 하야시 선생님께 빌린 책입니다.
図書館の利用方法をご案内します。 도서관의 이용 방법을 안내해 드리겠습니다.
このコピー機の使い方をご説明します。 이 복사기의 사용법을 설명드리겠습니다.
メールまたは電話でご連絡します。 메일 또는 전화로 연락드리겠습니다.

> **TIP**
>
> ◆ 「お+동사 ます형+する」 vs 「お+동사 ます형+いたす」
>
> 문장의 의미는 같지만 「いたす」는 「する」의 겸양 동사이므로 「お+동사 ます형+いたす」가 좀 더 겸손한 느낌이 강하다.
>
> 荷物をお持ちします。
> ≒ 荷物をお持ちいたします。 짐을 들어드리겠습니다.
> スタッフがお客様をお席までご案内します。
> ≒ スタッフがお客様をお席までご案内いたします。
> 담당자가 손님을 자리까지 안내해 드리겠습니다.

02 ～させていただく　～(하)겠다　

사역형「～(さ)せる」에「～ていただく」를 붙이면, 상대방에게 자신이 하려고 하는 동작에 대해서 허락을 구하는 의미를 나타낸다. 즉, 그렇게 하겠다는 화자의 의지를 겸손하게 나타내는 표현이다.

今日は、先に帰らせていただきます。 오늘은 먼저 돌아가겠습니다.
これから会議を始めさせていただきます。 지금부터 회의를 시작하겠습니다.
賞品の発送につきましては、メールで連絡させていただきます。
상품의 발송에 대해서는 메일로 연락드리겠습니다.
もう一度予定を確認させていただきます。 다시 한번 예정을 확인하도록 하겠습니다.

03 특수한 겸양 표현

❶ 겸양의 경어 동사

「お＋ます형＋する(いたす)」의 형식으로 겸양을 표현하지 않고 특별한 동사를 사용하는 경우가 있다. 이러한 동사를 경어 동사라고 하는데 존경을 나타내는 경우와 겸양을 나타내는 경우가 있다.

昨日はずっと家におりました。 어제는 줄곧 집에 있었습니다.
明日またまいります。 내일 또 오겠습니다.
妹は来月アメリカへまいります。 여동생은 다음 달에 미국으로 갑니다.
それは私がいたします。 그것은 제가 하겠습니다.
私は田中と申します。 저는 다나카라고 합니다.
毎日運動しているので何でもおいしくいただいております。
매일 운동하고 있어서 뭐든지 맛있게 먹고 있습니다.
先生、ちょっとうかがいたいことがありますが。
선생님, 조금 여쭙고 싶은 것이 있는데요.
明日、何時にお宅にうかがえばよろしいでしょうか。
내일 몇 시에 댁으로 찾아 뵈면 좋을까요?

それについては何も存じません。 그것에 대해서는 아무것도 모릅니다.

本件については、改めてご説明が必要と存じます。

본 건에 대해서는 다시 설명이 필요하다고 생각합니다.

パーティーで山田先生にお目にかかりました。

파티에서 야마다 선생님을 뵈었습니다.

駅までスタッフがお迎えにあがります。 역까지 직원이 마중하러 찾아뵙겠습니다.

보통 동사	경어 동사 (겸양)
いる 있다	おる
行く 가다	まいる
来る 오다	まいる
する 하다	いたす
言う 말하다	もうす・もうしあげる
食べる 먹다 飲む 마시다	いただく
聞く 묻다	うかがう
聞く 듣다	うかがう・拝聴する
見る 보다	拝見する
借りる 빌리다	拝借する
知る 알다	存じる
思う 생각하다	存じる
会う 만나다	お目にかかる
あげる (남에게) 주다	さしあげる
もらう 받다	いただく
受ける 받다, 수용하다	承る
見せる 보여주다	お目にかける・ご覧に入れる
分かる 이해하다	承知する・かしこまる
もらう 받다	いただく・賜る・頂戴する
訪ねる 방문하다	うかがう・あがる

❷ 겸양의 명사 ⓝ

명사의 존경 표현에는 겸양의 의미가 담긴 접두어를 붙여서 만드는 표현과 자체적으로 겸양의 의미를 가지고 있는 명사가 존재한다.

▶ 접두어「小、愚、拙、弊、拝」

小(しょう)	小生(しょうせい) 소생, 소인(자신을 낮추는 말)　小品(しょうひん) 작은 물건 小店(しょうてん) 저희 가게　小著(しょうちょ) 제 저서
愚(ぐ)	愚見(ぐけん) 제 의견　愚考(ぐこう) 제 생각　愚息(ぐそく) 제 자식　愚妻(ぐさい) 제 처
拙(せつ)	拙著(せっちょ) 졸저(제 저서)　拙作(せっさく) 졸작(제 작품)　拙宅(せったく) 제 집
弊(へい)	弊社(へいしゃ) 폐사(저희 회사)　弊店(へいてん) 폐점(저희 가게)　弊校(へいこう) 폐교(저희 학교)
拝(はい)	拝見(はいけん) 봄, 보기　拝借(はいしゃく) 빌림　拝聴(はいちょう) 들음　拝読(はいどく) 읽음

「拝見(はいけん)(봄, 보기), 拝借(はいしゃく)(빌림), 拝聴(はいちょう)(들음), 拝読(はいどく)(읽음)」는「する」를 붙여, 각각, 보다, 빌리다, 듣다, 읽다의 의미를 나타낸다.

拙著(せっちょ)をお読(よ)みいただき、ありがとうございます。
졸저(제 저서)를 읽어주셔서 감사합니다.

この度(たび)、弊社(へいしゃ)では新製品(しんせいひん)を発売(はつばい)することとなりました。
이번에 폐사(저희 회사)에서는 신제품을 발매하게 되었습니다.

▶ 특수한 겸양의 명사

卑見(ひけん) 제 의견	粗品(そしな) 작은 선물, 경품

卑見(ひけん)を述(の)べさせていただきます。 제 의견을 말씀드리겠습니다.
ご来場(らいじょう)のお客様(きゃくさま)にはもれなく粗品(そしな)をプレゼントいたします。
내방해 주신 손님께는 빠짐없이 작은 경품을 선물하겠습니다.

조동사

1 조동사

2 조동사의 활용

3 고어체 조동사의 응용 표현

 조동사

01 조동사의 특징

❶ 부속어이다.
단독으로 쓰지 못하고 항상 자립어 뒤에 붙어서 사용된다.

❷ 활용어이다.
용언(동사, い형용사, な형용사)이나 다른 조동사에 붙어서 사용한다. 다른 용언처럼 어간과 어미를 구별하지 않는다.

❸ 말의 의미를 추가한다.
어떤 말의 의미를 추가하는 역할을 한다. 대표적으로 부정, 단정, 과거, 완료, 추량, 의지, 희망, 존경 등의 의미를 나타낸다.

♪ 19-001

02 조동사의 구분

조동사의 활용 형태는 크게 다섯 가지로 나눈다. 일반적으로 흔히 사용하는 조동사는 활용하지만, 일부 활용하지 않는 조동사도 있으므로 주의하자.

구분	조동사	의미	예문
동사 활용형 (る로 끝난다)	たがる	희망	子どもがお菓子を食べたがる。 아이가 과자를 먹고 싶어한다.
	(さ)せる	사역	子どもに野菜を食べさせる。 아이에게 채소를 먹게 하다.
	(ら)れる	수동	友だちの結婚式に招待される。 친구 결혼식에 초대받다.
		가능	私は辛いものが食べられる。 나는 매운 것을 먹을 수 있다.
		존경	これは田中先生が書かれた本だ。 이것은 다나카 선생님이 쓰신 책이다.
		자발	故郷のことが思い出される。 고향이 (저절로) 생각난다.
い형용사 활용형 (い로 끝난다)	ない	부정	甘いものは食べない。 단 것은 먹지 않는다.
	たい	희망	水が飲みたい。 물을 마시고 싶다.
	らしい	추량	玄関にだれか来たらしい。 현관에 누가 온 것 같다.
な형용사 활용형 (だ로 끝난다)	だ	단정	これは私の本だ。 이것은 내 책이다.
	そうだ	양태	今にも雨が降りそうだ。 금방이라도 비가 내릴 것 같다.
	そうだ	전문	明日は晴れるそうだ。 내일은 갠다고 한다.
	ようだ	추량	今日は昨日より暖かいようだ。 오늘은 어제보다 따뜻한 듯하다.
무변화 활용형	(よ)う	의지	もうちょっと頑張ろう。 조금 더 힘내자.
		권유	一緒に食べよう。 함께 먹자.
		추량	もうすぐ日が暮れよう。 이제 곧 해가 지겠지.
	まい	부정의 의지	あんなところへは二度と行くまい。 그런 곳에는 두 번 다시 가지 않겠다.
		부정의 추량	明日雨は降るまい。 내일 비는 오지 않을 것이다.

특수 활용형	です	정중한 단정	あの方が数学の先生です。 저 분이 수학 선생님입니다.
	ます	정중	本を読みます。 책을 읽습니다.
	た	과거 완료	昨日は寒かった。 어제는 추웠다. 宿題が終わった。 숙제가 끝났다.
	ぬ	부정	それは許されぬことだ。 그것은 용납될 수 없는 일이다.
	べし	당연, 의무, 명령	約束は守るべし。 약속은 지켜야 마땅하다.

추량(推量)은 근거가 없이 어떠한 것을 판단하는 것이며, 추정(推定)은 확실한 근거가 있는 경우를 가리킨다. 따라서 「(よ)う, だろう(단정의 조동사 「だ」의 추량형)」 등을 추량, 「ようだ, らしい」를 추정이라고 하는 경우가 많다. 다만, 본서에서는 이러한 조동사를 넓은 의미로 분류하여 '추량'으로 분류하였다.

「(よ)う」의 추량을 나타내는 예문 「もうすぐ日が暮れよう(이제 곧 해가 지겠지)」는 일상적인 현대문에서는 「もうすぐ日が暮れるだろう」로 나타낸다.

조동사의 활용

♪ 19-002

01 ～だ

조동사 「だ」는 단정을 나타내며 な형용사와 같은 활용을 한다. 「だ」의 활용형은 다음과 같다.

기본형	だ		
미연형	だろ	う	学生だろう 학생이겠지
연용형	だっ で	た ある	学生だった 학생이었다 学生である 학생이다
종지형	だ	―	学生だ 학생이다
연체형	(な)	ので / のに	学生なので 학생이라서
가정형	なら	ば	学生なら(ば) 학생이라면
명령형	―		

❶ 연체형 뒤에는 명사가 붙지 않으며 「の, ので, のに」만 뒤에 올 수 있다.
　明日は試験なのだ。 내일은 시험인 것이다.
　明日試験なので、家で勉強する。 내일 시험이라서 집에서 공부한다.
　明日試験なのに、勉強しない。 내일 시험인데도 공부하지 않는다.

❷ 가정형의 「なら」는 「ば」를 붙이지 않고도 가정을 나타낼 수 있다.

02 ～ない N5

조동사 「ない」는 부정의 의미를 나타내며 い형용사와 같은 활용을 한다.

기본형	ない		
미연형	なかろ	う	使わなかろう 사용하지 않을 것이다
연용형	なかっ なく	た なる	使わなかった 사용하지 않았다 使わなくなる 사용하지 않게 되다
종지형	ない	―	使わない 사용하지 않는다
연체형	ない	とき	使わないとき 사용하지 않을 때
가정형	なけれ	ば	使わなければ 사용하지 않으면
명령형			―

 19-003

03 ～です N5

「です」는 단정을 나타내는 조동사 「だ」의 정중한 표현이다. 「です」는 경어의 일종으로 정중함을 나타낸다. 「です」는 특수한 활용을 한다.

기본형	です		
미연형	でしょ	う	学生でしょう 학생이겠지요
연용형	でし	た	学生でした 학생이었습니다
종지형	です	―	学生です 학생입니다
연체형	です	ので	学生ですので 학생이기 때문에
가정형			―
명령형			―

「だ」와 마찬가지로 연체형 뒤에는 명사가 붙지 않으며 「ので, のに」가 뒤에 올 수 있다.

明日試験ですので、家で勉強します。 내일 시험이라서 집에서 공부합니다.
明日試験ですのに、勉強しません。 내일 시험인데도 공부하지 않습니다.

04 〜ます N5

「ます」는 정중함을 나타내는 조동사이며, 특수한 활용을 한다.

기본형	ます		
미연형	ませ ましょ	ん う	飲みません 마시지 않습니다 飲みましょう 마십시다
연용형	まし	た	飲みました 마셨습니다
종지형	ます		飲みます 마십니다
연체형	ます	とき	飲みますとき 마실 때
가정형	ますれ	ば	飲みますれば 마시면
명령형	ませ		お飲みくださいませ 마셔 주십시오(드십시오)

❶ 「ます」의 명령형 「ませ」는 존경을 나타내는 동사에만 붙는다.

  いらっしゃる ➡ いらっしゃいませ

  ください ➡ くださいませ

❷ 「ござる」, 「いらっしゃる」, 「くださる」, 「なさる」, 「おっしゃる」에 「ます」가 붙으면 각각 「ございます」, 「いらっしゃいます」, 「くださいます」, 「なさいます」, 「おっしゃいます」가 된다.

05 ～た　N5

조동사「た」는 주로 과거나 완료의 의미를 나타낸다.「た」는 특수한 활용을 한다.

기본형	た		
미연형	たろ	う	見たろう 봤을 것이다
연용형	—		
종지형	た	—	見た 봤다
연체형	た	とき	見たとき 봤을 때
가정형	たら	ば	見たら(ば) 봤다면
명령형	—		

「た」의 가정형「たら」는, 보통「ば」를 붙이지 않고 그대로 사용하는 경우가 대부분이다.

1그룹동사 중「ぐ, ぬ, ぶ, む」로 끝나는 동사에 붙을 때는,「た」가「だ」의 형태로 바뀐다.

急ぐ ➡ 急いだ　　死ぬ ➡ 死んだ
呼ぶ ➡ 呼んだ　　飲む ➡ 飲んだ

06 ～たい N5

「たい」는 말하는 사람 자신의 희망(하고 싶은 동작)을 나타낸다. 「たい」는 い형용사와 같은 활용을 한다.

기본형	たい		
미연형	たかろ	う	飲みたかろう 마시고 싶을 것이다
연용형	たかっ たく	た ない	飲みたかった 마시고 싶었다 飲みたくない 마시고 싶지 않다
종지형	たい	－	飲みたい 마시고 싶다
연체형	たい	とき	飲みたいとき 마시고 싶을 때
가정형	たけれ	ば	飲みたければ 마시고 싶으면
명령형		－	

07 ～たがる N4

'~하고 싶어하다'와 같이 제삼자의 희망을 나타낸다. 「たがる」는 동사와 같은 활용을 한다.

기본형	たがる		
미연형	たがら	ない	行きたがらない 가고 싶어하지 않는다
연용형	たがり たがっ	ます た	行きたがります 가고 싶어합니다 行きたがった 가고 싶어했다
종지형	たがる	－	行きたがる 가고 싶어하다
연체형	たがる	とき	行きたがるとき 가고 싶어할 때
가정형	たがれ	ば	行きたがれば 가고 싶어하면
명령형		－	

08 ～そうだ (양태)

어떠한 상황이나 상태에 대한 불확실한 판단을 나타내는 '양태(様態)'를 나타낸다.

기본형	そうだ		
미연형	そうだろ	う	暇そうだろう 한가해 보일 것이다
연용형	そうだっ そうで そうに	た ある なる	暇そうだった 한가해 보였다 暇そうである 한가해 보인다 [문장체] 暇そうになる 한가한 듯해지다
종지형	そうだ		暇そうだ 한가해 보이다
연체형	そうな	とき	暇そうなとき 한가해 보일 때
가정형	そうなら	ば	暇そうならば 한가해 보이면
명령형		―	

09 ～そうだ (전문)

다른 사람에게 듣거나 얻은 정보를 또 다른 사람에게 전달할 때 사용하는 '전문(伝聞)'을 나타낸다.

기본형	そうだ		
미연형		―	
연용형	そうで	ある	雨が降るそうである 비가 온다고 한다
종지형	そうだ		雨が降るそうだ 비가 온다고 한다
연체형		―	
가정형		―	
명령형		―	

10 ~ようだ N4

비유, 예시, 추량(불확실한 단정 또는 추정이라고도 한다)의 의미를 나타낸다. な형용사의 형태로 활용한다.

기본형	ようだ		
미연형	ようだろ	う	分かるようだろう 이해할 것 같을 것이다
연용형	ようだっ ようで ように	た ある なる	分かるようだった 이해하고 있는 것 같았다 分かるようである 이해하는 것 같다 [문장체] 分かるようになる 이해할 수 있게 되다
종지형	ようだ	—	分かるようだ 이해하는 것 같다
연체형	ような	とき	分かるようなとき 이해할 것 같을 때
가정형	ようなら	ば	分かるようなら(ば) 이해할 것 같으면
명령형		—	

11 ~らしい N4

조동사「らしい」는 추량을 나타낸다. 어떠한 근거에 의한 판단을 나타내므로 '추정(推定)'이라고 부르는 경우가 많다.「らしい」는 い형용사처럼 활용한다.

기본형	らしい		
미연형		—	
연용형	らしかっ らしく	た —	思っているらしかった 생각하고 있는 듯했다 思っているらしく 생각하고 있는 듯이
종지형	らしい	—	思っているらしい 생각하고 있는 것 같다
연체형	らしい	とき	思っているらしいとき 생각하고 있는 것 같을 때
가정형	らしけれ	ば	思っているらしければ 생각하고 있을 것 같으면
명령형		—	

12 ～(さ)せる N4

「(さ)せる」는 사역을 나타낸다. 누군가에게 어떠한 동작이나 행위를 지시하거나 허락할 때 사용한다. 「せる」는 1그룹동사에 접속하고 「させる」는 2그룹동사에 접속한다.

기본형	せる	させる		
미연형	せ	させ	ない	食(た)べさせない 먹게 하지 않는다
연용형	せ	させ	ます	食(た)べさせます 먹게 합니다
종지형	せる	させる	―	食(た)べさせる 먹게 한다
연체형	せる	させる	とき	食(た)べさせるとき 먹게 할 때
가정형	せれ	させれ	ば	食(た)べさせれば 먹게 하면
명령형	せろ / せよ	させろ / させよ	―	食(た)べさせろ 먹게 해라 / 食(た)べさせよ 먹게 해라

♪ 19-004

13 ～(ら)れる N4

「(ら)れる」는 수동, 가능, 존경, 자발의 의미를 나타낸다. 동사에 접속하면 2그룹동사와 같은 활용을 한다.

❶ 용법

▶ 수동

다른 대상에게 동작을 받는다.

先生(せんせい)にほめられる。 선생님에게 칭찬받다.

▶ 가능

할 수 있다는 의미를 나타낸다.

辛いものが食べられる。 매운 것을 먹을 수 있다.

▶ 존경

타인에 대한 존경을 나타낸다.

この本は先生が書かれた。 이 책은 선생님께서 쓰셨다.

▶ 자발

어떤 생각이나 동작이 저절로 발생한다는 의미를 나타낸다.

昔のことが思い出される。 옛일이 떠오르다.

❷ 활용

기본형	れる	られる		
미연형	れ	られ	ない	笑われない 웃음거리가 되지 않는다
연용형	れ	られ	ます	笑われます 웃음거리가 됩니다
종지형	れる	られる	−	笑われる 웃음거리가 되다
연체형	れる	られる	とき	笑われるとき 웃음거리가 되었을 때
가정형	れれ	られれ	ば	笑われれば 웃음거리가 되면
명령형	れろ れよ	られろ られよ	−	笑われろ 웃음거리가 되라 笑われよ 웃음거리가 되라

「れる」는 1그룹동사에 접속하고「られる」는 2그룹동사에 접속한다. 수동, 가능, 존경, 자발 중 '수동'의 의미로 쓸 때만 명령형을 만들 수 있다.

14 ～(よ)う

❶ 용법

▶ 의지

말하는 사람의 의지나 결심을 나타낸다.

今日は疲れたから、早く寝よう。 오늘은 피곤하니까 일찍 자야겠다.

▶ 권유

상대방에게 어떠한 행동을 권유한다.

一緒に帰ろう。 함께 돌아가자.

▶ 추량

불확실한 판단이나 예상을 나타낸다.

明日は晴れよう。 내일은 맑을 것이다.

❷ 활용

기본형	う	よう	
미연형		—	
연용형		—	
종지형	う	よう	お茶を飲もう 차를 마시자 ハンバーガーを食べよう 햄버거를 먹자 勉強しよう 공부하자 また来よう 또 오자
연체형	(う)	(よう)	
가정형		—	
명령형		—	

15 ～まい

「まい」는 부정의 추량과 부정의 의지를 나타낸다. 활용하지 않는 특수한 유형에 속하는 조동사이다.

❶ 용법

▶ **부정의 추량**

「～ないだろう(~하지 않을 것이다)」의 의미를 나타낸다.

夜空がきれいだから、明日雨は降るまい。
밤하늘이 아름답기 때문에 내일 비는 내리지 않을 것이다.

▶ **부정의 의지**

「～ないつもりだ(~하지 않겠다)」의 의지를 나타낸다.

こんなまずいレストランには二度と来るまい。
이런 맛없는 레스토랑에는 두 번 다시 오지 않겠다.

❷ 활용

기본형	まい		
미연형		―	
연용형		―	
종지형	まい	―	言うまい 말하지 않겠다, 말하지 않을 것이다
연체형	(まい)	こと・もの	言うまいことだ 말하지 않아야 할 일이다
가정형		―	
명령형		―	

연체형으로 쓸 때는 「まい」 뒤에 「こと」나 「もの」 등 한정된 명사만 올 수 있다.

16 ～ぬ N2

「ぬ」는 부정을 나타내며 특수한 활용을 한다. 종지형이나 연체형의 경우에는 「ぬ」 대신에 「ん」을 쓰기도 한다.

기본형	ぬ		
미연형			–
연용형	ず	–	行かず 가지 않고
종지형	ぬ / ん	–	行かぬ / 行かん 가지 않는다
연체형	ぬ / ん	とき	行かぬとき / 行かんとき 가지 않을 때
가정형	ね	ば	行かねば 가지 않으면
명령형			–

17 ～べし N2

당연성이나 의무, 명령 등을 나타내며 특수한 활용을 한다.

기본형	べし		
미연형	べから	ず ざる	するべからず / すべからず 해서는 안된다 するべからざる / すべからざる 해서는 안 될(뒤에 명사가 옴)
연용형	べく (べかり)	–	するべく / すべく 하기 위해서
종지형	べし	–	するべし / すべし 해야 한다
연체형	べき (べかる)	とき	するべき / すべき 해야 할(뒤에 명사가 옴)
가정형	–	–	–
명령형			–

위의 표에 등장하지 않은 「～べければ」는 '~(할) 것 같아서[추량]', '~하기 때문에[원인]'을 나타내기도 한다. 현대어에서는 사용하지 않는 표현이다.

18 ~ごとし　N1

「ごとし」는 비유나 예시를 나타내는 표현이며, 특수한 활용을 한다. 현대어에서는 「ようだ(~같다)」의 의미에 가깝다.

기본형	ごとし	子供のごとし 어린애 같다
미연형	ごとく	子供のごとく 어린애 같이
연용형	ごとく	子供のごとく 어린애 같이
종지형	ごとし	子供のごとし 어린애 같다
연체형	ごとき	子供のごとき 어린애 같은
가정형	–	
명령형	–	

용언의 연체형이나 명사, 조사 「が」, 「の」에 붙는다. 본서에서는 시험에서 주로 적용되는 「명사+の+ごとし」를 제시하였다.

3 고어체 조동사의 응용 표현

🎵 19-007

01 ~ざる　~하지 않는　

동사 ない형에 붙어 부정의 의미를 나타내며, 뒤에 명사가 따르는 경우가 많다. 주로 문어체로 사용한다.

優勝の背景には知られざる努力の積み重ねがあった。
우승의 배경에는 알려지지 않은 노력의 축적이 있었다.

映画で主人公が見えざる敵と戦う場面はすばらしかった。
영화에서 주인공이 보이지 않는 적과 싸우는 장면은 훌륭했다.

🎵 19-008

02 ~ざるをえない　~하지 않을 수 없다　

동사 ない형에 붙어 다른 방법이 없으므로, 어쩔 수 없이 그렇게 해야만 한다는 의미를 나타낸다.

上司の命令なら、従わざるをえないだろう。
상사의 명령이라면 따르지 않을 수 없을 것이다.

雨が激しく、試合は中止せざるをえなかった。
비가 세차게 내려서, 경기는 중지하지 않을 수 없었다.

03 〜べきだ・〜べきではない　〜(해)야 한다・〜(하)면 안된다

동사 기본형에 붙어서 당연히 그렇게 해야 한다 혹은 하면 안 된다고 당위성을 나타내는 표현이다.

約束したからには守るべきだ。　약속한 이상에는 지켜야 한다.
自分の言動に対して責任をとるべきだ。　자신의 언행에 대해서 책임을 져야 한다.
職業や学歴で人を判断するべきではない。
직업이나 학력으로 사람을 판단해서는 안된다.
暴力行為は、絶対に許すべきではない。　폭력 행위는 절대로 용서해서는 안된다.

04 〜べからず　〜(하)면 안된다, 〜(하)지 말 것　N1

동사 기본형 뒤에 붙는 강한 금지 표현이다. 「するべからず(하지 말 것)」는 「すべからず」로 표현하기도 한다.

関係者以外立ち入るべからず。　관계자 외 출입금지.
ここにゴミを捨てるべからず。　이곳에 쓰레기를 버리지 말 것.

05 〜べからざる　〜(하)면 안 되는, 〜(할) 수 없는　

그것이 불가능하다는 의미를 나타낸다. 뒤에 명사가 따라와야 한다. 「するべからざる(하면 안 될)」는 「すべからざる」로 나타내기도 한다.

彼のとった行動は許すべからざる行為だ。
그가 취한 행동은 용납할 수 없는 행위이다.
生き物にとって、水は欠くべからざるものだ。
생물에게 물은 없으면 안되는 것이다.

06 〜べく 〜(하)기 위해서   N1

목적을 나타내는 딱딱한 고어체 표현이다.

志望校に合格するべく頑張っています。
지망 학교에 합격할 수 있도록 노력하고 있습니다.

問題点を改善すべく努力しております。
문제점을 개선하기 위해서 노력하고 있습니다.

07 〜べくもない 〜(할) 수도 없다, 〜(할) 리도 없다   N1

제시되는 내용이 이루어질 가능성이 전혀 없다는 의미를 나타낸다.

今の実力では大学合格など望むべくもない。
지금 실력으로는 대학 합격 같은 것은 바랄 수 없다.

土地が高い都会では、家などそう簡単に手に入るべくもない。
토지가 비싼 도시에서는 집 같은 것을 그리 간단히 손에 넣을 수 없다.

08 〜ごとき / 〜ごとく 〜같은 / 〜같이, 〜처럼   N1

비유나 예시를 나타내며, 주로 격식 차린 문장에서 사용한다.「ごとき」는「ような」,「ごとく」는「ように」의 의미를 나타낸다.

彼のごとき優秀な人でも失敗することがある。
그와 같은 우수한 사람도 실패할 때가 있다.

戦争のごとき悲劇は二度と繰り返してはならない。
전쟁 같은 비극은 두 번 다시 되풀이해서는 안 된다.

彼は風のごとくその場を過ぎ去った。 그는 바람처럼 그 자리를 지나쳐 갔다.
皆さんご承知のごとく、会議は、来週火曜日に開催されます。
여러분 아시는 바와 같이, 회의는 다음주 화요일에 개최됩니다.

> **TIP**
>
> ◆ 주의 사항
>
> 동사에 접속할 때는, 「～かのごとき / ～かのごとく」의 형태로 사용된다.
> ① 誤った情報を、まるで事実であるかのごとく報道する。
> 　잘못된 정보를 마치 사실인 것처럼 보도하다.
> ② 彼女はすべてを知っているかのごとき態度をとっていた。
> 　그녀는 모든 것을 알고 있는 듯한 태도를 취하고 있었다.

♪ 19-015

09　～ぬ・～ん　～(하)지 않는다　N1

「ぬ」는 부정을 나타내며 종지형이나 연체형의 경우에는 「ぬ」 대신에 「ん」을 쓰기도 한다.

そんなことは知らぬ。＝ そんなことは知らん。　그런 것은 모른다.
ここに入ってはならぬ。＝ ここに入ってはならん。　이곳에 들어가면 안 된다.

♪ 19-016

10　～ねば　～(하)지 않으면　N1

부정을 뜻하는 조동사 「ぬ」의 가정형에 해당한다.

問題の解決を急がねばならない。　문제 해결을 서두르지 않으면 안 된다.
本会の会員は会費を納付せねばならない。
본회의 회원은 회비를 납입하지 않으면 안 된다.

11 ～ではあるまいし　　～도 아닌데, ～도 아닐 터이고

뒤에 오는 문장의 이유를 나타낸다. 앞에 오는 내용이 성립하지 않으므로, 뒤에 오는 내용이 당연히 성립하지 않는다는 부정적인 의미를 나타낸다.

専門家ではあるまいし、そんなこと分かるわけないだろう。
전문가도 아닌데 그런 것 알 리가 없잖아.

平日ではあるまいし、日曜日の朝まで6時に起きたくない。
평일도 아닌데 일요일 아침까지 여섯 시에 일어나고 싶지 않다.

12 ～(よ)うが～まいが・～(よ)うと～まいと　　～(하)든 말든

그렇게 하든 하지 않든 상관없다는 뜻을 나타내며 주로 같은 동작이나 상태를 대비시켜 거론하는 형식을 취한다.

全員集まろうが集まるまいが、予定どおりに会議を行う。
전원 모이든 말든 예정대로 회의를 한다.

君がこの計画に賛成しようとしまいと、私はこの計画をやり通すつもりだ。
자네가 이 계획에 찬성하든 말든 나는 이 계획을 끝까지 관철시킬 생각이다.

13 ～(よ)うか～まいか　　～(해)야 할지 말지

어떤 선택을 해야 할지 망설이는 경우를 나타낸다.

今度の旅行に参加しようかしまいか、迷っている。
이번 여행에 참가할지 말지 망설이고 있다.

高いので買おうか買うまいか決めかねている。
비싸기 때문에 사야 할지 말지 결정하지 못하고 있다.

부사

1. 부사
2. 서술 부사
3. 정도 부사
4. 상태 부사

1 부사

01 ▸ 부사의 특징

부사는 자립어이며 활용하지 않는다. 기본적으로 용언(동사, い형용사, な형용사)과 다른 부사를 수식한다. 부사에 따라서는 명사를 수식하거나 접속사 역할을 하는 경우도 있다.

今日はおおいに飲みましょう。 오늘은 실컷 마십시다. (동사 수식)
富士山は日本でいちばん高い。 후지산은 일본에서 가장 높다. (い형용사 수식)
ご飯をかなりたくさん食べた。 밥을 꽤 많이 먹었다. (부사 수식)
この映画はだいぶ昔に見た。 이 영화는 상당히 오래 전에 보았다. (명사 수식)

02 ▸ 부사의 종류

부사는 문장 표현을 풍요롭게 하는 역할을 하며 설득력 있는 표현을 가능하게 한다. 이러한 부사는 의미와 문장에서의 역할에 따라 분류하는 방법이 다양하지만, 본서에서는 '서술 부사', '정도 부사', '상태 부사'의 세 가지로 나눈다.

❶ 서술 부사

부사가 사용되는 문장 뒤에 특정한 말이나 표현이 뒤따른다. '진술 부사', '호응 부사'라고도 한다.

> 決(けっ)して~ない 결코 ~아니다　　　ぜひ~ください 꼭 ~주세요
> 多分(たぶん)~だろう 아마 ~할 것이다　　　まるで~ようだ 마치 ~같다
> もし~なら 만약 ~라면

ぜひ遊(あそ)びに来(き)てください。 꼭 놀러 오세요.

❷ 정도 부사

い형용사나 な형용사 등의 상태의 의미를 지닌 말을 수식하여, 그 정도가 어떠한지를 나타내는 부사이다.

> かなり 꽤　　　　　　少(すこ)し 조금　　　　　　たくさん 많이
> とても 매우　　　　　もっと 더욱

試験(しけん)はとても難(むずか)しかった。 시험은 매우 어려웠다.

❸ 상태 부사

주로 동사를 수식하여 작용이나 동작이 어떠한 상태에 있는지를 나타내는 부사이다.

> すぐに 금방　　　　　どんどん 자꾸자꾸　　　　のんびり 느긋하게
> ゆっくり 천천히　　　わくわく 두근두근

山道(やまみち)をゆっくり歩(ある)く。 산길을 천천히 걷다.

2 서술 부사

어떤 부사를 사용함으로써 문장 뒤에 부정이나 추량 등의 특정한 표현이 뒤따르는 경우, 이러한 부사를 서술 부사라고 한다. 달리 진술 부사 또는 호응 부사라고도 한다.

♪ 20-003

01 전면 부정을 유도하는 부사

부정 표현과 호응(짝을 이루는 것)하여 사용한다. 어떤 상황을 완전히 부정하여 전혀 관련성이 없음을 나타낸다.

> 一向(いっこう)に 전혀   決(けっ)して 결코   さっぱり 전혀   少(すこ)しも 조금도
> 全然(ぜんぜん) 전혀   ちっとも 조금도   到底(とうてい) 도저히   なかなか 좀처럼
> なんら 아무런   まったく 전혀

長引(なが び)く不況(ふ きょう)で、景気回復(けい き かいふく)の兆(きざ)しは一向(いっこう)に見(み)えない。
장기불황이어서 경기 회복의 조짐은 전혀 보이지 않는다.

ご親切(しんせつ)はいつまでも決(けっ)して忘(わす)れません。 친절은 언제까지나 결코 잊지 않겠습니다.

彼(かれ)の言(い)っていることがさっぱり分(わ)からない。 그가 말하고 있는 것을 전혀 모르겠다.

この機械(きかい)は古(ふる)いので少(すこ)しも役(やく)に立(た)たない。
이 기계는 낡아서 조금도 도움이 되지 않는다.

もうすぐ試験(しけん)なのに、まだ全然勉強(ぜんぜんべんきょう)していない。
이제 곧 시험인데도 아직 전혀 공부하지 않고 있다.

薬(くすり)を飲(の)んでもちっともよくならない。 약을 먹어도 조금도 좋아지지 않는다.

当初予定していたスケジュールには到底間に合わない。
당초 예정하고 있던 일정에는 도저히 맞출 수 없다.

彼の発言になんら問題はないと思う。 그의 발언에 아무런 문제가 없다고 생각한다.

♪ 20-004

02 부분 부정을 유도하는 부사

부정 표현과 호응하여 사용하지만 말하고 있는 사실이 모든 것에 대하여 성립하는 것은 아니라는 의미를 지닌다. 우회적으로 어떠한 것을 부정하는 경우도 있다.

あながち 반드시, 일률적으로	あまり 별로, 그다지
一概に 한마디로, 일률적으로	必ずしも 반드시, 꼭
さほど 별로, 그다지	それほど 별로, 그다지
大して 별로, 그다지	なかなか 좀처럼
めったに 좀처럼, 거의	ろくに 제대로, 충분히

この目標もあながち不可能ではない。 이 목표도 꼭 불가능한 것은 아니다.

さしみはあまり好きではない。 생선회는 별로 좋아하지 않는다.

どちらがいいとは一概に言えない。 어느 쪽이 좋다고는 일률적으로 말할 수 없다.

金持ちが必ずしも幸せだとは限らない。 부자가 반드시 행복하다고는 단정할 수 없다.

輸出金額は前年に比べてさほど増加していない。
수출 금액은 전년에 비해 그다지 증가하지 않았다.

試験は大して難しくなかった。 시험은 그다지 어렵지 않았다.

バスがなかなか来ない。 버스가 좀처럼 오지 않는다.

映画館にはめったに行かない。 영화관에는 거의 가지 않는다.

仕事が忙しくてろくに休みも取れない。 일이 바빠서 제대로 쉬지도 못한다.

03 희망이나 의뢰를 유도하는 부사

자신의 바람을 나타내거나 상대방에게 의뢰 혹은 부탁할 때 주로 쓰는 부사이다.
「～たい(~하고 싶다), ～てほしい(~해 주었으면 좋겠다), ～てください(~해 주세요)」와 같은 표현이 뒤따른다.

> ぜひ 아무쪼록, 부디, 꼭　　　どうか 아무쪼록, 부디, 꼭
> どうぞ 아무쪼록, 부디, 꼭　　どうしても 어떻게 해서든, 무슨 일이 있어도
> なにとぞ 아무쪼록, 부디, 꼭　　なんとか 어떻게든

どうかお許しください。 부디 용서해 주세요.
どうぞよろしくお願いします。 아무쪼록 잘 부탁 드립니다.
どうしても成功させたい。 어떻게든 성공시키고 싶다.
なにとぞご了承ください。 부디 양해해 주십시오.
なんとか今日中に仕事を終わらせたい。 어떻게든 오늘 중으로 일을 끝내고 싶다.

04 양태, 추량 조동사와 호응하는 부사

다음 부사들은 「そうだ, ようだ, らしい」와 같은 양태와 추량의 조동사를 유도한다.

> あたかも 마치　　　いかにも 정말로, 매우　　今にも 금방이라도
> さも 정말　　　　　どうも 아무래도　　　　　どうやら 아무래도
> まるで 마치

今日は日差しが暖かくて**あたかも**春のようだ。
오늘은 햇살이 따뜻해서 마치 봄 같다.

いかにも痛そうだ。 정말로 아플 것 같다.

彼女は今にも泣き出しそうだった。 그녀는 금방이라도 울기 시작할 것 같았다.

子どもたちはさもおいしそうに食べはじめた。
아이들은 정말 맛있다는 듯이 먹기 시작했다.

明日はどうも雨になりそうだ。 내일은 아무래도 비가 내릴 것 같다.

どうやら道を間違えたようだ。 아무래도 길을 잘못 든 것 같다.

あのお母さんと娘はまるで姉妹のようだ。 저 어머니와 딸은 마치 자매 같다.

♪ 20-007

05 だろう와 호응하는 부사

다음 부사는 「〜だろう, 〜でしょう」 등의 표현과 결합하여 사용된다.

| おそらく 아마 | きっと 반드시, 틀림없이 | さぞ 필시, 틀림없이 |
| 多分 아마 | 果たして 과연, 정말로 | まさか 설마 |

専門家であったらおそらく知っているだろう。
전문가라면 아마 알고 있을 것이다.

小林さんならきっと成功するだろう。 고바야시 씨라면 꼭 성공할 것이다.

試験に合格できて、さぞうれしいことだろう。
시험에 합격할 수 있어서 얼마나 기쁠까. (틀림없이 기쁠 것이다)

彼女はたぶん来ないだろう。 그녀는 아마도 오지 않을 것이다.

果たして今後どうなっていくのだろう。 과연 앞으로 어떻게 되어가는 것일까?

タバコが体に悪いことを知らない人はまさかいないだろう。
담배가 몸에 해롭다는 것을 모르는 사람은 설마 없을 것이다.

06 かもしれない와 호응하는 부사

> もしかすると・もしかしたら 혹시, 어쩌면
> ひょっとすると・ひょっとしたら 혹시, 어쩌면

もしかしたら時間を間違えたのかもしれない。
어쩌면 시간을 착각한 것인지도 모른다.

ひょっとしたら、彼は嘘をついているのかもしれない。
어쩌면 그는 거짓말을 하고 있는 것인지도 모른다.

07 순접 조건 표현과 호응하는 부사

「〜ば, 〜たら, 〜なら」 등의 조건 표현과 짝을 이루어 아직 확정되지 않은 일이나 사실과는 다른 일을 가정하여 뒷부분에서 서술하는 내용의 조건을 나타내는 부사들이다.

> 仮に 만약   万一 만일   もし 만약   もしも 만약

仮にそれが事実であれば、大きな問題に違いない。
만약 그것이 사실이라면, 큰 문제임에 틀림없다.

万一行けなくなったら電話します。 만일 가지 못하게 되면 전화하겠습니다.

もし雨が降ったらどうしよう。 만약 비가 내리면 어떻게 하지?

もしも私に翼があったなら、あなたの家に飛んで行くのに。
만약 나에게 날개가 있었다면 당신 집으로 날아갈텐데.

08 ▶ 역접 조건 표현과 호응하는 부사

앞에서 서술한 사실과 서로 반대되거나 양립하기 어려운 역접을 유도하는 부사이다. 주로 「～ても」의 형태와 호응한다.

いかに～ても 아무리 ～해도

いくら～ても 아무리 ～해도

今更(いまさら)～ても 이제 와서(새삼스럽게) ～해도

仮(かり)に～ても 만약(설령) ～해도

たとえ～ても 비록(설령) ～할지라도

どんなに～ても 아무리 ～해도

よしんば～ても 가령(설령) ～할지라도

目標(もくひょう)のために、いくら苦(くる)しくても最後(さいご)まで頑張(がんば)る。
목표를 위해서 아무리 괴롭더라도 끝까지 노력하겠다.

今更後悔(いまさらこうかい)してもしょうがない。 이제 와서 후회해도 소용없다.

仮(かり)に招待(しょうたい)されても出席(しゅっせき)する気(き)はない。 설령 초대 받더라도 출석할 생각은 없다.

たとえ本当(ほんとう)だとしても証拠(しょうこ)がない。 비록 사실이라고 해도 증거가 없다.

どんなに才能(さいのう)があっても、努力(どりょく)なしでうまくなることはない。
아무리 재능이 있어도 노력 없이 잘되는 것은 없다.

よしんば失敗(しっぱい)してもあなたに迷惑(めいわく)はかけません。
설령 실패해도 당신에게 폐는 끼치지 않겠습니다.

♪ 20-011

09 단정 표현과 호응하는 부사

분명하게 판단을 내리는 것을 말한다.

> 必ず 꼭, 반드시　　　　　きっと 꼭, 반드시
> きまって 꼭, 반드시　　　絶対 절대로, 기필코

今日中には必ずご連絡いたします。 오늘 안에는 반드시 연락 드리겠습니다.
あの二人は会うときまってけんかをする。 저 두 사람은 만나면 꼭 싸운다.
約束は絶対守ります。 약속은 기필코 지키겠습니다.

TIP

◆ 必ず vs きっと vs ぜひ

「必ず, きっと, ぜひ」는 모두 '반드시', '꼭'으로 해석되지만 실제 사용되는 상황이 조금씩 다르므로 주의하자.

● 必ず 틀림없이, 반드시
예외없이 100% 그렇게 된다는 것을 강하게 확신할 때 사용한다.
必ず成功してみせる。 반드시 성공해 보이겠다. [결심]
安全速度を必ず守りましょう。 안전 속도를 반드시 지킵시다. [강제]

● きっと 틀림없이, 반드시
「きっと」는 결심이나 확신에 가까운 추측을 나타낸다. 「必ず」보다는 약한 느낌을 준다.
彼ならきっと成功するだろう。 그라면 틀림없이 성공할 것이다. [확신]
明日はきっと晴れるだろう。 내일은 틀림없이 맑을 것이다. [강한 기대감]

● ぜひ 꼭, 반드시, 부디
「～てほしい(~하길 바라다), ～てください(~해 주세요), ～たい(~고 싶다)」등의 부탁이나 희망 표현과 함께 사용한다.
今度ぜひ私の家に遊びに来てください。
다음 번에는 부디 저희 집에 놀러 오세요. [부탁, 의뢰]
大学にぜひ合格したい。 대학에 꼭 합격하고 싶다. [희망]

3 정도 부사

정도 부사란 사물의 상태의 정도, 성질의 정도를 나타내는 부사를 말한다.

♪ 20-012

01 강하게 강조할 때 쓰는 부사

정도를 극단적이거나 매우 강하게 강조할 때 사용한다.

大いに 대단히, 크게	極めて 극히, 지극히	ごく 극히, 대단히
ずいぶん 대단히, 몹시	すこぶる 대단히, 몹시	大層 매우, 몹시
大変 매우	とても 매우	はなはだ 심히, 매우, 몹시
非常に 매우	本当に 정말로	

久しぶりに会ったんだから、今夜はみんなで大いに飲みましょう。
오랜만에 만났으니 오늘밤에는 모두 실컷 마십시다.

この実験は失敗する可能性が極めて高い。 이 실험은 실패할 가능성이 지극히 높다.

この薬はごくまれに副作用がある。 이 약은 극히 드물게 부작용이 있다.

12月になってずいぶん寒くなりましたね。 12월이 되고 몹시 추워졌네요.

成績がすこぶる悪い。 성적이 몹시 나쁘다.

彼は大層驚いたようだった。 그는 몹시 놀란 것 같았다.

彼の態度ははなはだ不愉快だった。 그의 태도는 심히 불쾌했다.

祖父は耳が少し不自由ながら、体は非常に元気です。
할아버지는 귀가 조금 불편하지만, 몸은 매우 건강합니다.

02 일반적으로 강조할 때 쓰는 부사

정도가 강하다는 느낌을 흔히 나타내는 부사이다.

かなり 상당히, 꽤	けっこう 상당히, 꽤	相当(そうとう) 상당히, 꽤
だいぶ 상당히, 꽤	なかなか 상당히, 꽤	よほど 상당히, 꽤

ここは冬(ふゆ)は零度以下(れいどいか)になる日(ひ)もけっこう多(おお)い。
이곳은 겨울에는 영하가 되는 날도 꽤 많다.

あの人(ひと)は相当(そうとう)お金持(かねも)ちらしい。 저 사람은 상당히 부자라고 한다.

３月(さんがつ)になり、だいぶ暖(あたた)かくなりました。 3월이 되어 꽤 따뜻해졌습니다.

なかなかおもしろい映画(えいが)ですね。 상당히 재미있는 영화로군요.

彼(かれ)はよほど疲(つか)れているのか、会議(かいぎ)の最中(さいちゅう)に居眠(いねむ)りを始(はじ)めた。
그는 꽤 피곤한 모양인지 회의가 한창일 때 졸기 시작했다.

03 수량이 전부임을 나타내는 부사

すっかり 완전히	すべて 전부	全部(ぜんぶ) 전부
そっくり 전부	残(のこ)らず 남김없이, 전부	みんな・みな 모두

家(いえ)に着(つ)いたときには、すっかり日(ひ)が暮(く)れていた。
집에 도착했을 때에는 완전히 해가 저물어 있었다.

これで今日(きょう)の仕事(しごと)は全部(ぜんぶ)終(お)わった。 이것으로 오늘 일은 전부 끝났다.

もらった給料(きゅうりょう)をそっくり使(つか)ってしまった。 받은 급료를 전부 써 버렸다.

彼(かれ)は自分(じぶん)の知(し)っている情報(じょうほう)を残(のこ)らず話(はな)してくれた。
그는 자신이 알고 있는 정보를 남김없이 이야기해 주었다.

♪ 20-015

04 수량이 많음을 나타내는 부사

いっぱい 가득, 잔뜩   うんと 매우, 몹시   十分(じゅうぶん) 충분히
少(すく)なからず 적잖이, 많이   大概(たいがい) 대체로, 대부분   大体(だいたい) 대체로, 대부분
大抵(たいてい) 대체로, 대부분   たくさん 많이   たっぷり 충분히, 듬뿍
ほとんど 거의, 대부분   ほぼ 거의, 대부분

１ヶ月前(いっかげつまえ)より体重(たいじゅう)がうんと増(ふ)えた。 한 달 전보다 체중이 몹시(부쩍) 늘었다.
彼(かれ)はそのニュースを聞(き)いて少(すく)なからず驚(おどろ)いた。
그는 그 소식을 듣고 적잖이 놀랐다.
通勤(つうきん)には大体(だいたい)一時間(いちじかん)かかります。 통근에는 대체로 한 시간 걸립니다.
休(やす)みの日(ひ)はたいてい家(いえ)で過(す)ごすことが多(おお)い。
쉬는 날은 대개 집에서 보내는 경우가 많다.
レポートはほとんど終(お)わった。 보고서는 거의 끝났다.
このビルの完成(かんせい)にはほぼ３年(さんねん)かかるらしい。
이 빌딩의 완성에는 거의 3년 걸린다는 것 같다.

♪ 20-016

05 수량이 적음을 나타내는 부사

少(すこ)し 조금   せいぜい 겨우, 고작   多少(たしょう) 다소   たった 겨우, 단지
ちょっと 조금   やや 약간   わずか 불과, 고작

今日(きょう)の約束(やくそく)、少(すこ)し遅(おく)れるかもしれません。 오늘 약속에는 조금 늦을지도 모릅니다.
夏休(なつやす)みはせいぜい５日(いつか)くらいしかないだろう。
여름휴가는 겨우 닷새 정도 밖에 없을 것이다.
道(みち)が込(こ)んでいるので、多少(たしょう)遅(おく)れるかもしれない。
길이 막히고 있어서, 다소 늦을지도 모른다.
彼(かれ)とはたった一度(いちど)会(あ)っただけだ。 그와는 겨우 한 번 만났을 뿐이다.
学校(がっこう)は家(いえ)からわずか１０分(じゅっぷん)の距離(きょり)である。 학교는 집에서 불과 10분 거리이다.

 상태 부사

상태 부사는 주로 동사를 수식하여, 동작이나 작용이 어떤 상태에 있는지를 나타낸다. 즉, 무엇인가를 근거로 그 동작이나 작용이 강하거나 약한 정도를 나타낸다.
상태 부사의 경우, 서술 부사나 정도 부사에 비해 원래의 품사에서 파생되거나 의성어와 의태어가 사용되는 경우가 많다.

▶ **파생어(품사의 전성)**

  大きい 크다 → 大きく 크게

  まじめだ 성실하다 → まじめに 성실하게

  思う 생각하다 → 思わず 무심코

▶ **의성어와 의태어**

  ざあざあ 쏴쏴, 주룩주룩 - 비가 강하게 내리는 소리 [의성어]

  にこにこ 싱글벙글 - 기쁜듯이 웃는 모습 [의태어]

  はらはら 조마조마 - 불안해 하는 모습 [의태어]

♪ 20-017

01 적극적인 동작을 나타내는 부사

あくせく 억척스럽게, 악착같이	一生懸命 열심히
こつこつ(と) 꾸준하게	さっさと 서둘러, 빨리
せっせと 열심히, 부지런히	てきぱき 척척
はきはき 시원시원	ばりばり 척척

あくせく働いてお金を稼ぐ。 악착같이 일해서 돈을 번다.
試験に合格するために、みんな一生懸命勉強している。
시험에 합격하기 위해서 모두 열심히 공부하고 있다.
こつこつと努力すれば、やがて成功するでしょう。
꾸준히 노력하면 끝내 성공하겠지요.
さっさと家へ帰ろう。 서둘러 집으로 돌아가자.
朝から晩までせっせと働く。 아침부터 저녁까지 부지런히 일한다.
仕事をてきぱきと片づける。 일을 척척 해결한다.
元気よく真っ先に手を挙げ、はきはきと答える。
힘차게 가장 먼저 손을 들어 시원시원하게 대답한다.

♪ 20-018

02 무의식이나 자발적인 상황을 나타내는 부사

うっかり 무심코, 멍청히, 깜박
自ずと / 自ずから 저절로, 자연히
思わず 엉겁결에, 무심코, 무의식중에
知らず知らず 저도 모르는 사이에, 무의식중에
ひとりでに 저절로, 자연히

大切な約束をうっかり忘れてしまった。 중요한 약속을 깜빡 잊고 말았다.
時が来れば、自ずから分かる。 때가 오면 저절로 알게 된다.
母からの手紙を読んでいるうちに、思わず涙がこぼれた。
어머니의 편지를 읽고 있는 사이에, 무심코 눈물이 흘러내렸다.
彼女の悲しい身の上話を聞いて、知らず知らず涙を流していた。
그녀의 슬픈 사연을 듣고 나도 모르는 사이에 눈물을 흘리고 있었다.
ドアがひとりでに開いた。 문이 저절로 열렸다.

♪ 20-019

03 기쁨을 나타내는 부사

> うきうき 들떠서　　ほくほく 희희낙낙, 싱글벙글　　わくわく 두근두근

夏休みを前にみんなうきうきしている。 여름방학을 앞두고 모두 들떠 있다.
彼は宝くじに当たってほくほくしている。 그는 복권에 당첨되어 싱글벙글하고 있다.
うれしい知らせに胸がわくわくする。 기쁜 소식에 가슴이 두근두근하다.

♪ 20-020

04 불안과 불쾌함을 나타내는 부사

> いらいら 안달복달하는 모양, 초조한 모양
> かんかん 노발대발(화가 난 상태)
> どきどき 두근두근(불안할 때, 기대감으로 설레일 때 양쪽 다 사용할 수 있다)
> はらはら 조마조마(걱정)
> びくびく 벌벌, 흠칫흠칫(두려움)
> ぴりぴり 신경이 날카로운 모습

渋滞で車が進まず、いらいらした。 교통 정체로 차가 앞으로 나가지 않아 초조했다.
彼がこの話を聞いたら、かんかん怒るはずだ。
그가 이 말을 들으면 노발대발 화를 낼 것이다.
緊張して、胸がどきどきしている。 긴장해서 가슴이 두근거린다.
子どもたちが道でボール遊びをしているので、見ていてはらはらした。
아이들이 길에서 공놀이를 하고 있어서 보고 있자니 조마조마했다.
大きい犬を見てびくびくしている。 큰 개를 보고 흠칫흠칫하고 있다.

05 빈도와 횟수를 나타내는 부사

いつも 늘, 항상	しきりに 연달아, 빈번히, 자주
始終(しじゅう) 늘, 항상	しばしば 자주, 종종, 여러 번
しょっちゅう 늘, 항상	絶(た)えず 끊임없이
たびたび 자주, 종종, 여러 번	たまに 가끔, 이따금
ちょくちょく 가끔, 자주, 종종	常(つね)に 항상
ときどき 가끔, 때때로	よく 자주

田中(たなか)さんは**いつも**会社(かいしゃ)まで何(なに)で行(い)きますか。
다나카 씨는 항상 회사까지 무엇으로 갑니까?

彼(かれ)は、バスの車内(しゃない)で**しきりに**電話(でんわ)をかけていた。
그는 버스 안에서 자꾸 전화를 걸고 있었다.

妹(いもうと)は何(なに)かを選(えら)ぶとき、**始終(しじゅう)**迷(まよ)っている。 여동생은 뭔가를 선택할 때 항상 망설인다.

このような事件(じけん)は**しばしば**起(お)きる。 이러한 사건은 종종 일어난다.

彼女(かのじょ)は**しょっちゅう**遅刻(ちこく)をする。 그녀는 늘 지각을 한다.

天候(てんこう)は**絶(た)えず**変化(へんか)するので、明日(あした)のことさえ予測(よそく)できない。
날씨는 끊임없이 변하기 때문에 내일 날씨조차 예측할 수 없다.

彼(かれ)は思(おも)い出(で)のその地(ち)を**たびたび**訪(たず)ねている。 그는 추억 속의 장소를 종종 방문한다.

たまに主人(しゅじん)と一緒(いっしょ)に買(か)い物(もの)に行(い)くことがあります。
가끔 남편과 함께 쇼핑을 갈 때가 있습니다.

友達(ともだち)が**ちょくちょく**遊(あそ)びに来(く)る。 친구가 자주 놀러 온다.

あの人(ひと)は**常(つね)に**努力(どりょく)を怠(おこた)らないので、尊敬(そんけい)されている。
저 사람은 항상 노력을 게을리하지 않기 때문에 존경을 받고있다.

ときどき海外出張(かいがいしゅっちょう)に行(い)く。 때때로 해외 출장을 간다.

私(わたし)は一人暮(ひとりぐ)らしなので**よく**外食(がいしょく)をする。 나는 혼자 살아서 자주 외식을 한다.

접속사

1 접속사

2 순접 접속사

3 역접 접속사

4 첨가 접속사

5 병립(나열) 접속사

6 설명 접속사

7 전환 접속사

8 선택 접속사

1 접속사

♪ 21-001

01 ▶ 접속사의 역할

접속사는 단어와 단어, 문장과 문장을 연결하는 역할을 한다. 의미에 따라 순접, 역접, 나열, 첨가, 선택 등으로 나눌 수 있다.

ランチにはコーヒーまたはジュースがつきます。
런치 메뉴에는 커피 또는 주스가 제공됩니다.

問題に柔軟かつ迅速に対応する。 문제에 유연하고 신속하게 대응한다.

今日は一日中忙しかった。だからとても疲れている。
오늘은 하루 종일 바빴다. 그래서 매우 피곤하다.

この本はおもしろいだけでなく、また役に立つ。
재미있을 뿐만 아니라 또한 유용하다.

02 ▶ 접속사의 유래에 따른 분류

접속사는 「しかし」나 「ないし」처럼 접속사 자체의 용법으로 사용되는 것도 있지만, 대부분은 다른 품사에서 파생된 것이 많다. 조사에서 유래한 것, 지시어에서 유래한 것, 부사에서 유래한 것, 명사에서 유래한 것 등이 있다.

❶ 조사에서 유래한 접속사

が 그렇지만	けれども 그렇지만	だから 그래서
ところが 그런데	ところで 그런데	でも 그러나

❷ 지시어에서 유래한 접속사 또는 지시어와 조사가 복합된 접속사

そこで 그래서	そして 그리고	そのため 그런 까닭에
それ 그것	それで 그래서	それでも 그렇지만
それなのに 그런데도	それに 게다가	

❸ 부사에서 유래한 접속사 또는 부사와 조사가 복합된 접속사

すなわち 즉	ただし 단	なぜなら 왜냐하면
また 또한	または 또는	もっとも 더더욱이

❹ 동사에서 유래한 접속사 또는 동사와 조사가 복합된 접속사

したがって 따라서	すると 그러자
つまり 즉	要(よう)するに 요컨대

❺ 명사에서 유래한 것 또는 명사와 조사가 복합된 접속사

ちなみに 덧붙여서	ゆえに 따라서

2 순접 접속사

앞 문장의 내용이 원인이나 이유가 되어, 뒤 문장의 결과나 결론을 이끌어내는 표현을 순접이라고 한다.

01 だから　그래서, 그러니까　N1

「だから」는 앞의 내용과 뒤의 내용 사이의 명확한 인과 관계를 강조하며, 회화에서 자주 쓰는 표현이다. 「だから」를 정중하게 말할 때는 「ですから」라고 한다.

急いでいます。だから、早くしてください。
급합니다. 그러니까 빨리 해 주세요.

A エアコンが壊れたんです。 에어컨이 고장난 거예요.
B だから、こんなに暑いんですね。 그래서 이렇게 더운 것이군요.

02 したがって　따라서　N2

「だから」에는 말하는 사람의 주관적인 판단이 들어갈 수 있으나, 「したがって」는 객관적인 인과 관계를 나타내는 경우가 많다. 그렇기 때문에 「したがって」는 딱딱한 느낌을 주며 논문이나 연설 등에서 많이 쓴다.

あの人はお金をたくさん持っている。したがってお金には困らない。
저 사람은 돈을 많이 갖고 있다. 따라서 돈에는 곤란해 하지 않는다.

山田教授はお休みです。したがって本日は休講になります。
야마다 교수는 쉽니다. 따라서 오늘은 휴강입니다.

♪ 21-004

03 そのため　　그 때문에

인과 관계를 나타내는 접속사이지만 뒤에 오는 결과가 '객관적 사실'인 경우가 많다. 즉, 결과에 중점을 둔 표현이다.

朝から雨が降った。そのため、遠足は来週に延期になった。
아침부터 비가 내렸다. 그 때문에 소풍은 다음주로 연기되었다.

家の前に大きなビルが建った。そのため、私の家はいつも暗い。
집 앞에 커다란 빌딩이 들어섰다. 그 때문에 우리 집은 언제나 어둡다.

♪ 21-005

04 それで　　그래서

「それで」는 주로 원인과 결과를 객관적으로 나타내는 느낌이 강하므로 뒤에는 명령이나 의지가 아닌 사실이 와야 한다. 「そのため」와 비슷한 의미이다. 회화에서는 「それで」를 줄여서 「で」라고 하기도 한다.

昨日は飲み過ぎた。それで今日は頭が痛い。
어제는 과음을 했다. 그래서 오늘은 머리가 아프다.

雨が激しくなってきた。それで、試合は中止された。
비가 거세지기 시작했다. 그래서 시합은 중지되었다.

♪ 21-006

05 そこで　　그래서

「そこで」는 인과 관계의 표현 중의 하나이다. 앞 문장이 어떠한 상황을 나타내고 뒤 문장이 그러한 상황에 따른 행위를 나타내는 경우가 많다.

玄関のベルが鳴った。そこで、私はドアを開けた。
현관 벨이 울렸다. 그래서 나는 문을 열었다.

転勤することになった。そこで新しい部屋を探している。
전근하게 되었다. 그래서 새로운 방을 찾고 있다.

06 それゆえ　그러므로, 그 때문에　N1

앞에 서술한 내용이 원인이 되어 뒤 문장을 유도한다. 일반적으로「ゆえに」라는 표현을 많이 사용하는데「それゆえ」처럼「ゆえ」앞에「それ」를 추가하면 의미를 더욱 강조할 수 있다. 덧붙이자면 논문이나 연설에서 상대방에게 '왜 그렇게 해야 하는가, 왜 그렇게 되었는가'를 강조할 때에「それゆえ」를 사용하기도 한다.

彼女は大変親切だった。それゆえ、誰にでも愛されていた。
그녀는 매우 친절했다. 그 때문에 누구에게나 사랑받았다.

日本は島国である。それゆえ海運業が盛んである。
일본은 섬나라이다. 그 때문에 해운업이 활발하다.

07 すると　그러자, 그랬더니　

인과 관계가 강한 다른 순접의 접속사들과는 달리 조건이나 상황을 나타내는 접속사이다. 앞 문장에서 조건을, 뒤 문장에서 결과를 말할 때 사용한다. 순차적으로 이루어지는 사실을 나타낸다.

ドアを開けた。すると、涼しい風が入ってきた。
문을 열었다. 그러자 시원한 바람이 들어왔다.

テレビをつけた。すると、サッカーの試合をしていた。
텔레비전을 켰다. 그랬더니 축구 시합을 하고 있었다.

 역접 접속사

앞에서 서술한 사실과 서로 반대되거나 양립하기 어려운 내용, 그리고 대조적인 내용이 뒤 문장에 오는 경우를 역접이라고 한다.

♪ 21-009

01 しかし　그러나

「しかし」는 앞에 서술한 내용과 대립하는 내용을 서술할 때 사용하는 가장 대표적인 역접 접속사이다.

一生懸命勉強した。しかし成績はよくなかった。
열심히 공부했다. 그러나 성적은 좋지 않았다.

ここは空気がきれいだ。しかし、駅から遠くて通勤に不便だ。
이 곳은 공기가 깨끗하다. 그러나 역에서 멀어서 통근하기에 불편하다.

♪ 21-010

02 けれども　그렇지만

「しかし」보다 회화적이며, 「けれど / けど / だけど」 등의 다양한 형태로 쓰인다.

急いで駅まで走った。けれども、電車は出た後だった。
서둘러 역까지 달렸다. 그렇지만 전철은 떠난 뒤였다.

このスマホはとても安い。けれども、品質はあまりよくない。
이 스마트폰은 매우 싸다. 그렇지만 품질은 별로 좋지 않다.

03 だが 그렇지만

「だが」는 「けれども」보다는 딱딱하고, 「しかし」보다는 회화체적이다. 줄여서 「が」라고 쓰기도 한다. 또한 「だが」를 「ですが」의 형태로 더 정중하게 나타내기도 한다.

実験はまた失敗した。**だが**、私はあきらめない。
실험은 또 실패했다. 그렇지만 나는 포기하지 않겠다.

旅行に行きたい。**だが**、今は時間がない。
여행을 가고 싶다. 그렇지만 지금은 시간이 없다.

04 それなのに 그런데도, 그럼에도 불구하고

다른 역접 표현보다 결과에 대한 유감, 놀람 등의 느낌이 강하다.

彼は、今日までに私の本を返すと約束した。
それなのにまだ返してくれない。
그는 오늘까지 내 책을 돌려준다고 약속했다. 그런데도 아직 돌려주지 않는다.

ちゃんと宿題をした。**それなのに**、家に置き忘れてしまった。
제대로 숙제를 했다. 그런데도 집에 깜박 두고와 버렸다.

05 それでも 그래도, 그런데도

「しかし」와 마찬가지로 앞 문장의 내용에서 예상되는 내용과 다른 내용을 이끌어낼 때 사용한다. 다만, 앞에 오는 내용을 일단 인정한 후에, 그와는 다른 내용이나 주장을 나타낼 때는 「それでも」를 사용한다. 「それでも」를 줄여서 「でも」로 쓰기도 하는데 「でも」는 주로 회화체에서 사용한다.

彼は疲れていたが、**それでも**私の仕事を手伝ってくれた。
그는 피곤했지만 그런데도 내 일을 도와주었다.

今の仕事はとても厳しい。**でも**、好きな仕事なので頑張るつもりだ。
지금 하는 일은 매우 힘들다. 그래도 좋아하는 일이니까 열심히 할 작정이다.

♪ 21-014

06 ところが　그렇지만　N2

「ところが」는 다른 역접 표현과는 조금 다른 특징이 있다. 예상된 상황과는 다른 일이 발생했을 때 의외의 느낌을 담아 사용하는 경우가 많다. 뒤 문장은 이미 발생한 과거의 일인 경우가 많다.

急いで駅に行った。ところが強い雨で電車は止まっていた。
서둘러 역으로 갔다. 그렇지만 강한 비 때문에 전철은 멈춰 있었다.

うちのチームが勝つと思っていた。ところが簡単に負けてしまった。
우리 팀이 이긴다고 생각하고 있었다. 그렇지만 간단히 져 버렸다.

♪ 21-015

07 それが　그런데　N2

「ところが」처럼 의외라는 느낌이 강조되는 역접 표현이다.

午前中はよく晴れていた。それが午後から急に雨が降り出した。
오전 중에는 아주 맑았다. 그런데 오후부터 갑자기 비가 내리기 시작했다.

学生時代はのんびりしていた。それが、就職してからは仕事に追われる日となってしまった。
학창 시절은 느긋하게 지냈었다. 그런데 취직하고 나서는 일에 쫓기는 날이 되어 버렸다.

 첨가 접속사

앞의 내용에 새로운 내용을 추가할 때 사용하는 접속사이다.

♪ 21-016

01 それに 게다가, 더욱이

앞 문장의 내용에 뒤 문장의 의미를 추가한다. 이때, 상대적으로 앞 문장의 내용에 무게감을 두는 경우가 많다.

彼女は英語もできるし、それにフランス語もできる。
그녀는 영어도 할 수 있고 게다가 프랑스어도 할 수 있다.

この店は安い。それに味がいい。 이 가게는 싸다. 게다가 맛도 좋다.

♪ 21-017

02 そのうえ 게다가, 그 위에

앞 문장의 내용에 뒤 문장의 의미를 추가한다. 다만, 앞 문장에 무게감을 두는 「それに」에 비해 뒤 문장도 앞 문장과 거의 같은 비중으로 중요하다는 느낌을 나타내는 경우가 많다.

雨が降っている。そのうえ風も吹き出した。
비가 내리고 있다. 게다가 바람도 불기 시작했다.

彼女はかわいらしく、そのうえ、とても親切だ。
그녀는 귀엽고, 게다가 매우 친절하다.

♪ 21-018

03 しかも　게다가, 더구나

앞 문장의 내용에 뒤 문장의 의미를 추가한다. 다만, 앞 문장보다 뒤 문장의 내용에 더 비중을 두는 경우가 많다.

この商品は品質がいい。しかも安い。 이 상품은 품질이 좋다. 게다가 싸다.
プラスチックは丈夫で、しかも軽い。 플라스틱은 튼튼하고, 게다가 가볍다.

♪ 21-019

04 そして　그리고

대등한 내용을 나열한다.

彼は映画や舞台、そしてドラマで幅広く活躍している。
그는 영화나 무대, 그리고 드라마에서 폭넓게 활약하고 있다.

読書は知識だけでなく感動、そして感性を養うものだ。
독서는 지식뿐 아니라 감동, 그리고 감성을 기르는 것이다.

♪ 21-020

05 それから　그리고

대등한 내용을 나열할 때 쓴다. 「そして」보다 회화에서 더 많이 쓴다.

会社の前に銀行がある。それから郵便局もある。
회사 앞에 은행이 있다. 그리고 우체국도 있다.

そばを4つ、うどんを2つ、それからビールを2本お願いします。
메밀국수 네 개, 우동 두 개, 그리고 맥주 두 병 주세요.

◆ それから의 또 다른 의미 : 그러고 나서

앞에 제시된 일에 이어서 다른 일이 발생한다는 전후 관계를 나타내는 '순접'의 의미로도 사용한다.

顔を洗って、それからご飯を食べた。 세수를 하고 나서 밥을 먹었다.
家のドアの鍵をかけた。それから家を出た。
집의 문단속을 했다. 그러고 나서 집을 나왔다.

5 병립(나열) 접속사

앞뒤 문장을 대등하게 나열하는 경우에 사용한다.

01 また 또, 또한   N3

가장 대표적인 병립(나열) 표현이다. 병립(나열)의 접속사는 첨가의 뉘앙스도 함께 지니므로 '병립(나열)'과 '첨가'를 같은 범주로 다루는 경우도 많다.

彼は政治家であり、また企業家でもある。 그는 정치가이며, 또 기업가이기도 하다.

父は毎日、朝刊に目を通す。また、夕方になると夕刊を開く。
아버지는 매일 조간을 훑어본다. 또 저녁이 되면 석간을 펼친다.

02 及び 및   N1

두 가지 이상의 내용을 나열할 때 사용한다. 주로 명사에 붙는 「および」와 「並びに」는 매우 비슷한 표현이지만, 「および」는 결합되는 단어가 같은 종류이거나 같은 정도의 것이라는 느낌을 준다.

当施設内では飲食及び喫煙は禁止されている。
당 시설 내에서는 음식 및 흡연은 금지되어 있다.

商品のご注文は、電話及び葉書で受け付けております。
상품 주문은 전화 및 엽서로 접수하고 있습니다.

♪ 21-023

03 並(なら)びに 및

두 가지 이상의 내용을 나열할 때 사용한다.「および」보다 상대적으로 넓은 의미를 연결하는 경우에 사용한다.

会長(かいちょう)並(なら)びにご出席(しゅっせき)の皆様(みなさま)、本日(ほんじつ)はありがとうございました。
회장님 및 참석자 여러분, 오늘은 감사했습니다.

お申(もう)し込(こ)みの際(さい)は、住所(じゅうしょ)・氏名(しめい)、並(なら)びに年齢(ねんれい)を明記(めいき)してください。
신청 시에는 주소·성명 및 연령을 기입해 주세요.

 TIP

◆ および vs ならびに

여러 가지 내용을 나열할 때, 가장 작은 의미를 연결할 때는「及(およ)び」, 상대적으로 커다란 의미를 연결할 때는「並(なら)びに」를 사용한다.
예를 들어「りんご(사과), みかん(귤), チーズ(치즈)」가 있는 경우

● 좁은 의미에서 같은 종류

りんご及(およ)びみかんの値段(ねだん)があがる。
사과 및 귤의 가격이 오르다. ('과일'이라는 좁은 범위에서 사과와 귤을 나열)

● 넓은 범위에서 같은 종류

りんご及(およ)びみかん並(なら)びにチーズの値段(ねだん)が上(あ)がる。
사과, 귤 및 치즈의 가격이 오르다. ('음식'이라는 넓은 범위에서 과일(사과, 귤)과 가공식품(치즈)을 나열)

♪ 21-024

04 かつ 및, 또한

주로 두 가지 동작이나 상태가 동시에 진행되거나 두 가지 조건이 모두 충족되는 경우를 나타낸다.

この本(ほん)はおもしろく、かつ役(やく)に立(た)つ。 이 책은 재미있고 또 유용하다.

東京(とうきょう)は政治(せいじ)の中心(ちゅうしん)であり、かつ経済(けいざい)の中心(ちゅうしん)でもある。
도쿄는 정치의 중심이며, 또한 경제의 중심이기도 하다.

설명 접속사

앞 부분에서 서술한 내용을 보완하는 역할을 하는 접속사이다. 각각의 내용을 간단히 정리하면 다음과 같다.

▶ **요약 설명**

다른 말로 바꾸거나 요약하여 나타낸다.「すなわち, つまり, 要するに」 등이 이에 속한다.

▶ **보충 설명**

앞에 서술한 내용을 보충, 보완하는 내용을 추가하여 나타낸다.「なお, なぜなら, ちなみに」 등이 이에 속한다.

▶ **예외 설명**

앞에 서술한 내용에 예외적인 내용을 추가하여 나타낸다.「ただし, もっとも」 등이 이에 속한다.

♪ 21-025

01 すなわち　즉

앞에서 제시한 말을 다른 말로 바꾸어 말할 때 사용한다.

参加者の名前は、五十音、すなわち「あかさた」順に書いてあります。
참가자의 이름은 오십음, 즉 '아카사타' 순으로 써 있습니다.

日本の気候は、四季、すなわち春夏秋冬に分けられる。
일본의 기후는 사계, 즉 춘하추동으로 나뉜다.

02 つまり   즉, 요컨대   N2

어떠한 내용을 결론적으로 말하는 느낌을 나타낸다.

理科系の科目、つまり数学や物理などの成績はあまりよくない。
이과계 과목, 즉 수학이나 물리 등의 성적은 그다지 좋지 않다.

ここに現住所、つまり今住んでいる所を書いてください。
여기에 현주소, 즉 지금 살고 있는 곳을 써 주세요.

03 要するに   요컨대   N2

중요한 내용을 요약하여 간단히 정리한다는 느낌이 강하다.

朝、起きたら地面が濡れていた。要するに、夜中に雨が降ったということだ。
아침에 일어나니 지면이 젖어 있었다. 요컨대 한밤중에 비가 내렸다는 것이다.

A この会議は半年ごとに開かれます。 이 회의는 반년마다 열립니다.
B 要するに、1年に2回ということですね。 요컨대 1년에 두 번이라는 말이군요.

TIP

◆ すなわち vs つまり vs 要するに

「すなわち」는 '바꾸어 말하자면'이라는 의미를 갖고 있으며 앞 문장과 뒤 문장의 내용이 동일하다는 느낌이 강하다. 「つまり」와 「要するに」는 '요약하자면', '정리하면'과 같이 전체 내용을 정리한다는 느낌을 강조한다. 다만 실제로 이 세 가지 접속사는 같은 의미로 사용하는 경우가 많다. 문장이 단조로워지는 것을 피하기 위해, 「すなわち, つまり, 要するに」를 조합하여 골고루 사용하는 것이 일반적이다.

♪ 21-028

04 なぜなら 왜냐하면

이유를 설명하는 접속사로 뒤에「~からだ(~때문이다)」와 같은 단정적인 설명이 함께 오는 경우가 많다.

私は連休にはあまり出かけません。なぜならどこも込んでいるからです。
나는 연휴에는 그다지 외출하지 않습니다. 왜냐하면 어디나 붐비기 때문입니다.

私は英語を勉強している。なぜならアメリカに留学したいからだ。
나는 영어를 공부하고 있다. 왜냐하면 미국에 유학하고 싶기 때문이다.

♪ 21-029

05 なお 그리고, 또한, 더구나

어떤 이야기가 끝난 후에, 그와 관련된 내용을 추가적으로 덧붙여 말할 때 사용한다. 즉, 보충 설명으로 이해하면 된다.

これでテストは全部終わりです。なお、結果は1週間後に発表します。
이것으로 시험은 전부 끝입니다. 또한 결과는 일주일 후에 발표합니다.

見学会の参加費は無料です。なお、昼食は各自の負担となります。
견학 참가비는 무료입니다. 그리고 점심은 각자의 부담입니다.

♪ 21-030

06 ただし 단, 다만

앞에서 말한 것에 대하여 어떠한 조건이나 예외적인 내용을 추가하여 설명할 때에 사용한다.

入場料は無料。ただし、子どもに限る。 입장료는 무료. 단, 어린이에 한한다.

みんな集合すること。ただし、病気のものは除く。
모두 집합할 것. 단, 아픈 사람은 제외한다.

07 ちなみに　덧붙여서 말하자면　N1

앞에서 말한 것 외에 다른 조건이나 예외적인 내용을 추가하여 설명할 때에 사용한다.

燃えるゴミの収集日は火曜日、金曜日です。ちなみに燃えないゴミの日は水曜日です。
타는 쓰레기의 수집일은 화요일, 금요일입니다. 덧붙여서 말하자면, 타지 않는 쓰레기의 수집일은 수요일입니다.

今年の新入社員は去年より１０人少ないです。ちなみに去年の新入社員の数は８０人でした。
올해 신입 사원은 작년보다 10명 적습니다. 덧붙여서 말하자면, 작년 신입 사원 수는 80명이었습니다.

08 もっとも　단, 다만　N1

앞에서 제시한 내용을 전제로 받아들이면서도, 그와는 반대되는 다른 내용을 추가하여 설명한다. 한자로 표기하는 경우는 「尤も」라고 쓴다. '가장, 제일'의 의미를 나타내는 부사 「最も」와는 아무런 관계가 없으니 주의하자.

明日は体育祭を行います。もっとも雨が降れば中止です。
내일은 체육 대회를 실시합니다. 단, 비가 내리면 중지합니다.

趣味はつりです。もっとも趣味といっても年に２、３回しかできませんが。
취미는 낚시입니다. 다만 취미라고 해도 1년에 두, 세 번밖에 못하지만요.

 7 전환 접속사

01 それでは　그럼, 그러면

「それでは」는 앞의 내용을 정리하면서 새로운 화제로 전환할 때 사용하는 대표적인 접속사이다. 「それでは」는 「では」로 축약하여 쓰기도 한다.

A 先生、教室の掃除は終わりました。 선생님, 교실 청소는 끝났습니다.
B それでは、帰ってもけっこうです。 그럼 돌아가도 괜찮습니다.

時間になりました。では、そろそろ始めましょう。
시간이 되었습니다. 그러면 이제 곧 시작합시다.

02 ところで　그런데

앞의 말과 아예 다른 내용으로 문장의 흐름을 바꿀 때 사용하는 접속사이다. 주로 의문문에 사용한다.

みなさん、おはようございます。ところで、今日は何の日か、知っていますか。
여러분 안녕하세요. 그런데 오늘은 무슨 날인지 알고 있습니까?

もうそろそろ秋ですね。ところで、仕事の方はうまくいっていますか。
이제 슬슬 가을이로군요. 그런데 일은 잘 되고 있습니까?

03 さて　그러면, 그런데

화제 전환을 나타내는 표현으로 앞의 내용과 관련 있는 내용이 뒤따른다.

ニュースを終おわります。さて、次つぎは天てん気き予よ報ほうです。
뉴스를 마치겠습니다. 그러면 다음은 일기예보입니다.

さて、次つぎに討とう論ろんに入はいります。 그러면 다음 순서로 토론에 들어가겠습니다.

◆ さて vs ところで

「さて」도 「ところで」도 모두 화제를 전환할 때 쓰는 접속사이다. 다만, 앞 문장에서 말한 내용과의 연관성이라는 측면에서 차이가 있다. 「さて」 뒤에는 앞의 내용과 연관된 내용이 오고, 「ところで」의 뒤에는 앞의 내용과 무관한 내용이 오는 경우가 많다.

以い上じょう、天てん気き予よ報ほうでした。さて、次つぎに交こう通つう情じょう報ほうをお伝つたえします。
이상 일기예보였습니다. 그러면 다음으로 교통 정보를 전해드리겠습니다.

今きょう日の仕し事ごとは終おわりましたね。ところで、お腹なかはすいていませんか。
오늘 일은 끝났군요. 그런데 배고프지 않습니까?

8 선택 접속사

앞 부분과 뒤 부분의 내용 중 어느 쪽인가를 선택하는 경우에 사용한다. 보통은 어느 쪽을 선택해도 상관없다는 느낌을 나타낸다.

♪ 21-036

01 または 또는, 아니면

비슷한 두 가지 이상의 내용 중에서 하나를 고를 때에 사용한다. 둘 중에 어느 쪽이든 상관없다는 뉘앙스를 지니고 있다.

この料理は塩または醤油で味を付けてください。
이 요리는 소금 또는 간장으로 맛을 내세요.

荷物は入り口の棚または窓側の棚においてください。
짐은 입구의 선반 또는 창쪽의 선반에 놓아 두십시오.

♪ 21-037

02 それとも 아니면, 그렇지 않으면

뒤에 의문문이 오는 경우가 많으며, 회화체에서 자주 쓰인다.

飲み物はコーラにしますか。それともジュースにしますか。
음료는 콜라로 하겠습니까? 아니면 주스로 하겠습니까?

歩いて行きましょうか。それとも車で行きましょうか。
걸어서 갈까요? 아니면 차로 갈까요?

♪ 21-038

03 あるいは　혹은, 또는　N2

여러 개 중에서 한 가지를 고른다는 의미에서는「または」나「もしくは」와 비슷하지만,「あるいは」의 경우 양자택일의 뉘앙스가 강하다.

九州へ行くには新幹線、あるいは飛行機が便利です。
규슈에 가려면 신칸센 혹은 비행기가 편리합니다.

怒っている時、あるいは酔っている時は、絶対にメールを送ってはいけません。
화났을 때 혹은 취해 있을 때는 절대로 메일을 보내면 안 됩니다.

♪ 21-039

04 もしくは　혹은, 또는　N1

여러 가지 중에서 한 가지를 선택하는 경우를 나타낸다. 일반적으로「または」와 의미 차이가 크게 없다.

個人情報の収集、利用にあたっては、本人もしくは家族の同意が必要である。
개인 정보의 수집, 이용에는 본인 또는 가족의 동의가 필요하다.

結果は葉書もしくはメールで通知いたします。
결과는 엽서 또는 메일로 통보하겠습니다.

> **TIP**
>
> ◆「または」,「もしくは」를 한 문장에서 함께 쓰는 경우
>
> 일반적으로「または」와「もしくは」는 크게 구별하지 않고 사용한다. 다만 법률과 같은 문장에서 쓸 때는 명확하게 구별해야 하는데 범위나 정도의 차이(크고 작음)이 있을 경우,「もしくは」는 작은 의미를 갖는 내용 중에서 선택할 때,「または」는 커다란 의미를 갖는 내용 중에서 선택할 때 사용한다.
>
> 弁護士または親族もしくは配偶者などが、申請書類の提出などの手続きを行うことができる。
> 변호사 또는 친족 혹은 배우자 등이 신청 서류 제출 등의 절차를 행할 수 있다.
>
> 동질성이 강한 '친족'과 '배우자'는「もしくは」로 연결하였고, 동질성이 약한 넓은 범위의 '변호사'와 '가족(친족, 배우자)'는「または」로 묶었다.

05 ないし 내지, 또는

「ないし」는「または」나「もしくは」에 가까운 표현으로 선택을 나타낸다.

この仕事は、週2日ないし3日勤務することになっている。
이 일은 주 2일 내지 3일 근무하게 되어 있다.

申告書類は持参ないし郵送のこと。 신고 서류는 지참 또는 우송할 것.

조사 I

1. 조사
2. 격조사
3. が
4. で
5. に
6. を
7. と와 や
8. の
9. へ
10. から
11. より

1 조사

조사는 단독으로 사용하지 않으며 활용하지 않는다. 또한, 자립어(독립된 의미를 지닌 말)나 자립어를 포함한 어구에 붙어서 문법적 관계나 의미를 나타낸다. 주의해야 할 점은 하나의 조사는 하나의 조사 유형으로만 존재하는 것이 아니라 격조사, 부조사, 접속조사, 종조사 등의 다양한 용법으로 쓰이기도 한다는 점이다.

❶ 격조사

주로 명사나 대명사와 같은 체언에 붙어, 말과 말 사이의 관계를 나타낸다.

が	から	で	と	に
の	へ	や	より	を

❷ 부조사

부조사는 다양한 어구에 붙어서 의미를 보완하거나 추가하는 역할을 한다.

か	くらい	こそ	さえ	しか
ずつ	だけ	でも	とか	など
は	ばかり	ほど	まで	も

❸ 접속조사

말과 말, 문장과 문장을 접속하는 역할을 한다. 흔히 문장 앞 부분과 뒤 부분을 연결하는 위치에 존재한다. 주로, 용언(동사, **い**형용사, **な**형용사와 같이 활용하는 말) 뒤에 붙어서, 말과 말, 문장과 문장 사이의 의미상의 관계를 나타낸다.

が	から	けれど	し	たり	て
ても	ながら	と	ので	ば	

❹ 종조사

보통 문장 끝에 위치하므로, 다른 조사와 달리 쉽게 구별할 수 있다. 의지, 감탄, 의문, 감동, 금지 등의 화자의 태도나 감정을 나타낸다.

か	さ	ぞ	とも	な
ね	の	よ	わ	

> **TIP**
>
> ◆ 주의 사항
>
> ● 「は」는 명사에 붙어서 주제를 나타낼 때 사용되는 경우가 많아서 격조사로 생각하기 쉽지만 부조사이다.
>
> ● 조사는 꼭 격조사, 부조사, 접속조사, 종조사 중 한 가지 용법으로만 쓰이는 것은 아니다. 예를 들어 「が(~이/가)」나 「から(~부터)」는 격조사이지만 「が(~지만)」나 「から(~때문에)」와 같이 접속조사의 의미를 나타낼 때도 있다.
>
> ● 본서에서는 '조사 Ⅰ'에서는 격조사와 관련 문형을, '조사 Ⅱ'에서는 부조사와 관련 문형, '조사 Ⅲ'에서는 접속조사와 종조사 관련 문형을 살펴보기로 한다.

2 격조사

격조사는 명사나 대명사와 같은 체언의 문장 속에서의 자격을 나타낸다. 일본어에서 격조사의 용법은 크게 다음 네 가지로 구분한다.

❶ 주격

명사 뒤에 붙어서 주어를 나타낸다.

♪ 22-001

> が   の

私(わたし)が行(い)きます。 제가 가겠습니다.
私(わたし)の読(よ)んだ本(ほん)。 내가 읽은 책.

❷ 연체수식격

뒤에 오는 명사를 수식한다.

> の

私(わたし)の本(ほん)。 내 책.

❸ 연용수식격

뒤에 오는 용언, 즉 동사, い형용사, な형용사를 수식한다.

から	で	と	に
へ	より	を	

学校（がっこう）で勉強（べんきょう）する。 학교에서 공부한다.
会社（かいしゃ）に行（い）く。 회사에 간다.
本（ほん）を読（よ）む。 책을 읽는다.

❹ 병립

앞뒤의 내용을 나열하거나 열거한다.

と	や

本（ほん）とノートを買（か）う。 책과 노트를 산다.
パンや果物（くだもの）を食（た）べる。 빵이나 과일을 먹는다.

3 が

♪ 22-002

❶ 문장의 주어를 나타낸다. N5

雨が降っています。 비가 내리고 있습니다.
先生が書いた本を読みました。 선생님이 쓴 책을 읽었습니다.
明日友だちがうちに来ます。 내일 친구가 집에 옵니다.

❷ 희망, 능력이나 기호의 대상을 나타낸다. N5

「好きだ(좋아하다), きらいだ(싫어하다), 上手だ(능숙하다), 下手だ(서툴다), ほしい(갖고 싶다), 得意だ(자신 있다), 苦手だ(서툴다)」와 같은 희망, 능력, 기호를 나타내는 표현 앞에 온다. '~을/를'로 해석되는 경우가 많다.

熱いコーヒーが飲みたい。 뜨거운(따뜻한) 커피를 마시고 싶다. [희망]
田中さんは英語が上手ですか。 다나카 씨는 영어를 잘합니까? [능력]
私はさしみが好きではない。 나는 생선회를 좋아하지 않는다. [취향]

❸ 지각의 대상을 나타낸다. N4

지각(대상을 느끼고 인식하는 행위)의 대상을 나타낸다. 「分かる(알다, 이해하다), 見える(보이다), 聞こえる(들리다)」와 같은 동사와 함께 쓴다.

言葉の意味が分からない。 단어의 의미를 모르겠다.
遠くに山が見える。 멀리 산이 보인다.
歌が聞こえる。 노래가 들린다.

❹ 가능동사를 유도하여 가능한 대상을 나타낸다. N4

彼は英語が読める。 그는 영어를 읽을 수 있다.
カタカナが書ける。 가타카나를 쓸 수 있다.
彼は車の運転ができます。 그는 자동차 운전을 할 수 있습니다.

4 で

♪ 22-003

❶ 동작을 하는 장소를 나타낸다. N5

デパートで買い物をします。 백화점에서 쇼핑을 합니다.

父は郵便局で働いています。 아버지는 우체국에서 일하고 있습니다.

天気がいいから、外でテニスをしましょう。 날씨가 좋으니까 밖에서 테니스를 칩시다.

❷ 이유나 원인을 나타낸다. N5

風邪で学校を休みました。 감기 때문에 학교를 쉬었습니다.

台風で木が倒れました。 태풍 때문에 나무가 쓰러졌습니다.

大きな地震でたくさんの家が壊れました。 큰 지진 때문에 많은 집이 망가졌습니다.

❸ 수단이나 방법, 도구나 재료 등을 나타낸다. N5

木で椅子を作ります。 나무로 의자를 만듭니다.

名前を鉛筆で書いてください。 이름을 연필로 써 주세요.

友だちと電話で話しました。 친구와 전화로 이야기했습니다.

❹ 동작이나 상태의 주체를 나타낸다. N4

自分でやります。 제가 하겠습니다.

家族みんなで旅行に行く。 가족 모두 여행을 간다.

委員会でレポートをまとめる。 위원회에서 보고서를 정리한다.

❺ 동작이나 작용의 기한이나 한도, 또는 기준을 나타낸다. N4

あと10分で5時ですよ。 앞으로 10분 있으면 5시예요.

この料理は簡単だから、5分でできます。 이 요리는 간단하니까 5분이면 가능합니다.

試験は明日で終わります。 시험은 내일로 끝납니다.

3つで500円です。 3개에 500엔입니다.

5 に

♪ 22-004

01 ～に ~에, ~에게, ~(하)러

❶ 어떠한 것이 존재하는 장소를 나타낸다. N5
    机の上に本がある。 책상 위에 책이 있다.
    父は部屋にいます。 아버지는 방에 있습니다.
    銀行の前に病院があります。 은행 앞에 병원이 있습니다.

❷ 동작이 이루어지는 시간을 나타낸다. N5
    今日は朝5時に起きました。 오늘은 아침 다섯 시에 일어났습니다.
    毎朝何時に家を出ますか。 매일 아침 몇 시에 집을 나섭니까?
    金曜日に会議があります。 금요일에 회의가 있습니다.

❸ 목적지(귀착점)나 동작이 향하는 방향을 나타낸다. N5
    明日公園に行きます。 내일 공원에 갑니다.
    家に電話する。 집에 전화하다.
    電車に乗った。 전철을 탔다.

❹ 동작이나 작용의 대상을 나타낸다. N5
    友だちに話す。 친구에게 이야기하다.
    田中さんに電話をかけました。 다나카 씨에게 전화를 걸었습니다.
    先生に相談する。 선생님에게 상담하다.

❺ 동사 ます형이나 명사에 붙어서 동작이나 작용의 목적을 나타낸다. N5
    映画を見に行く。 영화를 보러 가다.
    外国に旅行に行きます。 외국에 여행하러 갑니다.
    デパートへ買い物に行きました。 백화점으로 쇼핑하러 갔습니다.

❻ 변화의 결과를 나타낸다. N5

春になる。 봄이 되다.

部屋がきれいになる。 방이 깨끗해지다.

新しい車に変える。 새 차로 바꾸다.

❼ 비교의 기준을 나타낸다. N4

1日に3回薬を飲んでください。 하루에 세 번 약을 먹으세요.

一週間に2回水泳をします。 일주일에 두 번 수영을 합니다.

彼女はお母さんに似ている。 그녀는 어머니를 닮았다.

02 〜によると　〜에 의하면

명사에 붙어 전달하는 정보의 근거나 출처를 나타낸다.

天気予報によると、明日は雨が降るそうだ。
일기예보에 의하면 내일은 비가 온다고 한다.

研究によると、若い人ほど健康には無関心であるという。
연구에 따르면 젊은 사람일수록 건강에는 무관심하다고 한다.

03 〜にかかわらず　〜에 관계없이

앞에 제시된 조건이나 상황에 관계없이 뒤의 동작을 실행할 때 사용하는 표현이다.

この店は曜日にかかわらず、いつも人で込んでいる。
이 가게는 요일에 관계없이 늘 사람으로 붐빈다.

参加するしないにかかわらず、必ず返事をください。
참가 여부에 관계없이 꼭 답장을 주세요.

♪ 22-007

04 ～にかわって　～을 대신하여　N3

명사에 붙어 기존의 것을 대체하거나 누군가를 대리할 때 사용한다.

社長にかわって内山部長があいさつをした。
사장님을 대신해서 우치야마 부장님이 인사를 했다.

手紙にかわってメールがよく使われるようになった。
편지를 대신하여 메일을 자주 사용되게 되었다.

♪ 22-008

05 ～にかけては　～에 관한 한, ～만큼은　N3

명사에 붙어 사람의 능력을 자랑하거나 칭찬할 의도로 사용되는 문형이다. 「～にかけては」 앞에 오는 분야에 대하여 특별히 강조하는 용법이다. 주로 뒤에는 '자신 있다', '우수하다', '최고다'와 같은 표현이 온다.

車の運転にかけてはかなりの自信がある。 자동차 운전만큼은 상당한 자신이 있다.

店は小さいけど、味にかけてはどこにも負けません。
가게는 작지만 맛만큼은 어디에도 지지 않습니다.

♪ 22-009

06 ～に関して　～에 관하여　N3

명사에 붙어 말하거나 생각하려는 내용을 나타낸다. 문어체 표현으로 「～について」보다 딱딱한 느낌을 준다.

この件に関しては、現在調査中です。 이 건에 관해서는 현재 조사 중입니다.

発表の内容に関して、何か質問はありませんか。
발표 내용에 관해서 무언가 질문은 없습니까?

♪ 22-010

07 ～に比べて　～에 비해서　

명사에 붙어 어떤 점을 기준으로 하여 비교를 나타낼 때 사용한다.

ひらがなに比べてカタカナは覚えにくい。
히라가나에 비해서 가타카나는 익히기 힘들다.

去年に比べて、今年の冬はかなり寒い。 작년에 비해 올해 겨울은 꽤 춥다.

♪ 22-011

08 ～に加えて　～에 더하여, ～에 덧붙여　

문어체 표현으로 명사에 붙어 어떠한 내용을 추가하여 설명할 때 사용한다.

雨に加えて風も強くなってきた。 비에 더해 바람도 거세졌다.

電車代に加えて、バス代もあがってしまった。
전철 요금에 더하여 버스 요금도 올라 버렸다.

♪ 22-012

09 ～にしたがって　～에 따라

문어체 표현으로 한쪽이 변화하면 다른 한쪽도 변화한다는 의미를 나타낸다.

医学が進歩するにしたがって平均寿命が延びた。
의학이 진보함에 따라 평균 수명이 늘어났다.

工業化が進むにしたがって、公害問題が発生した。
공업화가 진행되면서 공해 문제가 발생했다.

10 ～にしては　　~치고는

앞에 제시된 내용으로 보아 당연히 그럴 것이라고 예상된 결과가 실제로는 그렇게 되지 못한 경우에 사용한다. 의외라는 의미를 강조하는 역접 표현이다.

彼はタクシーの運転手にしては道を知らない。
그는 택시 운전사치고는 길을 모른다.

あまり勉強していなかったにしては成績がいい。
별로 공부하지 않은 것치고는 성적이 좋다.

11 ～にすぎない　　~에 지나지 않는다, ~에 불과하다

단지 그것뿐이며, 그 이상의 특별한 의미나 특별한 가치가 없다는 의미를 나타낸다. 표현 대상이 별것이 아니라는 비하의 느낌을 준다.

会議の参加者は、わずか10名にすぎない。 회의 참가자는 고작 열 명에 불과하다.
その発言は冗談で言ったにすぎない。 그 발언은 농담으로 한 것에 지나지 않는다.

12 ～に違いない・～相違ない　　~임에 틀림없다

틀림없이 그럴 것이라는 자신의 확신을 강조하는 표현이다. 다만, 「～に相違ない」는 글에서 사용하는 딱딱한 표현이므로 회화에서 사용하는 것은 부적절하다.

今回もあのチームが優勝するに違いない。
이번에도 저 팀이 우승할 것임에 틀림없다.

彼女はそれについて知っているに違いない。
그녀는 그것에 대해서 알고 있을 것임에 틀림없다.

予算がないので、この計画の実行は困難に相違ない。
예산이 없기 때문에 이 계획의 실행은 곤란할 것임에 틀림없다.

そこには何か深い理由があるに相違ない。
거기에는 무엇인가 깊은 사연이 있음에 틀림없다.

13 ～に対して ① ～에 대해, ～에게 ② ～에 대해, ～에 비해서   N3

❶ 행동이나 감정의 대상을 나타낸다.

お客さんに対してそんな言葉を使ってはいけません。
손님에게 그런 말을 사용해서는 안됩니다.

みんながあの事件に対して関心を持っている。
모두가 그 사건에 대해 관심을 가지고 있다.

❷ 어떤 일에 대해 두 가지의 상황을 대비시켜 말할 때

ひらがなは音だけを表すのに対して、漢字は意味も表しています。
히라가나는 소리만을 나타내는 것에 비해 한자는 의미도 나타냅니다.

木の家は地震に強いのに対して、火事には弱い。
나무로 지은 집은 지진에 강한 것에 비해 화재에는 약하다.

14 ～について ～에 대하여, ～에 대해서   N3

명사에 붙어 행위의 대상, 내용을 나타낸다.

彼は車が好きで、車についてよく知っている。
그는 차를 좋아해서 차에 대해서 잘 안다.

あなたの国の習慣について教えてください。
당신 나라의 습관에 대해 가르쳐 주세요.

15 ～にとって ～에게, ～에게 있어서   N3

명사에 붙어 어떤 입장에서 생각하거나 판단한다는 의미를 나타내며, 뒤에는 판단하는 내용이 온다.

この政策はほとんどの国民にとってあまり役に立たない。
이 정책은 대부분의 국민들에게 별로 도움이 되지 않는다.

この古い時計は私にとって、何よりも大切なものだ。
이 낡은 시계는 내게 무엇보다도 소중한 것이다.

16 ~によって　~에 의해 [근거, 수단], ~에 따라 [차이]

원인, 방법 등을 주로 나타내지만, 예문에 제시된 것처럼 다양한 용법이 있다. 뒷쪽에는 앞에 것에 전적으로 의존하는 결과가 온다.

❶ 원인이나 이유를 나타낸다.

ちょっとした不注意によって、大きな事故が起きる。

별것 아닌 부주의에 의해 커다란 사고가 일어난다.

交通事故によって、道路が込んでいる。　교통사고에 의해 도로가 붐비고 있다.

❷ 수단이나 방법을 나타낸다.

意見の対立は話し合いによって解決したほうがいい。

의견 대립은 대화로 해결하는 것이 좋다.

電話によって予約を受け付ける。　전화로 예약을 받다.

❸ 차이나 다양성을 나타낸다.

この店は曜日によってメニューが変わります。

이 가게는 요일에 따라 메뉴가 바뀝니다.

人によって、考え方が違う。　사람에 따라 사고방식이 다르다.

❹ 주체나 행위자를 나타낸다.(수동 문장에서 사용)

アメリカはコロンブスによって発見された。

미국은 콜럼버스에 의해 발견되었다.

レポートの作成者によって説明が行われた。

보고서 작성자에 의해 설명이 이루어졌다.

♪ 22-020

17　〜にあたって・〜にあたり　　〜에 즈음하여　

무엇인가를 해야 할 특별한 시간이나 상황을 나타내는 표현으로, 어떤 일을 하기 전에 뒤 문장의 동작이 시작한다는 의미로 사용된다.「〜に際して」와 유사한 표현이다.

ビル建設にあたって、住民との話し合いが行われた。
빌딩 건설에 즈음하여 주민과의 대화가 실시되었다.

製品を開発するにあたり、市場調査が行われた。
제품 개발에 즈음하여 시장 조사가 실시되었다.

♪ 22-021

18　〜において　　〜에서　

장소나 시간의 의미를 나타내며, 조사「で」로 바꿔쓸 수 있는 경우가 많다.

本日の会議は、2階の大会議室において行われます。
오늘 회의는 2층 대회의실에서 실시됩니다.

山田君はスピーチ大会において優勝した。　야마다는 웅변 대회에서 우승했다.

♪ 22-022

19　〜に応じて　　〜에 따라, 〜에 상응하여　

명사에 붙어 앞 상황이 변하면 그에 맞게 뒤 사항도 변한다는 의미로 사용된다.

所得に応じて税金を払うことになっている。
소득에 상응하여 세금을 납부하게 되어 있다.

消費者のご希望に応じて商品を生産していきます。
소비자의 희망에 부응하여 상품을 생산해 가겠습니다.

PART 22 조사 I　321

♪ 22-023

20 ～に限って　꼭 ~할 때만　

평소에는 없던 일이 유독 어떠한 때에만 일어나 불평이나 불만을 표현할 때 사용한다.

ドライブに出かけようと思う時に限って、雨が降る。
드라이브하러 나가려고 할 때만 꼭 비가 온다.

急いでいるときに限って、電車が遅れたりすることがある。
급할 때만 꼭 전철이 늦거나 하는 경우가 있다.

♪ 22-024

21 ～に限り　~에 한해　

대상, 시기, 조건 등을 특별히 취급하거나 한정할 때 사용한다.

先着100名に限り、プレゼントを差し上げます。
선착순 100명에 한해 선물을 드립니다.

本日に限り、全商品３割引にさせていただきます。
오늘에 한해 모든 상품을 30% 할인해 드립니다.

♪ 22-025

22 ～に限らず　~에 한하지 않고, ~뿐만 아니라　

제시된 내용이 그것에 국한되지 않고, 속하는 그룹에 모두 해당한다는 의미를 나타낸다.

このゲームは子どもに限らず、大人にも人気がある。
이 게임은 어린이뿐만 아니라 어른에게도 인기가 있다.

コンビニに限らず、２４時間営業する店が増えている。
편의점뿐만 아니라 24시간 영업하는 가게가 늘고 있다.

23 〜に決まっている   반드시 〜(하)게 되어 있다, 〜(한) 법이다   N2

무언가 근거가 있어서 '반드시 그렇게 된다'는 단정의 의미로 쓰인다. 회화체에서 흔히 사용되는 표현이다.

食事は大勢で食べた方がおいしいに決まっている。
식사는 많은 사람들이 함께 먹는 편이 맛있는 법이다.

勉強しなかったのだから試験に落ちるに決まっている。
공부하지 않았으니까 당연히 시험에 떨어지게 되어 있다.

24 〜に越したことはない   〜(하)는 편이 좋다, 〜(하)는 것이 최고다   N2

그렇게 하는 편이 상식적으로 생각하여 당연하다는 의미를 강조하여 나타낸다.

試験の前日は早く寝るのに越したことはない。 시험 전날은 빨리 자는 편이 좋다.

高い点数が取れるに越したことはないが、大切なのは合格することだ。
높은 점수를 얻는 것이 최고겠지만 중요한 것은 합격하는 일이다.

25 〜にこたえて   〜에 부응하여   N2

상대방의 행동이나 상황을 인식하고, 그에 걸맞는 행동을 취한다는 표현으로 명사에 접속한다.

皆さんの期待にこたえて全力で頑張ります。
여러분의 기대에 부응하여 전력을 다해 노력하겠습니다.

皆様のご要望にこたえて、夏の感謝セールを行います。
여러분의 요망에 부응하여 여름 감사 세일을 실시합니다.

♪ 22-029

26 〜に際して　　〜에 즈음하여, 〜(할) 때　N2

어떤 특별한 일을 시작할 때라는 뜻으로 격식 있는 표현이다.

契約を更新するに際して、いくつかの条件を見直す必要があります。
계약을 갱신할 때, 몇 가지 조건을 재검토할 필요가 있습니다.

図書館のご利用に際して、以下の点にご注意ください。
도서관 이용에 즈음하여 아래 내용에 주의해 주세요.

♪ 22-030

27 〜に先立って・〜に先立ち　　〜에 앞서　N2

어떠한 일의 전후 관계를 나타내는 표현으로 뒤 문장의 내용이 먼저 발생하는 경우에 사용한다. 그러한 전후 관계로 볼 때,「〜にあたって, 〜に際して, 〜に先立って」는 유사한 표현이지만,「〜に先立って」가 전후 관계를 가장 명확하게 나타낸다.

面接に先立って書類選考を行う。　면접에 앞서 서류 전형을 실시한다.

新製品の発売するに先立ち、説明会を行った。
신제품 발매하기에 앞서 설명회를 했다.

♪ 22-031

28 〜にそって　　〜을 따라서　N2

방침, 방향, 길 등을 기준으로 두고 행동하거나 이동할 때 사용하는 표현으로 명사에 접속한다. 조사「〜に」를 쓰는 점에 주의하자.

政府の方針にそって、税率を引き下げる。　정부의 방침에 따라 세율을 인하한다.

市の方針にそった街作りを進めていく。
시의 방침에 따른 도시 건설을 추진해 간다.

大通りにそって高層ビルが並んでいる。　큰 길을 따라 고층 빌딩이 늘어서 있다.

川にそって、新しい道路ができた。　강을 따라 새로운 도로가 생겼다.

29 〜につき　①〜이므로　②〜당

❶ 원인을 나타내며, 주로 게시물에 사용한다.

定休日につき、店はお休みになります。 정기휴일이므로 가게는 휴점입니다.
人気商品につき、品切れの場合があります。
인기 상품이므로 품절되는 경우가 있습니다.

❷ 주로 수량을 나타내는 명사 뒤에 붙어서 단위나 간격의 기준을 나타낸다.

飲み会の会費は一人につき３，０００円です。
회식 회비는 한 사람당 3,000엔입니다.
みかんは１キロにつき４００円である。 귤은 1킬로그램당 400엔이다.

30 〜につれて　〜에 따라

한쪽이 변화하면 다른 쪽도 함께 변화한다는 의미로 사용된다. 비슷한 표현으로 「〜にしたがって」와 「〜にともなって」가 있다.

年を取るにつれて、体力は低下する。 나이를 먹음에 따라 체력은 저하된다.
自動車の増加につれて、交通事故の発生も増えている。
자동차의 증가에 따라 교통사고 발생도 늘고 있다.

31 〜に伴って　〜에 따라

한쪽의 변화에 따라 다른 쪽도 변화한다는 의미로 명사에 접속한다. 문어체 표현이다.

経済発展に伴って環境破壊が心配されている。
경제 발전에 따라 환경 파괴가 우려되고 있다.
人口の高齢化に伴って医療費が増えることは避けられない。
인구의 고령화에 따라 의료비가 증가하는 것은 불가피하다.

♪ 22-035

32 〜に反_{はん}して　〜에 반하여, 〜와 달리　

예측·예상·기대·희망 등의 명사에 접속해 앞 문장의 내용과 다른 결과를 말할 때 사용한다.

値下_{ねさ}がりするという当初_{とうしょ}の予想_{よそう}に反_{はん}して値上_{ねあ}がりした。
가격이 하락한다는 당초의 예상에 반해 가격이 인상되었다.

親_{おや}の期待_{きたい}に反_{はん}して、彼_{かれ}は進学_{しんがく}しないで就職_{しゅうしょく}することを決_きめた。
부모의 기대와 달리 그는 진학하지 않고 취직하기로 결정했다.

♪ 22-036

33 〜にほかならない　바로 〜이다, 다름 아닌 〜이다　

명사에 붙어 '그 이외의 그 무엇도 아니다'라는 의미를 나타내는 문어체 표현이다. 앞에 오는 내용을 우회적으로 표현하는 듯하지만, 실제로는 매우 강한 단정적인 표현이다.

彼_{かれ}の成功_{せいこう}は努力_{どりょく}の結果_{けっか}にほかならない。　그의 성공은 다름 아닌 노력의 결과이다.

この計算_{けいさん}の間違_{まちが}いの原因_{げんいん}は、入力_{にゅうりょく}ミスにほかならない。
이 계산이 잘못된 원인은 바로 입력 실수다.

♪ 22-037

34 〜に基_{もと}づいて　〜에 근거해서, 〜을 바탕으로　

어떤 사실, 자료, 법칙 등을 바탕으로 어떤 행위가 이뤄질 때 사용한다.

長年_{ながねん}の研究_{けんきゅう}に基_{もと}づいて、論文_{ろんぶん}を書_かいた。　오랜 연구를 바탕으로 논문을 썼다.

教育_{きょういく}は平等_{びょうどう}の原則_{げんそく}に基_{もと}づいて行_{おこな}われなければならない。
교육은 평등의 원칙에 따라 실시되어야 한다.

♪ 22-038

35 ～にわたって　～에 걸쳐서　

범위를 나타내는 말에 붙어 어떤 행위나 상태가 그 범위 전체에 미친다는 의미를 나타낸다.

参加者による討論は、6時間にわたって行われた。
참가자에 의한 토론은 여섯 시간에 걸쳐 진행되었다.

明日は関東地方の全域にわたって、大雨が降るでしょう。
내일은 간토 지방 전역에 걸쳐 큰비가 내리겠습니다.

♪ 22-039

36 ～にあたらない　～(할) 필요 없다, ～(할) 만한 일이 아니다　

그렇게 할 필요가 없다는 의미를 나타낸다. 「驚く(놀라다), 喜ぶ(기쁘다), 恐れる(두려워하다), 感心する(감탄하다), ほめる(칭찬하다)」 등의 감정을 나타내는 동사에 붙는 경우가 많다. 「～にあたらない」를 강조하여 「～にはあたらない」라고 하기도 한다.

こんなことで落胆するにあたらない。 이런 일로 낙담할 필요 없다.

彼が合格したからといって、驚くにはあたらない。
그가 합격했다고 해서 놀랄 필요까지는 없다.

♪ 22-040

37 ～にあって　～에, ～에서　

특별한 상황이라는 의미를 나타내며, 조사 「に」나 「で」의 의미를 지닌다.

どのような困難な状況にあっても、決してあきらめてはいけない。
아무리 곤란한 상황이라도 결코 단념해서는 안 된다.

この不景気にあって、条件のいい仕事を見つけることは難しい。
이 불경기에 조건이 좋은 일을 찾아내는 것은 어렵다.

38 〜にいたって　〜에 이르러서　N1

극단적인 예를 제시하여 강조하는 표현으로, 성과나 결과, 결론 등의 표현이 뒤따른다.

事故が起こるにいたって、ようやく国は対策を立て始めた。
사고가 일어나고 나서야 비로소 정부는 대책을 세우기 시작했다.

彼女は長年努力を重ね、ついに今日の受賞にいたった。
그녀는 오랫동안 노력을 거듭하여 마침내 오늘의 수상에 이르렀다.

39 〜にかかっている　〜에 달려 있다　N1

그것이 매우 중요해서, 그것에 의해 결정된다는 의미를 나타낸다.

会社の発展は、社員の働きいかんにかかっている。
회사의 발전은 사원의 활약 여하에 달려 있다.

交渉がどうなるかは相手の出方にかかっている。
협상이 어떻게 될지는 상대의 태도에 달려 있다.

40 〜にかかわる　〜에 관련된, 〜와 직결된　N1

제시된 내용과 중대한 관련성이 있다는 의미를 나타낸다.

お客様とのトラブルは店の信用にかかわる問題だ。
손님과의 트러블은 가게의 신용과 직결된 문제.

プライバシーを守るということは人権にかかわる大切な問題である。
개인 정보를 보호하는 것은 인권에 관련된 중요한 문제이다.

41 〜に限ったことではない　～에 국한된 것은 아니다　N1

그것 뿐 아니라 다른 것도 많이 있다는 의미를 나타낸다.

家賃が高いのは、東京に限ったことではない。
집세가 비싼 것은 도쿄뿐만이 아니다.

忘れ物は今日に限ったことではない。
물건을 잃어버리는 일은 오늘에 국한된 것은 아니다(평소에도 잘 잃어버린다).

42 〜にかこつけて　～을 구실로, ～을 핑계 삼아　N1

직접적인 이유나 원인이 아닌데도 그것을 핑계로 자신의 행동을 정당화한다는 의미를 나타낸다.

母親の病気にかこつけて、結婚式への出席を断った。
어머니의 병을 핑계 삼아 결혼식 참석을 거절했다.

勉強にかこつけて部屋に閉じこもってゲームをする。
공부를 구실로 방에 틀어박혀 게임을 한다.

43 〜にかたくない　간단히 ～(할) 수 있다, ～(하)기에 어렵지 않다　N1

그 일을 하는 것은 어려운 일이 아니라는 의미를 나타낸다. 주로, 「察するにかたくない(헤아리기 어렵지 않다), 想像するにかたくない(상상하기 어렵지 않다)」와 같은 관용적 표현으로 많이 쓴다.

交通事故で子どもをなくした親の悲しみは、察するにかたくない。
교통사고로 아이를 잃은 부모의 슬픔은 쉽게 헤아릴 수 있다.

予想に反する研究結果にみんなが驚いたことは、想像にかたくない。
예상과는 다른 연구 결과에 모두가 놀란 것은 상상하기 어렵지 않다(상상이 가고도 남는다).

44 〜にかまけて　〜에 매달려서, 〜에 얽매여서

어떤 일에 정신이 팔려 다른 것이 소홀해진다는 의미를 나타낸다.

育児にかまけて読書もできない。 육아에 얽매여서 독서도 할 수 없다.
クラブ活動にかまけて、受験勉強をまったくしなかった。
동아리 활동에 매달려서 수험 공부를 전혀하지 않았다.

45 〜に即して　〜에 입각하여

어떠한 일을 기준으로 삼아 행동하는 것을 나타내는 문어체 표현이다. 사실, 현실, 규범, 현상을 나타내는 명사에 붙는다.

客の要望に即して商品を開発していく。 고객의 요구에 입각해 상품을 개발해 간다.
試験中の不正行為は、校則に即して処理する。
시험 중의 부정행위는 교칙에 입각하여 처리한다.

46 〜にたえない　차마 〜(할) 수 없다

그러한 상황을 견뎌낼 수 없다는 의미를 나타낸다. 참을 수 없을 정도로 심하다. 「聞くにたえない(차마 들을 수 없다), 見るにたえない(차마 볼 수 없다)」처럼 동사 기본형에 붙는 경우가 많다.

この記事は、事実と全く違っていて読むにたえない。
이 기사는 사실과 전혀 달라서 차마 읽을 수가 없다.
受験に失敗し落ち込んでいる様子は、気の毒で見るにたえない。
수험에 실패하여 낙심하고 있는 모습은 불쌍해서 차마 볼 수 없다.

47 ～にたえる　(그런대로) ~(할) 만하다

그럴만한 가치가 있다는 의미를 나타내는 표현이다.

長い間、開発を続け、ようやく販売にたえる製品ができた。
오랫동안 개발을 계속하여 마침내 판매할 만한 제품이 만들어졌다.

この映画は大人の鑑賞にたえるものではない。
이 영화는 성인이 감상할 만한 것이 아니다.

48 ～にたる　～(하)기에 충분하다, ～할 만하다

그렇게 할 만한 가치가 있다는 의미를 나타내며, 긍정적인 내용에 대해서 이야기할 때 사용한다.「～にたる」뒤에는 주로 명사가 온다.

あの議員は我々の代表とするにたる人物だ。
저 의원은 우리 대표로 삼기에 충분한 인물이다.

彼はどんなときでも信頼にたる人です。　그는 어떤 경우에도 신뢰할 만한 사람입니다.

今回の会議では耳を傾けるにたる意見が多く出た。
이번 회의에서는 귀를 기울일 만한 의견이 많이 나왔다.

49 ～にとどまらず　～에 그치지 않고, ～뿐만 아니라

어떤 일이 그것뿐 아니라 더욱 넓은 범위까지 상황이 미친다는 의미로 쓰이며, 문어체 표현이다.

当社は製品を製造するにとどまらず販売も行っています。
당사는 제품을 제조하는데 그치지 않고 판매도 하고 있습니다.

環境破壊は一国の問題にとどまらず、地球規模の問題となっている。
환경 파괴는 한 나라의 문제에 그치지 않고 전 지구적인 문제가 되고 있다.

50 〜にのぼる　　〜에 달하다, 〜에 이르다　N1

수량을 나타내는 말에 붙어서 수량이 결과적으로 상당히 많아지는 경우에 사용한다.

今回の火災による被害は数億円にのぼると言われている。
이번 화재로 인한 피해는 수억 엔에 달하는 것으로 알려져 있다.

ある調査によれば、一ヶ月に一冊も本を読まない中学生が６０パーセントにのぼるそうだ。
어느 조사에 의하면 한 달에 한 권도 책을 읽지 않는 중학생이 60%에 이른다고 한다.

51 〜には及ばない
① 〜(할) 것까지도 없다　② 〜에 미치지 못한다　N1

❶ '그렇게 하지 않아도 좋다', '그렇게 할 필요는 없다'는 의미를 나타낸다.

すぐに退院できるから、見舞いに来るには及ばない。
곧 퇴원할 수 있으니 문병하러 올 필요 없다.

平日の昼間だし、店も大きいので、わざわざ予約をするには及ばないでしょう。
평일 낮이고 가게도 크기 때문에 일부러 예약할 필요는 없을 거예요.

❷ 그 정도의 수준이 못 된다는 의미를 나타낸다.

私がどんなに頑張っても、彼女の実力には及ばない。
내가 아무리 노력해도 그녀의 실력에는 못 미친다.

結婚して、料理が上手になったけれど、まだ母には及ばない。
결혼해서 요리가 능숙해졌지만 아직 어머니에게는 어림도 없다.

♪ 22-055

52 〜にひきかえ   ~와 달리, ~와 대조적으로

양쪽을 비교했을 때, 앞에 제시된 내용과는 완전히 다르다는 의미를 나타낸다.

雨の少なかった去年にひきかえ、今年は雨が多い。
강우량이 적었던 작년과 달리 올해는 비가 많이 내린다.

退職前のあわただしい生活にひきかえ、今の生活はのんびりしていい。
퇴직 이전의 분주한 생활과 대조적으로 지금의 생활은 여유가 있어서 좋다.

♪ 22-056

53 〜にもまして   ~보다도

「〜以上に(~이상으로)」와 같은 의미이다. 제시된 것 이상으로 정도가 심하다는 의미를 나타낸다.

今年は、猛暑だった去年にもまして暑い。 올해는 무더위였던 작년보다도 덥다.

以前にもまして、開発による環境破壊が深刻になった。
이전보다도 개발에 의한 환경 파괴가 심각해졌다.

6 を

01 ~を ~을, ~를

❶ 동작의 대상을 나타낸다. N5

毎日新聞を読みます。 매일 신문을 읽습니다.

毎朝コーヒーを飲みます。 매일 아침 커피를 마십니다.

ナイフでパンを切る。 나이프로 빵을 자르다.

部屋を掃除する。 방을 청소하다.

❷ 이동하는 경로나 기점(출발점)을 나타낸다. N5

このバスは病院の前を通ります。 이 버스는 병원 앞을 지나갑니다.

横断歩道を渡る。 횡단보도를 건너다.

7時にうちを出ました。 일곱 시에 집을 나섰습니다.

次の駅で電車を降ります。 다음 역에서 전철을 내립니다.

❸ 동작이 지속되는 시간을 나타낸다. N4

長い年月を過ごす。 오랜 세월을 지내다.

忙しい日々を送る。 바쁜 나날을 보내다.

昼休みを読書で過ごす。 점심시간을 독서로 보내다.

❹ 사역 표현의 대상을 나타낸다.(주로 자동사의 사역 표현 앞에 쓰인다) N4

親を困らせる。 부모를 곤란하게 만들다.

友だちを笑わせる。 친구를 웃기다.

子どもを泣かせてしまった。 아이를 울려 버렸다.

02 〜を中心に　　〜을 중심으로

앞에 제시된 내용을 가장 중요한 것으로 하여 어떠한 일이 이루어질 때 사용한다.

午後は文法を中心に勉強することになっている。
오후는 문법을 중심으로 공부하게 되어 있다.

人々は彼を中心に集まってきた。 사람들은 그를 중심으로 모여들었다.

03 〜を通じて　　〜을 통해서

매개·수단이 되는 것, 사람을 나타내는 말에 붙어 어떤 일이 행해지는 것을 나타낸다.

インターネットを通じて情報を得る。 인터넷을 통해서 정보를 얻는다.
アルバイトを通じて、働くことのやりがいを学んだ。
아르바이트를 통해서 일하는 것의 보람을 배웠다.

04 〜を通して　　〜을 통해서

매개·수단이 되는 것, 사람을 나타내는 말에 붙어 어떤 일이 행해지는 것을 나타낸다.「〜を通じて」는 문어적 표현이며, 매개나 수단을 사용해 이루어지는 일에 초점이 맞추어져 있다.「〜を通して」는 어떤 일이 행해질 때 어떤 매개나 수단을 사용하는 지에 초점이 맞춰져 있다.

先輩を通して、入学試験の案内をもらった。 선배를 통해 입학 시험 안내를 받았다.
秘書を通して社長との面会を申し込んだ。 비서를 통해 사장과의 면담을 신청했다.

♪ 22-061

05 〜をきっかけに　〜을 계기로

비교적 큰 사건이 시작되거나 변화가 생기거나 하는 직접적인 원인이나 계기를 나타내는 표현이다.

病院に入院したのをきっかけに、お酒を辞めることにした。
병원에 입원한 것을 계기로 술을 끊기로 했다.

子どもが生まれたのをきっかけに、タバコを辞めた。
아이가 태어난 것을 계기로 담배를 끊었다.

♪ 22-062

06 〜を契機に　〜을 계기로, 〜을 계기 삼아

어떤 일이 시작되는 원인이나 동기를 나타내며, 뒤에는 변화된 내용이나 결과가 온다. 「〜をきっかけに」보다 딱딱한 느낌을 준다.

アメリカ出張を契機に、彼は本格的に英語を勉強しはじめた。
미국 출장을 계기 삼아 그는 본격적으로 영어를 공부하기 시작했다.

大地震を契機に、建物の安全に関する関心が高まった。
대지진을 계기로 건물의 안전에 관한 관심이 높아졌다.

♪ 22-063

07 〜を込めて　〜을 담아

어떠한 감정이나 기분을 담아 뒤에 오는 동작을 할 때 사용한다.

愛情を込めてケーキを作った。 애정을 담아 케이크를 만들었다.
彼女は心を込めて父の回復を祈った。 그녀는 정성을 들여 아버지의 회복을 빌었다.

♪ 22-064

08 ～を問(と)わず　～을 불문하고

제시된 것과 관계가 없거나, 그것에 영향을 받지 않는다는 의미를 나타낸다.

我(わ)が社(しゃ)は性別(せいべつ)を問(と)わず、能力(のうりょく)のある人物(じんぶつ)を採用(さいよう)します。
당사는 성별을 불문하고 능력있는 인물을 채용합니다.

この仕事(しごと)は経験(けいけん)の有無(うむ)を問(と)わず、誰(だれ)でも応募(おうぼ)できます。
이 일은 경험 유무를 불문하고 누구든지 응모할 수 있습니다.

♪ 22-065

09 ～をはじめ　～을 비롯해서

하나의 대표적인 예를 강조하여 제시할 때 사용하는 표현이다.

春(はる)になると桜(さくら)をはじめ、様々(さまざま)な花(はな)が咲(さ)き始(はじ)める。
봄이 되면 벚꽃을 비롯하여 다양한 꽃들이 피기 시작한다.

京都(きょうと)はお寺(てら)をはじめ、歴史(れきし)のある建物(たてもの)が多(おお)い。
교토는 절을 비롯하여 역사적인 건물이 많다.

♪ 22-066

10 ～をめぐって　～을 둘러싸고

앞에 오는 내용과 중요한 관련이 있다는 의미를 나타낸다. 주로 논란이나 분쟁 대상을 나타낼 때 사용하는 경우가 많다.

新(あたら)しい法案(ほうあん)をめぐって、意見(いけん)が対立(たいりつ)している。
새로운 법안을 둘러싸고 의견이 대립하고 있다.

親(おや)の遺産(いさん)をめぐって兄弟(きょうだい)が争(あらそ)っている。 부모의 유산을 둘러싸고 형제가 다투고 있다.

11 〜を基に　　〜을 토대로　

「基」는 '토대, 소재'라는 뜻으로「〜を基に」는 무언가를 토대로 하여 새로운 것이 발생하거나 만들어졌을 때 사용한다. 뒤에는 「作る(만들다), 書く(쓰다), 製作する(제작하다), 創作する(창작하다)」 등의 표현이 오는 경우가 많다.

マーケット調査を基に販売計画を立てる。　시장조사를 토대로 판매 계획을 세운다.
奨学金は前学期の成績を基に対象者を決定します。
장학금은 전 학기 성적을 토대로 대상자를 결정합니다.

12 〜を限りに　　〜을 끝으로　

주로「今日(오늘), 今月(이번 달), 今年(올해)」와 같은 시간 표현 뒤에 붙어 시간적인 한도를 나타낸다.

村田選手は今日の試合を限りに引退する。
무라타 선수는 오늘 경기를 끝으로 은퇴한다.
今月末を限りに当店は閉店いたします。長い間ありがとうございました。
이달 말을 끝으로 당 점포는 폐점합니다. 오랫동안 감사했습니다.

13 〜を皮切りに　　〜을 시작으로　

그것을 시작으로, 관련된 일이 이어진다는 의미를 나타낸다.

山田教授の発言を皮切りにいろいろな意見が発表された。
야마다 교수의 발언을 시작으로 다양한 의견이 발표되었다.
その展覧会は東京を皮切りに、全国６都市を回りながら開催される。
그 전람회는 도쿄를 시작으로 전국 6개 도시를 돌며 개최된다.

♪ 22-070

14 〜をおいて　〜외에, 〜을 놓아두고　N1

그것밖에 없다는 의미를 우회적으로 강조하여 나타낸다. 뒤에는 주로 부정 표현이 온다.

この難しい任務を果たせるのは、彼をおいて他にはいない。
이 어려운 임무를 완수할 수 있는 사람은 그를 놓아두고는 달리 없다.

話し合いをおいて他に問題解決の道はない。
대화 외에 달리 문제 해결의 길은 없다.

♪ 22-071

15 〜をおして　〜을 무릅쓰고, 〜을 물리치고　N1

곤경이나 난관이 있는데도 무리하는 상황을 나타낼 때 사용하는 표현이다.

彼は親の反対をおして彼女と結婚した。
그는 부모의 반대를 무릅쓰고 그녀와 결혼했다.

彼は病気をおして会議に出席した。　그는 병을 무릅쓰고 회의에 출석했다.

♪ 22-072

16 〜を機に　〜을 계기로, 〜을 기회로　N1

어떠한 것이 기회나 동기가 된다는 의미를 나타낸다.

引っ越しを機に家具を買い替えた。　이사를 계기로 가구를 교체했다.

卒業を機に一人暮らしを始めた。　졸업을 계기로 자취를 시작했다.

♪ 22-073

17 ～を禁じえない　　～을 금할 수 없다

감정 표현 뒤에 붙어서, 그러한 감정을 억제할 수 없다는 의미를 나타낸다.

今回の事件に関しては、怒りを禁じえない。
이번 사건에 관해서는 분노를 금할 수 없다.

映画を見て、感動的な最後の場面に涙を禁じえなかった。
영화를 보고 감동적인 마지막 장면에 눈물을 금할 수가 없었다.

♪ 22-074

18 ～を踏まえて　　～을 토대로, ～에 입각하여

무언가를 근거나 전제로 한 뒤에 행동이나 생각을 한다는 의미를 나타낸다. 격식차린 표현이며, 문어체이다.

市場調査を踏まえて製品の開発を進めなければならない。
시장 조사를 토대로 제품 개발을 진행해야 한다.

これまでの反省を踏まえて実行可能な計画を立てるべきだ。
지금까지의 반성을 토대로 실행 가능한 계획을 세워야 한다.

♪ 22-075

19 ～を経て　　～을 거쳐

어떤 과정이나 단계를 거쳐서 일이 이루어질 때 사용한다.

新しい協定は議会の承認を経て認められた。
새로운 협정은 의회의 승인을 거쳐 인정되었다.

厳しい予選を経て、決勝に進んだ。 엄격한 예선을 거쳐 결승에 진출했다.

20 ～をも　　～도, ～조차도　　N1

동작이나 상태의 대상을 강조하여 나타낸다.

彼は批判をも恐れず、行動した。 그는 비판도 두려워하지 않고 행동했다.

このレストランの料理は、視覚をも満足させてくれる。
이 레스토랑의 요리는 시각도 만족시켜준다.

21 ～をもって　　～으로, ～로써　　N1

❶ 수단, 방법

어떤 수단이나 방법을 통해 어떤 일을 한다는 것을 나타내며, 문어체 표현이다.

試験の結果は、書面をもってお知らせします。
시험 결과는 서면으로 알려드리겠습니다.

もめ事を暴力をもって解決するのはよくない。
분쟁을 폭력으로 해결하는 것은 좋지 않다.

❷ 시간 강조

특정 시점을 기준으로 어떤 일이 시작되거나 끝나는 것을 강조할 때 사용한다.

本日は8時をもって営業を終了いたします。
오늘은 여덟 시에 영업을 종료합니다.

当社は9月1日をもって、川田商事と合併いたします。
당사는 9월 1일로 가와다 상사와 합병합니다.

22 ～をものともせず
~에도 아랑곳하지 않고, ~을 대수롭지 않게 여기고

주로「困難(곤란), 反対(반대), 暑さ(더위)」등과 같은 무언가 장애 요인을 나타내는 명사 뒤에 주로 붙어서 그것에 지지 않고 극복한다는 느낌을 나타낼 때 사용한다.

選手たちは疲れをものともせず、最後まで力いっぱい戦った。
선수들은 피로에도 아랑곳하지 않고 끝까지 힘껏 싸웠다.

不況をものともせず成長を続けている企業がある。
불경기에도 아랑곳하지 않고 성장을 계속하는 기업이 있다.

23 ～を余儀なくされる
어쩔 수 없이 ~(하)다

어쩔 수 없이 그러한 동작을 하게 되거나, 그러한 상태로 될 수 밖에 없다는 의미를 나타낸다.

経営悪化のため社長は退陣を余儀なくされた。
경영 악화로 인하여 사장은 어쩔 수 없이 퇴진해야만 했다.

地震で家を失った人々は避難所での生活を余儀なくされた。
지진으로 집을 잃은 사람들은 어쩔 수 없이 대피소에서 생활해야만 했다.

24 ～をよそに
~을 개의치않고, ~에도 아랑곳하지 않고

방치하거나 무시한다는 의미를 나타낸다. 「～をものともせずに」와 비슷한 의미를 지니지만「～をよそに」는 대개 부정적인 흐름을 나타내는 경우에 사용된다.

みんなの期待をよそに代表チームは連敗した。
모두의 기대에도 아랑곳하지 않고 대표 팀은 연패했다.

住民の反対をよそに、ダムの建設工事が進められている。
주민의 반대를 개의치 않고 댐 건설 공사가 진행되고 있다.

7 と와 や

♪ 22-081

01 ～と   ～와/과, ～라고

❶ 여러 개의 사물을 열거하여 나타낸다. N5

本とノートを買いました。 책과 노트를 샀습니다.

コーヒーとケーキを注文した。 커피와 케이크를 주문했다.

カメラとかばんがほしい。 카메라와 가방을 갖고 싶다.

❷ 동작을 함께하는 상대방을 나타낸다. N5

田中さんとテニスをしました。 다나카 씨와 테니스를 쳤습니다.

子どもと野球を見に行く。 아이와 야구를 보러 간다.

山田さんとご飯を食べました。 야마다 씨와 점심밥을 먹었습니다.

❸ 동작의 상대방을 나타낸다. N5

弟とけんかする。 남동생과 싸우다.

自転車とぶつかった。 자전거와 부딪혔다.

 **TIP**

◆ に会う vs と会う
喫茶店で田中さんに会う。 찻집에서 다나카 씨를 만나다. [단순한 동작의 상대방]
喫茶店で田中さんと会う。
찻집에서 다나카 씨와 만나다. [대등한 입장을 강조하는 동작의 상대방]

❹ 동작의 결과를 나타낸다 N5

忘れられない思い出となる。 잊을 수 없는 추억이 되다.

うちのチームがトップとなった。 우리 팀이 1위가 되었다.

◆ になる vs となる

大(だい)学(がく)生(せい)になる。 대학생이 되다 [동작의 결과 (귀착점: 마침내 대학생이 되다)]

大(だい)学(がく)生(せい)となる。 대학생이 되다 [동작의 결과 (내용: 대학생 신분이 되다)]

❺ 문장의 내용을 인용한다. N5

彼(かのじょ)女はおいしいと言(い)った。 그녀는 맛있다고 말했다.

あそこに「入(い)り口(ぐち)」と書(か)いてあります。 저기에 '입구'라고 적혀 있습니다.

友(とも)だちは「旅(りょ)行(こう)はどうだった」と私(わたし)に聞(き)きました。
친구는 '여행은 어땠어?'라고 내게 물었습니다.

❻ 비교의 기준을 나타낸다. N4

私(わたし)もあなたと同(おな)じ考(かんが)えです。 나도 당신과 같은 생각입니다.

それとこれとは違(ちが)う。 그것과 이것과는 다르다.

兄(あに)と比(くら)べると、弟(おとうと)の方(ほう)が背(せ)が高(たか)い。 형과 비교하면, 동생 쪽이 키가 크다.

❼ 어떤 상태를 설명한다. 부사 뒤에 붙는 경우가 많다. N4

ゆっくりと話(はな)してください。 천천히 이야기해 주세요.

公(こう)園(えん)をぶらぶらと歩(ある)いている。 공원을 어슬렁어슬렁 걷고 있다.

きっぱりと断(ことわ)った。 단호하게 거절했다.

♪ 22-082

02 ～という ～라는   N4

명사와 명사 사이에 「～という」를 넣어서 '그렇게 불리는'이라는 인용의 의미를 나타낸다. 이때 「～という」의 앞뒤에 오는 명사는 같은 내용으로 동격을 나타낸다.

山(やま)田(だ)さんという人(ひと)から電(でん)話(わ)がありました。
야마다 씨라는 사람에게서 전화가 있었습니다.

これは「さば」という魚(さかな)です。 이것은 '고등어'라는 생선입니다.

♪ 22-083

03 ～というと / ～といえば　～라고 하면, ~로 말하자면   N3

어떤 화제를 제시하거나, 그 화제로부터 연상한 내용을 거론할 때 사용한다.

春(はる)というと、桜(さくら)を思(おも)い浮(う)かべます。 봄이라고 하면 벚꽃을 떠올립니다.

スポーツといえばあなたは何(なに)が好(す)きですか。
스포츠로 말하자면 당신은 무엇을 좋아합니까?

A　うどん、食(た)べに行(い)きませんか。 우동 먹으러 가지 않겠습니까?
B　そうね。うどんといえば、駅前(えきまえ)の店(みせ)がおいしいね。
　　그래. 우동이라고 하면 역 앞의 가게가 맛있어.

♪ 22-084

04 ～として　～로서   N3

신분이나 자격을 나타내는 표현이다.

代表(だいひょう)として会議(かいぎ)に出席(しゅっせき)します。 대표로서 회의에 출석합니다.

ライさんは留学生(りゅうがくせい)として日本(にほん)へ来(き)た。 라이 씨는 유학생으로서 일본에 왔다.

♪ 22-085

05 ～とともに　～와 더불어, ~와 함께   N3

어느 한가지의 변화와 더불어 다른 변화가 발생한다는 의미를 나타낸다. 변화를 나타내는 「～にしたがって、～につれて、～に伴(ともな)って(~에 따라서)」와 비슷한 표현이다. 다만 「～とともに」는 두 가지가 동시에 진행된다는 느낌을 더 강하게 준다.

時代(じだい)の流(なが)れとともに人々(ひとびと)の考(かんが)え方(かた)も変(か)わるものだ。
시대의 흐름에 따라 사람들의 생각도 바뀌는 법이다.

子(こ)どもが成長(せいちょう)するとともに、欲(ほ)しがるプレゼントが変(か)わってくる。
아이가 성장하면서 갖고 싶어하는 선물이 바뀌게 된다.

PART 22 조사 I　345

♪ 22-086

06 ～といっても   ~라고 해도   N2

앞의 내용에서 '일반적으로 예상되는 것과는 달리 실제는 ~하다'라고 설명할 때 사용한다.

春といってもまだ寒い日が続いている。
봄이라고 해도 아직 추운 날이 계속되고 있다.

家を買ったといっても小さなマンションです。
집을 샀다고 해도 작은 맨션(아파트)입니다.

♪ 22-087

07 ～というより   ~라기보다   N2

두 가지 내용을 비교하여 뒷내용 쪽으로 표현하는 것이 적당하다는 의미를 나타낸다.

彼は学者というより政治家に近い。 그는 학자라기보다 정치가에 가깝다.

冷房が効きすぎて、涼しいというより寒いぐらいだ。
냉방이 너무 잘 되어서 시원하다기보다 추울 정도다.

♪ 22-088

08 ～としたら・～とすれば   ~라고 한다면, ~라고 가정하면   N2

'~라고 가정한다면'의 의미로서,「～としたら」앞의 내용을 그렇다고 가정하는 경우를 나타낸다. 회화에서는「～としたら」를 많이 사용한다.「～なら」에 가까운 표현이다.

旅行に行くとしたら、どこに行きたいですか。
여행을 간다고 하면 어디로 가고 싶습니까?

この話が本当だとすれば大変なことになる。
이 이야기가 사실이라고 하면 큰일난다.

♪ 22-089

09 〜としても   〜라고 해도   N2

주로 문장 뒤에 붙어서 그렇다고 가정할지라도 역접의 상황이 뒤따를 때 사용하는 문형이다.

お金がないので、買うとしても、一番安いのしか買えない。
돈이 없기 때문에 산다고 해도 제일 싼 것밖에 살 수 없다.

短い休みなので、旅行に行くとしても、近いところになるだろう。
짧은 휴가라서 여행을 간다고 해도 가까운 곳이 될 것이다.

♪ 22-090

10 〜とは限らない   〜라고 단정할 수 없다   N2

반드시 그렇다고는 말할 수 없다는 예외적인 상황을 나타내는 표현이다.

お金がたくさんあるからといって幸せだとは限らない。
돈이 많다고 해서 행복하다고는 할 수 없다.

アメリカに長く住んでいたからといって、英語がうまいとは限らない。
미국에 오래 살았다고 해서 영어가 능숙하다고는 할 수 없다.

♪ 22-091

11 〜とあいまって   〜과 맞물려, 〜과 어우러져   N1

둘 이상의 것이 서로 상호 작용을 하여 더욱더 큰 효과나 결과를 나타낸다. 「AがBとあいまって」의 형태 외에도 「AとB(と)があいまって」의 형태로 쓰이기도 한다.

山の紅葉が青空とあいまってとても美しかった。
산의 단풍과 푸른 하늘이 어우러져 매우 아름다웠다.

彼女の才能と努力があいまって、見事にコンクールで優勝した。
그녀의 재능과 노력이 어우러져 멋지게 콩쿠르에서 우승했다.

12 ～とあって   ～라서, ～이기 때문에   N1

원인을 나타내는 표현으로, 특히 상황을 강조하여 나타낸다.

連休とあって、遊園地は相当混雑していた。
연휴라서 유원지는 상당히 혼잡스러웠다.

年に一度のセールとあって多くの人が詰めかけた。
1년에 한 번인 세일이라서 많은 사람이 몰려들었다.

13 ～とあれば   ～라면   N1

그러한 상황이라면 어떤 일이라도 한다는 의미를 나타내는 경우에 주로 사용한다.

子どものためとあれば、親は何でもしてやりたいと思うものだ。
자녀를 위해서라면 부모는 무엇이든 해주고 싶다고 생각하는 법이다.

上司の命令とあれば、いやと言うわけにはいかない。
상사의 명령이라면 싫다고 말할 수는 없다.

14 ～といえども   ～이라고 해도   N1

주로 명사 뒤에 붙어서 '설령 그러한 상황이라 할지라도'라는 역접의 의미를 나타낸다. 뒤 문장의 내용을 강조한다.

マンガといえども立派な文化の産物である。
만화라고 해도 훌륭한 문화의 산물이다.

大企業といえども倒産の可能性がないわけではない。
대기업이라고 해도 도산 가능성이 없는 것은 아니다.

15 ~といったらない　정말이다 ~(하)다, 몹시 ~(하)다

어떠한 것의 정도가 매우 강하다는 의미를 강조하여 나타낸다.

あのレストランの料理はまずいといったらない。
그 레스토랑의 요리는 정말이지 맛이 없다.

今回の台風の強さといったらない。建物が揺れるほどだ。
이번 태풍의 강함은 이루 말할 수 없다. 건물이 흔들릴 정도다.

16 ~といっても過言ではない　~라고 해도 과언이 아니다

'그렇게 말해도 과장된 것은 아니다', '정말로 그럴 만하다'와 같은 일종의 강조 표현이다.

春のお花見は日本人の年中行事といっても過言ではない。
봄의 꽃놀이는 일본인의 연중행사라고 해도 과언이 아니다.

この山の景色は日本一といっても過言ではない。
이 산의 경치는 일본 제일이라고 해도 과언이 아니다.

17 ~と思いきや　~라고 생각했더니

문어체 표현으로 뒤에는 생각했던 것과는 다른 뜻밖의 결과가 오는 경우가 많다.

今度の試験は絶対合格と思いきやまた落ちてしまった。
이번 시험은 절대 합격할 것이라고 생각했는데 또 떨어졌다.

簡単そうな問題だったからすぐ解けると思いきや、案外難しくてかなり苦労した。
간단해 보이는 문제였기 때문에 금세 풀 수 있을 거라고 생각했는데 의외로 어려워서 상당히 고생했다.

18 ～ときたら　～는, ～로 말할 것 같으면　N1

 22-098

「～ときたら」앞에 오는 명사에 대한 비난, 놀람 등의 느낌을 나타낸다.

父ときたら、休みの日には一日中寝ている。　아빠는 쉬는 날에는 하루 종일 잔다.

この本ときたら全然おもしろくないので、もう読む気がしない。
이 책으로 말할 것 같으면 전혀 재미가 없어서 더 이상 읽고 싶은 생각이 들지 않는다.

19 ～とは　～라니　N1

 22-099

조사 「と」와 「は」가 결합된 표현이다. 앞에 오는 내용을 강조하여 놀람이나 감탄을 나타낸다.

半年の勉強であの試験に合格するとは驚きだ。
반년 공부해서 그 시험에 합격하다니 놀라운 일이다.

あのまじめな男が犯人だったとは信じられない。
그 성실한 사람이 범인이었다니 믿을 수 없다.

20 ～とはいえ　～라고는 해도, ～기는 하지만　N1

 22-100

「といっても」와 거의 같은 의미이지만 「とはいえ」가 더 딱딱한 표현이다.

日々の練習が大切とはいえ、毎日続けるのは難しい。
평소의 연습이 중요하다고는 하지만 매일 계속하는 것은 어렵다.

運転免許を持っているとはいえ、ほとんど運転していない。
운전면허를 가지고 있기는 하지만 거의 운전하지 않는다.

♪ 22-101

21 〜ともなく・〜ともなしに
무심코〜, 특별히 〜(하)려는 생각없이

「〜ともなく・〜ともなしに」의 앞뒤로 같은 동사를 반복하여 무의식적으로 그러한 동작을 하고 있다고 표현할 때 사용한다. 대표적인 예가 「見るともなしに見る(무심코 보다), 聞くともなしに聞く(무심코 듣다)」이다.

昨日は一晩中眠れず、テレビを見るともなく見ていた。
어제는 밤새도록 잠이 안 와서 텔레비전을 무심코 보고 있었다.

となりの席の話を聞くともなしに聞いていたら、旅行の話だった。
옆자리의 이야기를 무심코 듣고 있었더니 여행 이야기였다.

♪ 22-102

22 〜ともなると　〜라도 되면, 〜쯤 되면

특정 상황이나 입장이 되면 그에 걸맞는 변화, 책임이 수반되는 의미를 나타낸다. 지위나 직업, 시간 등에 주로 사용한다.

この公園は休みともなると、家族連れで賑わう。
이 공원은 휴일이라도 되면 가족동반객들로 붐빈다.

上級クラスともなると、習う漢字もかなり難しいという。
고급반이라도 되면 배우는 한자도 꽤 어렵다고 한다.

♪ 22-103

23 〜や　〜랑, 〜나

주로 명사 뒤에 붙어서 사물을 나열하거나 열거할 때 사용된다.

テーブルの上にみかんやりんごがあります。　탁자 위에 귤이랑 사과가 있습니다.

朝、パンや果物を食べます。　아침에 빵이나 과일을 먹습니다.

シャツやネクタイを買いました。　셔츠랑 넥타이를 샀습니다.

8 の

♪ 22-104

① 명사와 명사를 연결하여 나타낸다. N5

뒤에 오는 명사의 소유, 소속, 상태 등을 표현한다.

それは田中さんのかばんです。 그것은 다나카 씨의 가방입니다. [소유]
母は高校の先生です。 어머니는 고등학교 선생님입니다. [소속]
旅行の準備をする。 여행 준비를 한다. [목적]
これは日本語の本です。 이것은 일본어 책입니다. [내용]
毎日漢字の勉強をします。 매일 한자 공부를 합니다. [내용]

② 명사를 수식하는 문장의 주격을 나타낸다. N4

연체수식절(명사를 수식하는 문장)의 조사 「が」를 「の」로 교체하여 나타낸다.

友だちの作った料理を食べました。 친구가 만든 요리를 먹었습니다.
= 友だちが作った料理を食べました。

背の高い人が田中さんです。 키가 큰 사람이 다나카 씨입니다.
= 背が高い人が田中さんです。

③ 소유물을 나타낸다. N5

명사 뒤에 붙어서 '~의 것'이라는 소유물의 의미를 나타낸다. 즉 「の」에 명사의 내용이 포함되어 있다.

A これはだれのかさですか。 이것은 누구의 우산입니까?
B 私のです(私のかさです)。 제 것입니다(제 우산입니다).

それは私のです(それは私の本です)。 그것은 제 것입니다(그것은 제 책입니다).
そのかばんは田中さんのです。 그 가방은 다나카 씨의 것입니다.

❹ 문장이나 어구를 명사로 만들어 나타낸다.

彼が走っているのが見えた。 그가 달리고 있는 것이 보였다.

朝早く散歩するのが好きなんです。 아침 일찍 산책하는 것을 좋아합니다.

もうちょっと安いのを見せてください。 좀 더 싼 것을 보여 주세요.

A どのネクタイを買いますか。 어느 넥타이를 삽니까?
B 赤いのを買います。 빨간 것을 살 거예요.

❺ 강조하여 설명하거나 확신에 찬 단정을 나타낸다.

「〜のだ, 〜のです」의 형태로 어떠한 내용을 설명하거나 주장하거나 단정하는 의미를 나타낸다. 「〜のだ」를 축약하여 「〜んだ」라고 하기도 한다.

熱がある。風邪をひいたのだ。 열이 있다. 감기에 걸린 것이다.

これでいいのです。 이걸로 된 거예요.

今はとても忙しいんだ。 오늘은 매우 바쁜 것이다.

「の」의 의미 중, '❸ 소유물을 나타낸다, ❹ 문장이나 어구를 명사로 만들어 나타낸다, ❺ 강조하여 설명하거나 확신에 찬 단정을 나타낸다'는 명사와 비슷한 용법으로 사용되므로 준체조사라고 부르기도 한다. 또한 ❸과 ❹는 형식명사의 범주에 넣기도 한다.

9 へ

♪ 22-105

❶ 동작의 귀착점(목적지)을 나타낸다. N5

友だちとデパートへ買い物に行きました。 친구와 백화점에 쇼핑하러 갔습니다.

明日日本へ行きます。 내일 일본에 갑니다.

これから学校へ行きます。 이제부터 학교에 갑니다.

❷ 동작이 향하는 상대방을 나타낸다. N5

うちへ電話します。 집으로 전화하겠습니다.

母へプレゼントを贈る。 어머니에게 선물을 주다.

友だちへ手紙を書いた。 친구에게 편지를 썼다.

> **TIP**
>
> ◆ ～に行く vs ～へ行く
> 東京に行く。 도쿄에 가다.
> 東京へ行く。 도쿄로 가다.
>
> 「に」는 귀착점(목적지)을 강조하며, 「へ」는 방향을 강조한다.

10 から

♪ 22-106

01 〜から　〜부터, 〜에서, 〜로　

❶ 공간적인 기점(출발점)을 나타낸다.

ジョンさんはアメリカから来ました。 존 씨는 미국에서 왔습니다.

太陽は東からのぼる。 태양은 동쪽에서 떠오른다.

家から学校まで1時間かかります。 집에서 학교까지 한 시간 걸립니다.

❷ 시간적인 기점(출발점)을 나타낸다.

3時から会議が始まる。 세 시부터 회의가 시작된다.

毎年11月から12月までとても忙しい。 매년 11월부터 12월까지 매우 바쁘다.

この学校は9時から4時までです。 이 학교는 아홉 시부터 네 시까지입니다.

❸ 원인이나 근거를 나타낸다.

不注意から事故が起こる。 부주의에서 사고가 일어난다.

服装から学生だと分かった。 복장에서 학생이라고 알 수 있었다.

話し方から相手の気持ちが分かる。 말투에서 상대방의 기분을 알 수 있다.

❹ 원료나 성분을 나타낸다.

このお酒は米から作りました。 이 술은 쌀로 만들었습니다.

ミルクからチーズを作る。 우유로 치즈를 만든다.

石油からプラスチックを作る。 석유에서 플라스틱을 만든다.

PART 22 조사 I　355

❺ 동작의 주체를 나타낸다.

友<ruby>とも</ruby>だちから手<ruby>てがみ</ruby>紙をもらった。 친구로부터 편지를 받았다.

校長先生<ruby>こうちょうせんせい</ruby>から卒業生<ruby>そつぎょうせい</ruby>に辞書<ruby>じしょ</ruby>が渡<ruby>わた</ruby>されました。

교장 선생님에게서 졸업생으로 사전이 건네졌습니다.

鈴木<ruby>すずき</ruby>さんから電話<ruby>でんわ</ruby>がありました。 스즈키 씨에게서 전화가 왔었습니다.

02 ～から～にかけて　～부터 ～에 걸쳐서　 N3

시간적·공간적 범위를 나타내는 표현이다.

この辺<ruby>へん</ruby>は、春<ruby>はる</ruby>から夏<ruby>なつ</ruby>にかけて、花<ruby>はな</ruby>がたくさん咲<ruby>さ</ruby>く。
이 근처는 봄부터 여름에 걸쳐 꽃이 많이 핀다.

南部地方<ruby>なんぶちほう</ruby>から中部地方<ruby>ちゅうぶちほう</ruby>にかけて強<ruby>つよ</ruby>い雨<ruby>あめ</ruby>が降<ruby>ふ</ruby>っている。
남부 지방에서 중부 지방에 걸쳐 강한 비가 내리고 있다.

03 ～からいうと・～からいえば　～로 보아　 N2

「～からいうと」 앞에는 판단의 근거가 되는 내용이 오며, 뒷부분에는 판단의 내용이 온다. 판단의 기준이나 관점을 나타내는 비슷한 표현으로 「～から見<ruby>み</ruby>ると / ～から見<ruby>み</ruby>れば」, 「～からすると / ～からすれば」가 있다.

祖父<ruby>そふ</ruby>の現在<ruby>げんざい</ruby>の健康状態<ruby>けんこうじょうたい</ruby>からいうと長期<ruby>ちょうき</ruby>の旅行<ruby>りょこう</ruby>は無理<ruby>むり</ruby>だろう。
할아버지의 현재 건강 상태로 보아 장기간의 여행은 무리일 것이다.

彼<ruby>かれ</ruby>の性格<ruby>せいかく</ruby>からいえば、決<ruby>けっ</ruby>して諦<ruby>あきら</ruby>めることはないだろう。
그의 성격으로 보아 결코 포기하지 않을 것이다.

04 ～からすると・～からすれば　～로 보아　N2

화자가 어떤 관점이나 기준에서 판단할 때의 근거를 나타내는 표현이다.

話し方からすると、彼は東京の人ではないようだ。
말투로 보아 그는 도쿄 사람이 아닌 모양이다.

我がチームの今の実力からすれば勝利は難しい。
우리 팀의 지금 실력으로 보아 승리는 어렵다.

05 ～からみると・～からみれば　～로 보아　N2

화자가 어떤 관점이나 기준에서 판단할 때의 근거를 나타내는 표현이다.

この成績からみると、彼は今度の試験に合格するに違いない。
이 성적으로 보아 그는 이번 시험에 틀림없이 합격할 것이다.

平凡な私からみれば、彼女は才能豊かな女性だ。
평범한 내가 보기에 그녀는 재능이 풍부한 여성이다.

06 ～からして　～부터　N2

대표적인 예를 들어 나타낸다. 하나의 예를 들어 '다른 것은 물론이지만, 그것은 말할 필요도 없다'라는 강조 용법으로 사용한다.

最近の若者は、あいさつからしてきちんとできない。
요즘 젊은이들은 인사부터 제대로 못한다.

彼の下品な話し方からして気に入らない。
그의 상스러운 말투부터 마음에 들지 않는다.

07 ～からある　　～나 되는　♪ 22-112　

수량을 나타내는 명사 뒤에 붙어서, 길이·무게·높이·거리 등의 수량이 많다는 것을 강조한다.

彼は50キロからある荷物を片手で持ち上げた。
그는 50kg나 되는 짐을 한 손으로 들어 올렸다.

400ページからある本を一晩で読みきった。
400페이지나 되는 책을 하룻밤에 다 읽었다.

08 ～からなる　　～으로 이루어진, ～으로 구성되는　♪ 22-113　

앞에 제시된 것의 구성 요소를 나타내는 표현이다.

父母と未婚の子どもからなる家族を核家族という。
부모와 미혼 자녀로 구성된 가족을 핵가족이라고 한다.

水は酸素と水素からなっている。　물은 산소와 수소로 이루어져 있다.

11 より

♪ 22-114

❶ 비교의 기준을 나타낸다. N5

昨日(きのう)より今日(きょう)のほうが暖(あたた)かい。 어제보다 오늘이 따뜻하다.

思(おも)ったより簡単(かんたん)だ。 생각보다 간단하다.

紅茶(こうちゃ)よりコーヒーのほうが好(す)きです。 홍차보다 커피를 좋아합니다.

❷ 시간적, 공간적인 기점(출발점)을 나타낸다. N5

会議(かいぎ)は3時(さんじ)より始(はじ)まる。 회의는 세 시부터 시작한다.

父(ちち)より手紙(てがみ)が届(とど)いた。 아버지로부터 편지가 도착했다.

ここより先(さき)に入(はい)ってはいけない。 이곳에서 앞으로 들어가면 안된다.

조사 Ⅱ

1. 부조사
2. は
3. も
4. か
5. など
6. くらい・ぐらい
7. まで
8. とか
9. だけ
10. しか
11. ばかり
12. なんか
13. ほど
14. こそ
15. でも
16. 기타 조사

1 부조사

부조사는 다양한 표현 뒤에 붙어서 특별한 의미를 추가적으로 나타낸다.

> は　　　も　　　か　　　だけ　　　ばかり
> ほど　　こそ　　でも　　さえ

空は青い。 하늘은 푸르다. [주제]

時間も金もない。 시간도 돈도 없다. [열거]

だれか来たようだ。 누군가 온 듯하다. [불확실]

5分くらい待つ。 5분 정도 기다리다. [정도]

会社まで1時間ほどかかる。 회사까지 한 시간 정도 걸린다. [정도]

お茶だけでいい。 차만으로도 좋다(차 한 잔이면 된다). [한정]

肉ばかり食べる。 고기만 먹는다. [한정]

こちらこそよろしくお願いします。 저야말로 잘 부탁합니다. [강조]

映画でも見ましょう。 영화라도 봅시다. [예시]

これは子どもさえできる。 이것은 어린이조차 할 수 있다. [유추]

2 は

♪ 23-002

01 ～は　～은, ～는

「は」는 본디 [ha]로 읽지만, 조사로 사용되는 경우에 한해서만 [wa]로 발음하므로 주의해야 한다. 어떠한 내용을 주제로 제시하는 것이 가장 기본적인 용법이다.

❶ 제시된 내용에 대하여 설명하거나 판단한다. N5

山田さんは銀行員です。　야마다 씨는 은행원입니다.

父は出かけている。　아버지는 외출 중이다.

日本は地震が多い。　일본은 지진이 많다.

❷ 두 가지 이상의 판단을 대조적으로 나타낸다. N5

紅茶は飲みますが、コーヒーは飲みません。
홍차는 마시지만 커피는 마시지 않습니다.

レポートは書きましたが、印刷はしていません。
보고서는 썼습니다만, 인쇄는 하지 않았습니다.

支出を増やすのは簡単だが、支出を減らすのは難しい。
지출을 늘리기는 쉽지만 지출을 줄이기는 어렵다.

❸ 서술하는 내용을 강조한다. N3

そのことは一生忘れはしない。　그 일은 평생 잊지는 않겠다.

喜んでばかりはいられない。　기뻐하고만 있을 수는 없다.

彼の英語力はあまり高くはありません。
그의 영어 실력은 그다지 뛰어나지는 않습니다.

02 〜はもちろん　～은 물론

앞 부분의 내용은 당연하고 정도가 더 심한 어떤 것이 더해진다는 의미를 나타낸다.

国内旅行はもちろん海外旅行も日常的になった。
국내 여행은 물론 해외 여행도 일상적이 되었다.

この授業は復習はもちろん予習もしなければなりません。
이 수업은 복습은 물론 예습도 해야 합니다.

03 〜はもとより　～은 물론

앞 부분의 내용은 당연하고 정도가 더 심한 어떤 것이 더해진다는 의미를 나타낸다. 「〜はもとより」는 「〜はもちろん」보다 딱딱한 표현이다.

ここは休みの日はもとより、平日も観光客でいっぱいだ。
여기는 휴일은 물론, 평일도 관광객들로 가득하다.

この仕事は、土曜日はもとより日曜日も出勤することがある。
이 일은 토요일은 물론 일요일에도 출근하는 경우가 있다.

04 〜はともかく　～은 어쨌든, ～은 그렇다 치고

앞에 제시된 내용보다도 뒤에 제시된 내용을 먼저 생각해야 한다는 의미가 담겨 있다.

結果はともかく、努力が大切だ。　결과는 어쨌든 노력이 중요하다.

この店の料理は、味はともかく量は多い。　이 가게의 요리는 맛은 어쨌든 양은 많다.

05 ～は抜きにして   ~은 빼고, ~은 빼기로 하고

동사「抜く」에는 '빼다, 제외하다'의 의미가 있으므로, 그 변형된 형태인「～は抜きにして」는 무언가를 생략하거나 제외한다는 의미를 나타낸다.

今日の会は仕事の話は抜きにして楽しく飲もう。
오늘 모임은 일 이야기는 빼고 즐겁게 마시자.

堅いあいさつは抜きにして早速打ち合わせを始めましょう。
딱딱한 인사는 빼고 즉시 협의회를 시작합시다.

06 ～は言うに及ばず   ~은 말할 것도 없고

그것은 물론이고 다른 것도 추가된다는 느낌을 강조하여 나타낸다.

テストの成績は言うに及ばず出席状況も評価に反映される。
시험 성적은 말할 것도 없고 출석 상황도 평가에 반영된다.

連休中、遊園地は言うに及ばず、美術館まで家族連れであふれていた。
연휴 중에는 유원지는 말할 것도 없고 미술관까지 가족 동반으로 넘쳤다.

07 ～はおろか   ~은커녕, ~은 말할 것도 없고

「Aはおろか B」의 형태로 사용하며, A는 말할 것도 없고 B도 그러하다는 의미를 나타낸다.

足のけがで、走ることはおろか、歩くことさえできない。
다리 부상으로 달리는 것은커녕 걷는 것조차 할 수 없다.

忙しかったので食事はおろかコーヒーを飲む時間もなかった。
바빴기 때문에 식사는커녕 커피를 마실 시간도 없었다.

08 ～はさておき　～은 제쳐두고, ～은 어쨌든

더 중요한 주제를 제시할 때 사용한다.

何はさておき、まずは乾杯しましょう。 만사 제쳐두고 우선 건배합시다.

この製品は、見た目はさておき性能がすごいらしい。
이 제품은 겉모습은 어쨌든 성능이 대단하다고 한다.

 **も**

01 〜も   〜도, 〜나

❶ 같은 종류의 내용을 열거하여 나타낸다.

田中さんは英語も日本語もできます。
다나카 씨는 영어도 일본어도 할 수 있습니다.

明日は午前も午後も暇です。 내일은 오전도 오후도 한가합니다.

英語も数学も苦手だ。 영어도 수학도 서툴다.

❷ 같은 종류의 내용을 추가하여 나타낸다.

今日も暑いですね。 오늘도 덥군요.

この店は安いし、味もいい。 이 가게는 싸고 맛도 좋다.

あなたが行くなら私も行きます。 당신이 간다면 나도 가겠습니다.

❸ 의문을 나타내는 단어에 붙어서 전면 긍정이나 전면 부정을 나타낸다.

彼はまだ何も知らない。 그는 아직 아무것도 모른다.

A 週末はどこか行きましたか。 주말에는 어딘가 갔습니까?

B いいえ。どこにも行きませんでした。 아니요. 아무데도 가지 않았습니다.

A 今日だれに会いますか。 오늘 누구를 만납니까?

B いいえ、だれにも会いません。 아니요, 아무도 안 만납니다.

❹ 수량이 많다는 것을 강조하여 나타낸다. N4

3時間も歩いたので、疲れてしまった。 세 시간이나 걸었기 때문에 지쳐 버렸다.
弟がりんごを3つも食べました。 동생이 사과를 세 개나 먹었습니다.
家から会社まで1時間半もかかります。
집에서 회사까지 한 시간 반이나 걸립니다.

❺ 극단적인 예를 제시하여 주로 부정적인 의미를 강조한다. N3

予想もしなかった事件が起こった。 예상치도 못한 사건이 일어났다.
あの人は働きもしないでぶらぶらしている。
그 사람은 일도 하지 않고 빈둥거리고 있다.
そんな話は聞いたこともない。 그런 이야기는 들은 적도 없다.

♪ 23-011

02 ～もかまわず　　～도 개의치 않고　　N2

어떤 것을 신경 쓰지 않고 무언가를 한다고 할 때 사용한다. 이 문형은「かまう(상관하다, 신경 쓰다)」라는 동사에서 파생된 표현으로 부정을 나타내는「～ず」가 붙었다.

親の心配もかまわず遊んでばかりいる。 부모의 걱정도 개의치 않고 놀고만 있다.
彼女は人目もかまわず大声で泣き続けた。
그녀는 남의 눈도 신경 쓰지 않고 큰 소리로 계속 울었다.

♪ 23-012

03 ～もさることながら　　～도 그러하지만, ～도 물론이거니와　　

앞의 내용도 물론이지만, 뒤에 오는 내용에 더 중점을 두어 나타내는 문어체 표현이다.

この新車は、デザインもさることながら、性能も抜群だ。
이 신차는 디자인은 물론이거니와 성능도 매우 뛰어나다.
進学は親の意向もさることながら、子ども自身の気持ちが大切だろう。
진학은 부모의 의향도 그러하지만 아이 본인의 마음이 중요할 것이다.

4 か

♪ 23-013

01 ～か ～인지, ～인가

❶ 불확실하다는 의미를 나타낸다. N4

玄関[げんかん]にだれか来[き]たようだ。 현관에 누군가 온 것 같다.
寝不足[ねぶそく]のためか頭[あたま]が重[おも]い。 수면 부족 때문인지 머리가 무겁다.
どこか遠[とお]くへ行[い]きたい。 어딘가 멀리 가고 싶다.

❷ 대등하거나 대립적인 관계에 있는 것을 나열하여 어느 한쪽을 선택한다. N4

昼食[ちゅうしょく]はそばかうどんかだ。 점심밥은 메밀국수나 우동이다.
行[い]くか行[い]かないかまだ決[き]まっていない。 갈지 안 갈지 아직 결정되지 않았다.
彼[かれ]らがここに来[く]るかどうか分[わ]からない。 그들이 여기에 올지 어떨지 모르겠다.

5 など

♪ 23-014

❶ **유사한 내용을 열거한다.** N5

제시된 것 이외에도 같은 종류의 내용이 더 있다는 의미이다.

店に行って、野菜や果物などを買いました。 가게에 가서 야채랑 과일 등을 샀습니다.

机の上に本やノートなどがあります。 책상 위에 책이랑 노트 등이 있습니다.

この店にはすしやうどんなどの日本料理がある。
이 가게에는 초밥이나 우동 등의 일본 요리가 있다.

❷ **어떠한 화제에 대하여 예를 제시하여 나타내는 '예시'의 표현이다.** N2

お茶など召し上がりませんか。 차 같은 것, 드시지 않겠습니까?

スキーのあとは温泉などいかがですか。 스키 후에 온천욕 같은 것은 어떨까요?

A 友だちへのおみやげを探しているんですけど。
친구에게 줄 선물을 찾고 있는데요.

B そうですか。では、これなどいかがですか。 그래요? 그러면 이런 것은 어떨까요?

❸ **'~따위', '~같은 것' 등과 같이 경멸하는 느낌을 나타낸다.** N2

彼はうそなど言ったことはなかった。 그는 거짓말 같은 것을 한 적은 없었다.

お金など要りません。 돈 같은 건 필요 없습니다.

あなたなどには分からないだろう。 당신 같은 사람은 이해할 수 없을 것이다.

6 くらい・ぐらい

♪ 23-015

대략적인 정도나 동작, 상태를 예로 들 때 사용한다. 「くらい」와 「ぐらい」는 앞에 어떤 품사나 발음이 오느냐에 상관없이 둘 다 사용할 수 있다.

❶ 대략적인 정도를 나타낸다. N3

昨日は6時間くらい寝ました。 어제는 여섯 시간 정도 잤습니다.

教室に学生が30人くらいいます。 교실에 학생이 30명 정도 있습니다.

車で15分ぐらいです。 차로 15분 정도입니다.

❷ 동작이나 상태를 예를 들어 나타낸다. N3

ひざが痛くて歩けないくらいだ。 무릎이 아파서 걷지 못할 정도다.

あまりにも怖くて、大声で叫びたいくらいだった。
너무 무서워서 소리를 지르고 싶을 정도였다.

不思議なくらい彼女は落ち着いていた。 신기할 정도로 그녀는 침착했다.

❸ 최소한의 정도 또는 가벼운 정도를 나타낸다. N3

自分の部屋ぐらいは自分で掃除しなさい。 자기 방 정도는 스스로 청소하렴.

人に会ったらあいさつぐらいはするものだ。
다른 사람을 만나면 인사 정도는 하는 법이다.

ひらがなぐらい、読めるでしょう。 히라가나 정도 읽을 수 있죠?

❹ 어떤 일이 극단적인 것이라는 의미를 강조하여 나타낸다. N1

あのやさしい彼が大声を出すくらいだから、よほど頭に来たんだろう。
그렇게 상냥한 그가 큰소리를 낼 정도니까 상당히 화가 난 것이겠지.

あんな人に頼むくらいなら中止した方がましだ。
저런 사람에게 부탁할 정도라면 그만두는 편이 낫다.

このトレーニングは、途中でやめるくらいならやらない方がいい。
이 훈련은 도중에 그만둘 정도라면 하지 않는 편이 좋다.

7 まで

♪ 23-016

01 ~まで ~까지

❶ 시간적 한도를 나타낸다. N5

12時から1時まで昼休みです。 열두 시부터 한 시까지 점심시간입니다.
月曜日から金曜日まで学校へ行きます。 월요일부터 금요일까지 학교에 갑니다.
明日まで待ってください。 내일까지 기다려 주세요.

❷ 장소의 한도, 도달점을 나타낸다. N5

学校まで自転車で行きます。 학교까지 자전거로 갑니다.
東京から大阪まで新幹線で行く。 도쿄에서 오사카까지 신칸센으로 간다.
一緒に駅まで行きましょう。 함께 역까지 갑시다.

❸ 극단적인 예를 제시하여 나타낸다. N3

子どもにまで笑われる。 아이에게까지 비웃음을 사다.
地震で家まで失った。 지진 때문에 집까지 잃었다.
借金してまで家を建てるのは反対だ。 빚을 내서까지 집을 짓는 것은 반대다.

♪ 23-017

02 ~までに ~까지   N4

어떤 일이 이루어지는 시간적 한도를 나타낸다.

明日は午前8時までに会社へ来てください。
내일은 오전 여덟 시까지 회사로 와 주세요.

来週までにレポートを書くつもりだ。 다음 주까지 보고서를 쓸 작정이다.
この本は土曜日までに返してください。 이 책은 토요일까지 돌려주세요.

 **TIP**

◆ まで vs までに

- 「まで」는 시간적 한계점까지 연속되는 시간을 나타낸다. 일정 기간 동안 계속되는 동작이나 상태를 나타내는 동사와 결합한다.

授業は1時から2時までです。 수업은 한 시부터 두 시까지입니다.

- 「までに」는 시간적 한계점보다 이전의 한 시점을 나타낸다. 일회성이며 연속되지 않는 동작을 나타내는 동사와 함께 쓴다.

終わらせる(끝내다), 返す(돌리다), 提出する(제출하다), 出来上がる(완성하다), ~ている(~하고 있다), ~ておく(~해 두다), ~てしまう(~해 버리다) 등

明日は午前8時までに会社へ来てください。 내일은 오전 여덟 시까지 회사로 오세요.

♪ 23-018

03 〜までだ・〜までのことだ

① 〜(하)는 수밖에 없다, 〜(하)면 그만이다 ② 〜(할) 뿐이다, 〜(할) 따름이다

❶ 어쩔 수 없으니 마지막 수단으로 그렇게 하겠다는 결심이나 의지를 나타낸다.

今年の試験がだめなら来年また頑張るまでだ。

올해 시험에 실패한다면 내년에 또 열심히 하는 수밖에 없다.

飛行機がだめなら、新幹線で行くまでのことだ。

비행기가 안되면 신칸센으로 가면 그만이다.

❷ 이유를 단적으로 설명할 때 사용한다. 별것 아니라는 느낌을 준다.

任務ですから、当然の事をしたまでです。

임무이니까요. 당연한 일을 했을 뿐입니다.

私は率直な感想を述べたまでのことで、批判するつもりはありませんでした。

저는 솔직한 감상을 말했을 뿐으로 비판할 생각은 없었습니다.

04 〜までもない　　〜(할) 필요도 없다　

동사 기본형에 붙어 너무나 당연하여 그렇게 할 필요가 없다는 의미이다.

大した怪我じゃないんだから、病院に行くまでもない。
대단한 부상이 아닌 거니까 병원에 갈 필요도 없다.

会場までそれほど遠くないから、タクシーに乗るまでもない。
회장까지 그다지 멀지 않으니 택시를 탈 필요도 없다.

8 とか

♪ 23-020

01 とか   ① ~라든가, ~든지 ② ~라던가, ~던가

❶ 여러 가지 예를 열거하여 나타낸다. N4

かばんの中には辞書とかノートとかが入っています。
가방 안에는 사전이라든가 노트라든가 하는 것이 들어 있습니다.

ときどき散歩するとか運動するとかした方がいい。
때때로 산책하거나 운동하거나 하는 것이 좋다.

A デパートで何か買いましたか。 백화점에서 뭔가 샀습니까?
B ええ、シャツとか靴下とか、いろいろ買いました。
네, 셔츠라든가 양말이라든가 여러 가지 샀습니다.

❷ 불확실한 내용을 나타낸다. N2

문장 뒤에 붙어서 '~라던데?', '~였던가?' 등으로 해석한다. 불확실한 내용을 단정하지 않고 우회적으로 나타낼 때 쓴다.

中村さんは明日から出張だとか言っていた。
나카무라 씨는 내일부터 출장이던가 라고 말했다.

山田さんは風邪を引いたとかで、学校を休んだそうだ。
야마다 씨는 감기에 걸렸다던가 해서 학교를 쉬었다고 한다.

ニュースによると、バス代が上がるとか。
뉴스에 따르면 버스 요금이 오른다던데.

⑨ だけ

♪ 23-021

01 ~だけ　　① ~만, ~뿐　② ~만큼, ~대로

❶ 범위를 한정하는 의미를 나타낸다. N5

ひらがなだけで書いてください。　히라가나 만으로 써주세요.
山田さんだけ来ました。　야마다 씨만 왔습니다.
あとは寝るだけです。　이제 자기만 하면 됩니다.

❷ 대략적인 수량이나 정도를 나타낸다. N3

好きなだけ持って行ってください。　원하는 만큼 가져가세요.
食べたいだけ食べました。　먹고 싶은 만큼 먹었습니다.
日本語は勉強しただけ上手になります。　일본어는 공부한 만큼 능숙해집니다.

♪ 23-022

02 ~だけでなく　　~뿐 아니라　N3

그것뿐 아니라 다른 것도 더 있다는 추가의 의미를 나타낸다. 뒤에 오는 내용을 더 강조하고 싶을 때에 사용한다.

この花は日本だけでなく、外国にもあります。
이 꽃은 일본뿐 아니라 외국에도 있습니다.
彼女は美人であるだけでなく心もやさしい。
그녀는 미인일 뿐 아니라 마음도 상냥하다.

03 〜だけあって / 〜だけに　　〜인 만큼　

어떤 상황이 발생하게 된 원인이나 이유를 강조하여 나타내는 표현이다. 두 표현은 비슷하지만, 「だけに」의 경우, 부정적인 결과나 기대와는 다른 내용이 뒤따르기도 한다.

この店の品物は高いだけあって、質がいい。
이 가게의 물건은 비싼 만큼 질이 좋다.

20年もアメリカに住んでいただけあって、彼は英語がうまい。
20년이나 미국에 살았던 만큼 그는 영어를 잘한다.

このレストランは有名なだけに、料理が非常にうまい。
이 식당은 유명한 만큼 요리가 매우 맛있다.

この試験は難しいと言われていただけに、合格できて、とても嬉しい。
이 시험은 어렵다고 했던 만큼, 합격할 수 있어서 정말 기쁘다.

04 〜だけましだ　　〜만으로도 다행이다　

나쁜 상황이긴 하지만, 적어도 최악의 상황보다는 낫다는 의미이다.

火事で家が燃えてしまったのは悲しいが、
命が助かっただけましだ。
화재로 집이 타버린 것은 슬프지만 목숨을 구한 것만으로도 다행이다.

今年はボーナスが出なかったが、給料がもらえるだけましだ。
올해는 보너스가 나오지 않았지만 급료를 받을 수 있는 것만으로도 다행이다.

 しか

01 ～しか　　～밖에

제시한 것 이외의 모든 것을 부정한다.

A 朝ご飯を食べましたか。 아침밥을 먹었습니까?
B いいえ、コーヒーしか飲みませんでした。 아니요, 커피밖에 마시지 않았습니다.

家から会社まで15分しかかかりません。
집에서 회사까지 15분밖에 걸리지 않습니다.

やるなら今しかない。 한다면 지금 밖에 없다.

02 ～しかない　　～(할) 수밖에 없다

어쩔 수 없이 그렇게 할 수 밖에 없다는 불가피한 선택을 나타낸다.

試験に合格するためには、頑張るしかない。
시험에 합격하기 위해서는 노력할 수밖에 없다.

だれも手伝ってくれないなら一人でやるしかない。
아무도 도와주지 않는다면 혼자서 할 수밖에 없다.

電車に乗り遅れた。次の電車を待つしかない。
전철을 놓쳤다. 다음 전철을 기다릴 수밖에 없다.

03 ～だけしか　～밖에

「しか」의 의미를 더욱 강조하여「だけしか」를 쓰기도 한다.

会場（かいじょう）には本人（ほんにん）だけしか入（はい）れないことになっている。
모임 장소에는 본인밖에 들어갈 수 없게 되어 있다.

私（わたし）は日本語（にほんご）だけしか話（はな）せません。 나는 일본어밖에 말할 수 없습니다.

財布（さいふ）の中（なか）に１，０００円（えん）だけしかない。 지갑 안에 1,000엔밖에 없다.

11 ばかり

🎵 23-028

01 〜ばかり　①〜만, 〜뿐　②〜정도, 〜쯤　N4

❶ 범위를 한정하여 나타낸다.

うちの子は甘いものばかり食べています。 우리 아이는 단것만 먹습니다.

弟はアニメばかり見て勉強しません。
동생은 애니메이션만 보고 공부하지 않습니다.

この本には知らないことばかり書いてある。 이 책에는 모르는 것만 써 있다.

❷ 대략적인 수량이나 정도를 나타낸다.

一時間ばかり待ってください。 한 시간 정도 기다리세요.

それは十日ばかり前のことだった。 그것은 10일 정도 전의 일이었다.

まだ半分ばかり残っている。 아직 절반 정도 남아 있다.

🎵 23-029

02 〜たばかりだ　막 〜(한) 참이다.　N4

동작이 완료되고 나서 시간이 얼마 지나지 않았다는 의미를 나타낸다.

今仕事が終わったばかりです。 지금 막 일이 끝난 참입니다.

今ご飯を食べたばかりなのでお腹がいっぱいです。
지금 막 밥을 먹은 참이라서 배가 부릅니다.

03 ～てばかり   ～(하)지만

다른 건 하지 않고 그것만 하고 있다는 의미를 나타내며, 주로 부정적인 의미로 사용된다.

遊んでばかりいないで勉強しなさい。 놀지만 말고 공부하렴.
彼は一日中、寝てばかりいる。 그는 하루 종일 잠만 자고 있다.

04 ～ばかりでなく   ～뿐 아니라

그것뿐 아니라 다른 것도 더 있다는 의미를 나타낸다.

その記事は新聞ばかりでなく、週刊誌にも出ていた。
그 기사는 신문뿐 아니라 주간지에도 나와 있었다.

この店は料理がおいしいばかりでなく、サービスもすばらしい。
이 가게는 음식이 맛있을 뿐만 아니라 서비스도 훌륭하다.

05 ～ばかりか   ～뿐만 아니라

그것뿐 아니라 심지어 다른 것도 더 있다는 의미이다. 「～だけでなく / ～ばかりでなく(~뿐만 아니라)」와 비슷한 의미이지만 「～ばかりか」가 '놀람'이나 '불만' 등의 감정을 더 강조한다.

彼は、言葉ばかりか態度も生意気である。 그는 말뿐만 아니라 태도도 건방지다.
今の仕事は自分の専門知識を生かせないばかりか、給料も安い。
지금 하는 일은 자신의 전문 지식을 살릴 수 없을 뿐만 아니라 급료도 낮다.

06 〜ばかりに　　〜탓에   ♪ 23-033

후회나 유감을 강하게 나타내는 표현이다. 어떤 하나의 이유만으로 나쁜 결과가 되었다는 것을 강조한다.

私が遅れたばかりにみんなも予定どおり出発できなかった。
내가 늦은 탓에 다들 예정대로 출발할 수 없었다.

お金がないばかりに、進学をあきらめた。 돈이 없는 탓에 진학을 포기했다.

07 〜ばかりだ　　① 〜(하)기만 하다　② 〜(할) 뿐이다   ♪ 23-034

❶ 어떤 상태가 일방적으로 진행되고 있으며, 특히 나쁜 방향으로 진행되고 있다는 것을 강조하여 나타낸다.

地震の被害は拡大するばかりだ。 지진의 피해는 확대되기만 한다.

この町の人口は減るばかりだ。 이 마을의 인구는 줄어들기만 한다.

❷ 준비는 다 끝나고 마지막 상태나 동작만 남아 있음을 나타낸다.

テストは終わった。あとは結果を待つばかりだ。
테스트는 끝났다. 이제는 결과를 기다릴 뿐이다.

本の原稿をすでに書き上げて、あとは出版するばかりだ。
책 원고를 이미 다 써서, 이제는 출판하기만 하면 된다.

08 〜ばかりになっている　〜(하)기만 하면 된다　N1

준비는 다 끝나고 마지막 상태나 동작만 남아 있음을 나타낸다.

パーティーの準備は完了し、客を迎えるばかりになっている。
파티 준비는 끝나서 손님을 맞기만 하면 된다.

勉強は十分したので、あとは試験日を待つばかりになっている。
공부는 충분히 했으니 이제 시험일을 기다리기만 하면 된다.

> **TIP**
> '준비 완료'의 의미를 나타내는 경우 「〜ばかりになっている」는 「〜ばかりだ」로 쓰기도 한다.
> 米は刈り入れを待つばかりになっている。 벼는 수확을 기다리기만 하면 된다.
> 米は刈り入れを待つばかりだ。 벼는 수확을 기다릴 뿐이다.

09 〜とばかりに　〜라는 듯이, 마치 〜(할) 것처럼　N1

「と」 앞에 오는 내용을 인용하여 그러한 느낌이 든다는 의미를 나타낸다.

彼は早く来いとばかりに大きく手を振った。
그는 빨리 오라는 듯이 크게 손을 흔들었다.

せっかく作った料理なのに、子どもたちはまずいとばかりに顔をゆがめた。
모처럼 만든 요리인데 아이들은 맛이 없다는 듯이 얼굴을 찌푸렸다.

10 〜んばかりだ　　〜(할) 듯하다　　N1

어떤 상황이나 동작이 바로 이루어질 단계에 있다는 의미를 나타낸다. 실제로는 그런 동작을 하지는 않았지만, 뒤에 오는 내용으로 그 분위기나 상황을 알 수 있는 경우를 나타낸다. 중요한 것은 동사 ない형에 접속한다는 점이다.

今にも夕立が降り出さんばかりの空模様だ。
금방이라도 소나기가 내릴 듯한 날씨이다.

息子は大学の合格通知を受け取って泣き出さんばかりに喜んだ。
아들은 대학 합격 통지를 받고서 울 듯이 기뻐했다.

◆ 한정을 나타내는 **ばかり** vs **だけ**

「ばかり」와 「だけ」는 다양한 의미를 갖고 있는데 그 중 가장 대표적인 뜻이 '한정(~뿐, ~만)'이다. '한정'의 의미를 나타낼 때에는 어느 쪽을 사용하는가에 따라 의미가 달라진다.

自分の好きなものばかり食べる。 자기가 좋아하는 것만 먹는다. [화자의 주관적 감상]
自分の好きなものだけ食べる。 자기가 좋아하는 것만 먹는다. [객관적 사실]
彼は、勉強ばかりしているね。 그는 공부만 하고 있군. [화자의 주관적 감상]
彼は、勉強だけしているね。 그는 공부만 하고 있군. [객관적 사실]

「ばかり」에는 말하는 사람이 어떻게 생각하고 있는가 하는 주관적인 감상이 강하게 나타난다. 한편, 「だけ」는 어떠한 내용을 거론하여 그것을 강조하기는 하지만 주관적인 감상은 나타나지 않는다. 이러한 흐름은 수량과 관련된 한정 표현에서도 나타난다.

10分ばかり歩く。 10분만 걷는다. [약 10분]
10分だけ歩く。 10분만 걷는다. [정확하게 10분]

12 なんか

♪ 23-038

❶ 어떠한 화제에 대하여 예를 제시하여 나타낸다. N2

ワインなんかないの。 와인 같은 건 없어?

この**着物なんか**よく似合いますよ。 이 기모노 같은 것이 잘 어울리네요.

コーヒーなんかいかがですか。 커피 같은 것은 어떻습니까?

❷ 얕잡아 보는 듯한 느낌을 나타낸다. N2

'~따위, ~같은 것' 등과 같은 의미이다.

ゲームなんかするくらいなら本を読みなさい。 게임 따위를 할 정도라면 책을 읽으렴.

お前なんかに言われなくても分かってるよ。 너 같은 거한테 듣지 않아도 알고 있어.

たばこなんかやめろよ。 담배 따위 끊으라니까.

♪ 23-039

❶ 대략적인 정도를 나타낸다. N4

一週間ほど旅行する。 일주일 정도 여행한다.

アメリカに4年ほど留学した。 미국에 4년 정도 유학했다.

レポートは半分ほど終わった。 보고서는 절반 정도 끝났다.

❷ 동작이나 상태를 예를 들어 나타낸다. N3

涙が出るほどありがたい。 눈물이 날 정도로 고맙다.

彼女の声は聞こえないほど小さかった。 그녀의 목소리는 들리지 않을 정도로 작았다.

二人は驚くほど似ている。 두 사람은 놀라울 정도로 닮았다.

❸ 정도를 비교하는 기준을 나타낸다. 뒤에 부정의 표현이 따른다. N4

今日は昨日ほど寒くありません。 오늘은 어제만큼 춥지 않습니다.

魚は肉ほど好きではありません。 생선은 고기만큼 좋아하지 않습니다.

私の車は中山さんの車ほど高くない。 내 차는 나카야마 씨의 차만큼 비싸지 않다.

＝ 私の車より中山さんの車のほうが高い。 내 차보다 나카야마 씨의 차가 비싸다.

 **TIP**

◆ **くらい vs ほど**

「くらい」와「ほど」의 의미는 비슷하지만「くらい」가 '최소한의 정도'를 뜻하는 문장에서는「ほど」를 사용할 수 없다.

出かけるときは、顔ぐらい洗いなさい。(○) 외출할 때 세수 정도는 하렴.

出かけるときは、顔ほど洗いなさい。(×)

14 こそ

♪ 23-040

❶ 다른 것보다 그것을 특별하게 강조하여 나타낸다. N3

こちらこそよろしくお願いします。 저야말로 잘 부탁드립니다.

今年こそ合格したい。 올해야말로 합격하고 싶다.

人のことは心配しないで、**あなたこそ**少し休んでください。
다른 사람 일은 걱정하지 말고 당신이야말로 조금 쉬세요.

❷ 「から」뒤에 붙어서, 원인을 강조하여 나타낸다. N2

努力したからこそ成功したのだ。 노력했기 때문에 성공한 것이다.

歌が好きだからこそ、私は歌手の道を選んだのです。
노래를 좋아하기에 나는 가수의 길을 선택한 것입니다.

難しいからこそ、挑戦してみたいです。 어렵기에 도전해 보고 싶습니다.

15 でも

♪ 23-041

❶ 극단적인 예를 들어 강조한다. N4

山の上は夏でも寒い。 산 위는 여름에도 춥다.

これなら子どもでもできますね。 이것이라면 아이라도 할 수 있습니다.

この問題は先生でも分かりません。 이 문제는 선생님이라도 모릅니다.

❷ 예시를 제시한다. N4

가벼운 예를 들어 다른 비슷한 내용의 것이어도 상관없다는 의미를 나타낸다.

お茶でも飲みましょう。 차라도 마십시다.

雑誌でも読んで、待っていてください。 잡지라도 읽으면서 기다려 주세요.

一緒に散歩でもしませんか。 함께 산책이라도 하지 않겠습니까?

❸ 제시된 내용이 예외 없이 다른 것과 같다는 의미를 나타낸다.

雨でも試合を行う。 비가 오더라도 시합을 실시한다.

子どもでも許すつもりはない。 어린이라고 할지라도 용서할 생각은 없다.

このデパートは平日でも人が多い。 이 백화점은 평일이라도 사람이 많다.

❹ 전면적인 긍정을 나타낸다. N4

「何でも(무엇이든), だれでも(누구든), いつでも(언제든), どこでも(어디든)」처럼 의문사 뒤에 붙어서 모든 것에 적용된다는 의미를 나타낸다.

あなたと一緒なら、どこでもいい。 당신과 함께라면 어디든 좋다.

会議の時間なら、私はいつでもいいですよ。 회의 시간이라면 나는 언제든 좋아요.

お金があれば、何でも買えるだろう。 돈이 있다면 무엇이든 살 수 있을 것이다.

16 기타 조사

01 ～さえ ～조차   N3

극단적인 예를 들어 다른 것도 그러하다는 느낌을 주는 표현이다.

疲(つか)れて、立(た)っていることさえつらい。 피곤해서 서 있는 것조차 힘들다.

彼(かれ)は忙(いそが)しいのか、電話(でんわ)さえかけてこない。
그는 바쁜 것인지 전화조차 걸어오지 않는다.

木村先生(きむらせんせい)は小(ちい)さなミスさえ許(ゆる)さない、厳(きび)しい人(ひと)だ。
기무라 선생님은 작은 실수조차 용납하지 않는 엄격한 사람이다.

02 ～すら ～조차   N1

「さえ」와 비슷한 의미로 보다 격식차린 표현이다.

ひどい風邪(かぜ)で、歩(ある)くことすら大変(たいへん)だ。 심한 감기로 걷는 것조차 힘들다.

彼(かれ)は友(とも)だちにすら結婚(けっこん)のことを話(はな)さなかった。
그는 친구에게조차 결혼에 관한 것을 이야기하지 않았다.

被害(ひがい)がどこまで及(およ)ぶのか、予測(よそく)すらできない事態(じたい)である。
피해가 어디까지 미칠지 예측조차 불가능한 사태다.

03 〜だに   ① ~조차 ② 만이라도   N1

❶ 제시된 내용을 극단적으로 부정한다.

극단적인 예를 들고, 그것을 강하게 부정하여 서술어에 오는 내용을 강조한다. 「さえ」나 「すら」와 비슷한 의미이다.

地震で自分の家が壊れるなんて、想像だにしなかった。
지진으로 자신의 집이 무너지다니 상상조차 하지 않았다.

あの会社の倒産は、だれもが予想だにしなかった。
그 회사의 도산은 아무도 예상조차 하지 않았다.

このような立派な賞をいただくとは夢だに思わなかった。
이런 훌륭한 상을 받으리라고는 꿈에서조차 생각하지 않았다.

❷ 제시된 내용보다 상태가 심각하다는 의미를 나타낸다.

제시된 예보다 더 중요하거나 심각하다는 느낌을 나타낸다. 「想像する(상상하다), 聞く(듣다), 考える(생각하다)」 등 제한된 표현에 붙어 관용구처럼 쓴다. 「〜だけでも(~만으로도)」와 비슷한 의미이다.

戦争のことなど、想像するだに恐ろしい。
전쟁 같은 것 상상만으로도 무섭다.

あのまじめそうな男が、殺人犯だったなんて、考えるだに恐ろしい。
그렇게나 성실해 보이는 남자가 살인범이었다니, 생각만으로도 무섭다.

04 〜ずつ   ~씩

같은 수량이나 정도로 일정하게 나눌 때 사용한다.

少しずつ覚えていきましょう。 조금씩 외워 갑시다.
費用は半分ずつ出すことにした。 비용은 절반씩 내기로 했다.
この薬は朝夕に二つずつ飲んでください。 이 약은 아침 저녁으로 두 개씩 드세요.

♪ 23-046

05 〜きり   ① 〜만, 〜뿐 ② 〜한 채   N2

❶ 범위를 한정하는 의미를 나타낸다. 「だけ」보다 딱딱한 느낌을 준다.

今残っている金はこれきりだ。 지금 남아있는 돈은 이것뿐이다.

あなたと二人きりで話したい。 당신과 둘이서만 이야기하고 싶다.

彼は一人きりで朝食をとった。 그는 혼자서만 아침 식사를 했다.

❷ 어떤 동작이 이루어진 후에 계속 그 상태가 유지된다는 의미를 나타낸다.

今朝牛乳を飲んだきりで、何も食べていない。
오늘 아침 우유를 마신 채 아무것도 먹지 않았다.

子どもが朝、出かけたきり、夜になっても帰って来ない。
아이가 아침에 나간 채 밤이 되어도 돌아 오지 않는다.

彼とは去年会ったきり、その後会っていない。
그와는 작년에 만난 이후로, 그 뒤로 만나지 못했다.

♪ 23-047

06 〜のみ   〜만, 〜뿐   N2

❶ 오직 그것뿐이라는 한정의 의미를 나타낸다. 「だけ」의 문어체이다.

あとは結果を待つのみである。 앞으로는 결과를 기다릴 뿐이다.

テストの結果のみで人を判断してはならない。
테스트 결과만으로 사람을 판단해서는 안 된다.

緊急の場合にのみ連絡すること。 긴급한 경우에만 연락할 것.

❷ 「〜のみならず(〜뿐만 아니라)」의 형태로 첨가의 의미를 나타낸다.

처음에 제시된 내용뿐 아니라 다른 측면도 있다는 의미를 나타내는 첨가 표현의 하나이다. 주로 문장에서 쓰인다. 「〜ばかりでなく」나 「〜だけでなく」로 바꾸어 쓸 수 있다.

彼女は英語のみならずフランス語も上手だ。
그녀는 영어뿐만 아니라 프랑스어도 잘한다.

彼の漫画は、日本のみならず海外でも大人気である。
그의 만화는 일본뿐 아니라 해외에서도 인기가 많다.

このスカーフは色がいいのみならず、デザインもいい。
이 스카프는 색이 좋을 뿐 아니라 디자인도 좋다.

07 ～やら　①～인지　②～랑, ～(이)며

❶ やら 앞에 오는 내용에 대한 의문의 감정을 강조하여 나타내는 표현이다.

同じ髪型でだれがだれやら分からなかった。
같은 헤어스타일이라서 누가 누구인지 알 수 없었다.

いつの間にやら日が暮れていた。 어느 샌가 날이 저물어 있었다.

台風が来るそうなので、旅行はどうなることやら、心配だ。
태풍이 온다고 하는데, 여행은 어떻게 될지 걱정이다.

❷ 사물을 나열하거나 열거할 때에 사용한다.

「～やら～やら」의 형태로 많이 쓰는데 「やら」가 명사에 붙을 때에는 「～や～など(~와 ~등)」, 동사에 붙을 때는 「～たり～たり(~하기도 하고, ~하기도 하고)로 해석하면 된다.

りんごやらみかんやら、果物をたくさん買った。
사과며 귤이며 과일을 많이 샀다.

先週はレポートや試験やらでひどく忙しかった。
지난주는 리포트와 시험 등으로 매우 바빴다.

歌を歌うやら踊りを踊るやら、とても楽しかった。
노래를 부르기도 하고 춤을 추기도 하고 정말 즐거웠다.

08 ～つつ   ① ～(하)면서 ② ～(하)면서도   N2

❶ 동작의 계속 또는 동시 진행을 나타낸다.

「～つつ」는「～ながら」의 옛 표현으로 주로 문장체에서 사용한다. 두 가지 동작이나 작용이 동시에 이루어지는 것을 나타낸다.

働きつつ子育てができる社会を作るべきだ。
일하면서 육아를 할 수 있는 사회를 만들어야 한다.

彼は大声で叫びつつ走りだした。 그는 큰 소리로 외치면서 달리기 시작했다.

人はだれでも失敗を繰り返しつつ、成長していくものだ。
사람은 누구나 실패를 거듭하면서 성장해 가는 법이다.

❷ 상반되는 동작이나 상황을 나타낸다.

두 가지 동작이나 작용이 모순되게 이루어질 때 쓰는 표현이다.「～にもかかわらず(~한 데도 불구하고)의 의미가 담겨 있다.「～つつも」는「～つつ」의 강조 표현이다.

たばこは体に悪いと知りつつ、なかなか辞められない。
담배는 몸에 나쁘다고 알면서 좀처럼 끊지 못한다.

くだらないと思いつつも、ついドラマを見てしまう。
시시하다고 생각하면서도 그만 드라마를 보게 된다.

早起きが健康にいいと知りつつも、つい寝坊してしまう。
일찍 일어나는 것이 건강에 좋다고 알면서도 그만 늦잠을 자 버린다.

09 つつある ~하고 있다

「つつ」에 「ある」가 붙은 형태로, 동사 ます형에 접속해 어떤 동작이나 작용이 진행되고 있음을 나타낸다.

人口が増加し、住宅事情は悪くなりつつある。
인구가 증가하여 주택 사정은 악화되고 있다.

景気は回復に向かいつつある。 경기는 회복으로 향하고 있다.

もう春が近づきつつある。 벌써 봄이 다가오고 있다.

10 ～なり ~든, ~든지

복수의 예를 제시하고 그 중 어느 쪽이든 좋을대로 선택하는 것을 나타낸다. 「～なり、～なり」처럼 두 번 반복하는 형태로 주로 사용된다.

ビールなりワインなり、好きな物を飲んでください。
맥주든 와인이든 좋아하는 것을 마시세요.

反対するなり賛成するなり自分の意見を言ってください。
반대하든 찬성하든 자신의 의견을 말해 주세요.

暇なら、本を読むなりテレビを見るなりしたらどうなの。
한가하면 책을 읽든 텔레비전을 보든지 하면 어떠니?

조사 Ⅲ

1 접속조사

2 종조사

3 접속조사의 응용 표현

4 형식명사에서 파생된 접속조사 표현

5 형식명사에서 파생된 종조사 표현

접속조사

접속조사는 활용어에 붙어서 앞 문절과 뒤 문절을 연결한다. 즉 동사, い형용사, な형용사, 조동사에 붙어서 앞 문절과 뒤 문절의 의미상 관계를 나타내는 역할을 한다. 크게 순접, 역접, 병립 등의 용법으로 나뉜다.

❶ 순접

앞 문장이 뒤 문장의 조건이나 원인이 되어 자연스런 흐름으로 전개한다.

> ～から　　～て　　～と　　～ので　　～ば

❷ 역접

앞의 사항에 대하여 반대, 대조의 관계로 이어진다.

> ～が　　～けれども　　～ても　　～のに

❸ 병립

성질이 비슷한 것을 나열한다. 문장 앞부분과 뒷부분을 대등하게 연결한다.

> ～し　　～たり　　～ながら

01　～て　~(하)고, ~(해)서　N5

❶ 동작, 작용의 연속
연속해서 다른 일이 발생하는 경우를 나타낸다.

学校に行って勉強します。 학교에 가서 공부합니다.
冬が過ぎて春が来る。 겨울이 지나고 봄이 온다.
ご飯を食べて会社へ行きます。 밥을 먹고 회사에 갑니다.

❷ 원인, 이유
風邪を引いて寝込んでしまった。 감기에 걸려서 몸져누워 버렸다.
お金が足りなくて、ほしいかばんが買えなかった。
돈이 부족해서 갖고 싶은 가방을 살 수 없었다.
先生に勧められて、大学院に進学した。
선생님에게 권유를 받아서 대학원에 진학했다.

❸ 수단, 방법
毎日歩いて学校に行く。 매일 걸어서 학교에 간다.
自分で料理をして食べる。 직접 요리를 해서 먹는다.
砂糖を入れて甘さを加減する。 설탕을 넣어 단맛을 조절한다.

❹ 나열, 첨가
外は雨が降って、風が吹いていた。 밖은 비가 내리고 바람이 불고 있었다.
あの店の料理は値段が安くて、おいしい。
저 가게의 요리는 가격이 싸고 맛있다.
山田君は勉強もできて、運動もできる。 야마다는 공부도 잘하고 운동도 잘한다.

❺ 보조동사에 연결

다음 보조동사에 연결하여 동작이나 상태를 표현한다.

ある 있다	いる 있다	おく 두다	しまう 버리다
みる 보다	いく 가다	くる 오다	あげる 주다
くれる 주다	もらう 받다		

子どもたちが公園で遊んでいる。 아이들이 공원에서 놀고 있다.
本を全部読んでしまった。 책을 전부 읽었다.
私は田中さんにプレゼントを買ってあげた。
나는 다나카 씨에게 선물을 사 주었다.

❻ 역접

앞뒤의 내용이 당연하지 않은 결과로 이어지는 역접의 의미를 나타낸다.
「～のに」와 같은 표현으로 바꾸어 쓸 수 있다.

彼は知っていて教えてくれない。 그는 알고 있는데 가르쳐 주지 않는다.
見て見ぬふりをする。 보고도 보지 않은 척 한다.
持っていて貸してくれない。 갖고 있는데도 빌려 주지 않는다.

♪ 24-002

02 ～と ～(하)면

❶ 순접 가정 조건

앞의 내용이 성립한다는 가정하여, 그것을 조건으로 뒤의 내용이 성립하는 경우

もう一点入れると、うちのチームが勝つ。 한 점 더 넣으면 우리 팀이 이긴다.
明日になると天気も良くなるだろう。 내일이 되면 날씨도 좋아질 거야.
古い写真を見ると、昔の思い出がよみがえる。
오래된 사진을 보면 옛 추억이 되살아난다.

❷ 순접 항상 조건

앞의 내용을 조건으로 하여 항상 뒤의 내용이 성립하는 경우

春になると花が咲く。 봄이 되면 꽃이 핀다.
10を5で割ると2になる。 10을 5로 나누면 2가 된다.
ここは休みになると、観光客でにぎわう。
이곳은 휴일이 되면 관광객으로 붐빈다.

❸ 발견 N4

앞의 행위 뒤에 어떤 결과가 발생했을 때 사용한다. 주로 '~(했)더니'로 해석한다. 과거의 사실을 나타내는 문장이기 때문에 문장 후반부에는 과거형(た형)이 와야 한다.

ドアを開けると、新聞が落ちていた。 문을 열었더니 신문이 떨어져 있었다.
ストーブをつけると、部屋が暖かくなった。
난로를 켰더니 방이 따뜻해졌다.
朝起きて外を見ると、雪が積もっていた。
아침에 일어나 밖을 보았더니 눈이 쌓여 있었다.

 24-003

03 ～ば ~(하)면 N4

❶ 순접 가정 조건

아직 성립하지 않은 일을 가정하여, 그것을 조건으로 뒤의 내용이 성립하는 경우

あなたが行けば、私も行きます。 당신이 가면 나도 가겠습니다.
= あなたが行かなければ、私も行きません。
당신이 가지 않으면 나도 안 갑니다.

雨がやめば出かけよう。 비가 그치면 외출하자.
一生懸命練習すればきっと上手になりますよ。
열심히 연습하면 틀림없이 능숙해질 겁니다.

❷ 순접 항상 조건

이미 성립한 내용을 제시하여 그것을 조건으로 항상 뒤의 내용이 성립하는 경우, 본서의 '조건과 가정'에 사용되는 「〜ば」의 용법 중 '일반적 사실'을 가리킨다.

1に2を足せば、3になる。 1에 2를 더하면 3이 된다.
春になれば、さくらの花が咲く。 봄이 되면, 벚꽃이 핀다.
お盆を過ぎれば、夏も終わる。 백중(음력 7월 보름)을 지나면 여름도 끝난다.

♪ 24-004

04 〜から 〜때문에

원인이나 이유를 나타낸다. 「から」 뒤에는 화자의 의지나 요구, 명령, 결단 등의 주관성이 강한 표현이 오는 경우가 많다.

寒いですから、窓を閉めてください。 추우니까 창문을 닫아 주세요.
薬を飲みましたから、もう大丈夫です。 약을 먹었기 때문에 이제 괜찮습니다.
明日は授業がないから、学校へ行きません。
내일은 수업이 없으니까 학교에 가지 않습니다.

♪ 24-005

05 〜ので 〜때문에

이미 성립되어 있는 앞의 내용을 조건으로 뒤의 내용이 성립하는 경우, 앞의 내용이 이유나 조건이 되어 뒤의 결과가 발생하는 것이 당연하다고 여겨지는 경우에 주로 쓴다. 즉, 뒤에 오는 내용의 원인, 이유, 근거를 나타낸다.

天気が悪かったので外出しなかった。 날씨가 나빴기 때문에 외출하지 않았다.
まだ子どもなので、速く走れません。 아직 아이라서 빨리 달릴 수 없습니다.
雨が降ったので試合が中止になりました。 비가 내려서 시합이 중지되었습니다.

◆ から vs ので

「〜から」는 명령, 금지, 질문, 의뢰 등 화자의 주관적인 생각에 근거하는 경우에 주로 사용된다. 반면 「〜ので」는 인과 관계가 확실한 객관적인 사실에 근거하는 경우에 주로 사용된다. 「〜ので」의 경우 딱딱한 느낌을 주기 때문에 회화에서는 「〜んで」라고 하기도 한다.

♪ 24-006

06 〜し 〜(하)고 N4

❶ 나열, 열거

어떠한 사실을 나열하여 나타낸다.

彼は勉強もできるし、スポーツもよくできる。
그는 공부도 잘하고 스포츠도 잘한다.

高木さんはピアノもひけるし、歌も上手です。
다카기 씨는 피아노도 칠 수 있고 노래도 잘합니다.

旅行に行きたいが、お金もないし時間もない。
여행을 가고 싶지만 돈도 없고 시간도 없다.

❷ 원인, 이유

어떠한 원인이나 이유를 설명할 때 사용한다.

暗くなってきたし、そろそろ帰ろうか。 어두워졌으니 슬슬 돌아가야겠다.

風邪をひいているし、今日はずっと家にいよう。
감기에 걸렸으니 오늘은 계속 집에 있어야겠다.

もう遅いし、疲れたから、まっすぐうちに帰ります。
이미 늦었고 피곤하니까 곧장 집으로 돌아가겠습니다.

07 ～が ～(하)지만 N5

❶ 역접

이미 성립되어 있는 일을 조건으로 제시하고, 그것과 대립하거나 무관한 내용을 나타낸다.

薬を飲んだが、熱が下がらない。 약을 먹었지만 열이 내려가지 않는다.
急いだが、間に合わなかった。 서둘렀지만 제 시간에 맞추지 못했다.
約束の場所に行ったが、だれも来ていなかった。
약속 장소에 갔지만 아무도 오지 않았다.

❷ 대조

서로 다른 내용을 대조적으로 나타낸다.

朝は寒いが、昼は暖かい。 아침은 춥지만 낮에는 따뜻하다.
兄は勉強ができるが、弟は遊んでばかりいる。
형은 공부를 잘하지만 남동생은 놀고만 있다.
デザインはいいが、質は良くない。 디자인은 좋지만 질은 좋지 않다.

❸ 단순 접속

앞 문장의 내용을 자연스럽게 뒤 문장으로 연결하거나 보조적인 설명을 하는 경우를 나타낸다.

今朝中村さんに会いましたが、元気そうでした。
오늘 아침에 나카무라 씨를 만났습니다만 건강해 보였습니다.
皆さんもご存じのことと思いますが、一応説明します。
여러분도 아시는 일이라고 생각하지만 일단 설명하겠습니다.
以上で私の話は終わりですが、何か質問はありますか。
이상으로 제 이야기는 끝입니다만 뭔가 질문은 있습니까?

08 〜けれども   〜(하)지만   N4

「けれども」는 대부분「が」로 바꾸어 쓸 수 있다.

❶ 역접

앞의 내용과 대립하거나 무관한 내용을 연결한다.

山登りは苦しいけれども、頂上からの景色はすばらしい。
등산은 힘들지만 정상에서 보는 경치는 훌륭하다.

駅まで走ったけれども、電車に乗り遅れてしまった。
역까지 뛰었지만 전철을 놓치고 말았다.

この料理は見た目はいいけれども、あまりおいしくない。
이 요리는 보기에는 좋아도 별로 맛이 없다.

❷ 단순 접속

つまらないものですけれども、お受け取りください。
별 거 아닙니다만 받아 주십시오.

山田と申しますけれども、鈴木部長はいらっしゃいますか。
야마다라고 합니다만 스즈키 부장님은 계십니까?

試合の結果なんですが、やはり予想通りでしたね。
시합 결과 말입니다만 역시 예상대로였네요.

09 〜ても   〜(라)도, 〜(해)도   N4

❶ 역접 가정 조건

아직 성립하지 않은 일을 가정하여 그것과 대립하거나 무관한 내용이 오는 경우에 사용한다.

雨が降っても、野球の試合を行います。 비가 내려도 야구 시합을 실시합니다.

親に反対されても彼女と結婚するつもりです。
부모님이 반대할지라도 그녀와 결혼할 생각입니다.

たとえ失敗しても、挑戦しつづけます。 설령 실패할지라도 계속 도전하겠습니다.

❷ 역접 확정 조건

이미 성립되어 있는 일을 조건으로 제시하고, 그것과 대립하거나 무관한 내용이 오는 경우에 쓰는 표현이다.

薬を飲んでも風邪が治りません。 약을 먹어도 감기가 낫지 않습니다.
いくら電話をかけてもだれも出なかった。
아무리 전화를 걸어도 아무도 받지 않았다.
いくら待っても田中さんは来なかった。
아무리 기다려도 다나카 씨는 오지 않았다.

10 ～のに　～인데　

역접 확정 조건을 나타낸다. 앞 부분의 내용을 토대로 예상한 것과 다른 상황이나 결과가 나타난 것을 말한다.

薬を飲んだのに風邪が治らない。 약을 먹었는데도 감기가 낫지 않는다.
梅雨なのに、雨が全然降りません。 장마철인데도 비가 전혀 내리지 않습니다.
あの子は、いつも遊んでいるのに、成績がいい。
저 아이는 언제나 놀고 있는데도 성적이 좋다.

11 ～たり　～(하)기도 하고　

동사 た형에 접속한다. 두 동사를 연달아 써서 동작이나 상태를 열거하거나 예시한다.

休みにはテニスをしたり、音楽を聞いたりします。
휴일에는 테니스를 치기도 하고 음악을 듣기도 합니다.
友だちとよく映画を見たり買い物に行ったりします。
친구와 자주 영화를 보거나 쇼핑하러 가거나 합니다.
雨が降ったりやんだりしています。 비가 내렸다가 그쳤다가 하고 있습니다.

12 〜ながら   ① 〜(하)면서 ② 〜(하)면서도

❶ 동작의 동시 진행 N5

동사 ます형에 접속하며 두 가지 동작을 동시에 행한다는 의미를 나타낸다.

お茶を飲みながら話をする。 차를 마시며 이야기한다.
テレビを見ながらご飯を食べた。 텔레비전을 보면서 밥을 먹었다.
景色を楽しみながらゆっくり歩いた。 경치를 즐기면서 천천히 걸었다.

❷ 모순된 관계의 공존 N3

양립하기 어려운 두 가지 사항이 동시에 성립한다는 의미를 나타낸다. 「〜ながら」를 「〜ながらも」의 형태로 강조하여 나타내기도 한다.

彼は、知っていながら知らないふりをした。 그는 알면서 모른 척했다.
体に悪いと知りながら、タバコが辞められない。
몸에 나쁜 줄 알면서 담배를 끊을 수 없다.
難しいと言いながらも最後まで問題を解いた。
어렵다고 말하면서도 끝까지 문제를 풀었다.

13 〜つつ   ① 〜(하)면서 ② 〜(하)면서도

「〜つつ」는 「〜ながら」의 문어체 표현이다. 「〜ながら」와 마찬가지로 동사 ます형에 접속한다.

❶ 동작의 동시 진행

彼は大声で叫びつつ走りだした。 그는 큰 소리로 외치면서 달리기 시작했다.
働きつつ子育てができる社会を作るべきだ。
일하면서 육아를 할 수 있는 사회를 만들어야 한다.
様々な事情を考慮しつつ計画を立てる。
여러 가지 사정을 고려하면서 계획을 세운다.

❷ 모순된 관계의 공존

手紙を書こうと思いつつ忙しくて書けない。

편지를 쓰려고 생각하면서도 바빠서 쓸 수 없다.

悪いと知りつつ、嘘をついてしまった。 나쁜 줄 알면서도 거짓말을 해 버렸다.

早起きが健康にいいと知りつつも、つい寝坊してしまう。

일찍 일어나는 것이 건강에 좋다고 알면서도 그만 늦잠을 자 버린다.

♪ 24-014

14 ～つ～つ　～(하)기도 하고, ～(하)기도 하고　

두 가지 동작이나 작용이 번갈아 가면서 이루어진다는 의미를 나타낸다. 동사 ます형에 접속하며 상반되는 의미를 지닌 동사를 나란히 사용하는 경우가 많다.

怪しい男の人が家の前を行きつ戻りつしている。

수상한 남자가 집 앞을 왔다 갔다 하고 있다.

バーゲン会場は押しつ押されつの大盛況ぶりだった。

바겐세일 행사장은 밀고 밀리는 대성황이었다.

野球大会の決勝戦は追いつ追われつの大接戦だった。

야구 대회 결승전은 쫓고 쫓기는 대접전이었다.

「～つ」는 관용적인 표현으로 사용되는 경우가 많다.

持ちつ持たれつ 상부상조(서로 도움)

抜きつ抜かれつ 앞서거니 뒷서거니

ためつすがめつ 이리 보고 저리 보고

見えつ隠れつ 보였다 안 보였다

15 ～なり　～(하)자마자　N1

동사 기본형에 붙어서 그 동작이 행해짐과 동시에 다른 동작이 이루어진다는 의미를 나타낸다.

部屋に入るなりソファーに座りこんでしまった。
방에 들어가자마자 소파에 주저앉아 버렸다.

怪しい男はパトカーを見るなり逃げ出した。
수상한 남자는 경찰차를 보자마자 도망치기 시작했다.

母は私の成績表を見るなり、顔色が変わった。
어머니는 내 성적표를 보자마자 안색이 변했다.

16 ～や　～(하)자마자　N1

앞의 일과 동시에, 또는 바로 이어서 어떤 일이 발생하는 경우에 사용한다. 비슷한 표현으로「～なり」,「～が早いか」등이 있다. 관용적으로「～やいなや」의 형태로 쓰이는 경우가 많다.

子どもは母親の顔を見るや泣き出した。
아이는 어머니의 얼굴을 보자마자 울음을 터뜨렸다.

家へ帰るやいなや、冷蔵庫を開けた。 집에 돌아오자마자 냉장고를 열었다.

授業終了のベルが鳴るやいなや、彼は教室を飛び出して行った。
수업 종료 벨이 울리자마자 그는 교실을 뛰쳐나갔다.

2 종조사

종조사는 문장 끝에 붙어서 말하는 사람의 태도나 기분 등을 나타낸다. 의지, 감탄, 의문, 감동, 금지 등을 나타낼 수 있다.

♪ 24-017

01 〜か 〜까? N5

❶ 질문이나 의문을 나타낸다.
山田(やまだ)さんは会社員(かいしゃいん)ですか。 야마다 씨는 회사원입니까?
今日(きょう)は何曜日(なんようび)ですか。 오늘은 무슨 요일입니까?

❷ 권유나 의뢰를 나타낸다.
「〜う、〜よう、〜ない、〜ます、〜ません」 뒤에 붙여서 상대방에게 권유할 때 사용한다.

お茶(ちゃ)でも飲(の)もうか。 차라도 마실까?
そろそろ行(い)きませんか。 슬슬 가지 않을래요?

❸ 자신의 결심을 자신에게 말할 때 사용한다.
これで終(お)わりとするか。 이걸로 끝내야겠군.
さあ、帰(かえ)るか。 자, 돌아갈까.

24-018

02 ～ね　～군요, ~네요　N5

문장 끝에 붙어서 가벼운 감탄을 나타내거나 듣는 사람의 의견을 확인할 때 사용한다.

❶ 동의

동의를 구하거나 동의할 때 사용한다.

A 今日は寒いですね。 오늘은 춥네요.
B そうですね。寒いですね。 그러네요. 춥네요.

❷ 확인

상대에게 어떠한 일을 확인할 때 사용한다.

A これはあなたの本ですね。 이건 당신 책이군요?
B はい、そうです。 네, 그렇습니다.

A 木村さんをお願いします。 기무라 씨를 부탁합니다.
B 木村さんですね。 기무라 씨 말이군요.

❸ 가벼운 권유와 의뢰

もうちょっと頑張ろうね。 좀 더 힘을 내자!
ここで待っててね。 여기서 기다려 줘.

03 ～よ ～야, ~요 N5

문장 끝에 붙어서, 어떠한 의견을 주장하거나 정보를 제공할 때 사용한다.

❶ 자기 주장

자신의 말을 상대에게 주장하여 나타낸다.

早(はや)くしないと、遅(おく)れるよ。 서두르지 않으면 지각해!

A 今日(きょう)は火曜日(かようび)ですね。 오늘은 화요일이지요?
B いいえ、水曜日(すいようび)ですよ。 아니요, 수요일이에요.

❷ 권유와 명령

一緒(いっしょ)に行(い)こうよ。 같이 가자!
早(はや)く来(こ)いよ。 빨리 와!

04 ～わ ~(하)네 N5

말하는 사람의 생각이나 주장을 부드럽게 표현하며 주로 여성이 사용한다.

雨(あめ)が降(ふ)ってきたわ。 비가 내리기 시작했네.
こっちがいいと思(おも)うわ。 이쪽이 좋을 것 같아.

05 ～の ~거야? N4

억양을 높여 사용하며, 상대방에게 질문하거나 확인하는 경우에 사용한다.

今(いま)どこへ行(い)くの。 지금 어디에 가는 거야?
どうして昨日(きのう)は授業(じゅぎょう)を休(やす)んだの。 어째서 어제는 수업을 빠졌어?

06 〜な　〜(하)지 마, 〜마라

동사의 기본형에 붙어 강한 금지를 나타낸다.

ここでタバコを吸うな。 여기서 담배를 피우지 마!
机の上に座るな。 책상 위에 앉지 마!

07 〜さ　〜말이야, 〜거야

가벼운 주장을 나타낸다. 조금 무뚝뚝한 느낌을 주는 표현이다.

これでいいのさ。 이걸로 된 거야.
そんなことぐらい、分かっているさ。 그런 것 정도는 알고 있다니까.

08 〜ぞ　〜(할) 테야, 〜(하)겠어

강한 자기주장이나 결심을 나타낸다.

さあ、バスに乗るぞ。 자, 버스를 타야겠군.
もう天気予報なんか信じないぞ。 이제 더 이상 일기예보 같은 건 믿지 않겠어.

09 〜かしら　〜(한) 걸까, 〜을까

가벼운 의문을 나타내며 주로 여성이 사용하는 표현이다.

誕生日のプレゼント、何がいいかしら。 생일 선물은 뭐가 좋을까?
これで大丈夫かしら。 이것으로 괜찮을까?

♪ 24-026

10 〜だい   ~거야?, ~거니?   N4

의문이나 질문에 친밀감을 더하여 나타낸다. 문장 속에 의문사를 포함하는 경우에 사용한다.

何(なに)を見(み)ているんだい。 뭘 보고 있는 거니?
昨日(きのう)どうして君(きみ)は来(こ)なかったんだい。 어제 어째서 너는 오지 않은 거야?

♪ 24-027

11 〜かい   ~거야, ~거니   N4

가벼운 의문을 나타낸다. 의문사를 포함하지 않는 의문문에서 사용한다.

あの歌(うた)を知(し)っているかい。 그 노래를 알고 있니?
いいお酒(さけ)があるけど、一緒(いっしょ)に飲(の)むかい。 좋은 술이 있는데 같이 마실래?

♪ 24-028

12 〜っけ   ① ~(했)었지 ② ~더라   N2

기억을 더듬거나 확인할 때 사용하는 표현으로 보통체의 「だ」나 「た」로 끝나는 문장 뒤에 붙는 경우가 많다.

❶ 과거 회상

감정을 담아 과거를 회상할 때 사용하며 '~(했)었지', '~(하)고는 했지'라고 해석한다.

この歌(うた)、子(こ)どものころ、よく歌(うた)ったっけ。 이 노래, 어릴 적에 자주 불렀지!
昔(むかし)はよくけんかしたっけ。 옛날에는 자주 싸웠지!

❷ 확인

잊었던 일에 대하여 질문하거나 확인할 때에 사용한다.

出発(しゅっぱつ)はいつだっけ。 출발은 언제더라?
A 今日(きょう)は何曜日(なんようび)だっけ。 오늘은 무슨 요일이더라?
B 今日(きょう)は水曜日(すいようび)よ。 오늘은 수요일이야.

접속조사의 응용 표현

01 ～が早いか　～(하)자마자, ～(하)기가 무섭게 N1

앞의 일이 발생한 후 계속하여 바로 어떤 일이 발생하는 경우에 사용한다.

彼は席に着くが早いか、居眠りを始めた。 그는 자리에 앉자마자 졸기 시작했다.
家に帰るが早いか、弟は遊びに出かけていってしまった。
집에 돌아오자마자 남동생은 놀러 나가 버렸다.

02 ～からには　～(하)는 이상에는 N3

그렇게 행동하거나 판단하는 것이 당연하다는 것을 강조한다. 「～からには」 뒤에는 의무, 결심, 명령, 권유와 같은 의지를 나타내는 내용이 온다.

約束したからには、守らなければいけない。 약속한 이상, 지켜야 한다.
試合に出るからには、勝ちたい。 시합에 출전하는 이상 이기고 싶다.

03 ～からといって　～라고 해서 N2

앞의 내용이 반드시 뒤 문장의 내용을 결정하는 것은 아니라는 의미를 표현한다.

金持ちだからといって幸せとは限らない。
부자라고 해서 행복하다고는 단정할 수 없다.
安いからといって質が悪いわけではない。 싸다고 해서 질이 나쁜 것은 아니다.

4 형식명사에서 파생된 접속조사 표현

01 ～こととて   ～라서, ～인 까닭에

이유나 근거를 나타낸다. 주로 글을 쓸 때 사용하는 딱딱한 표현이다.

休みのこととで、彼とは連絡が取れなかった。
휴일이어서 그와는 연락이 되지 않았다.

不景気のこととて、就職先を探すのは大変なことだ。
불경기인 까닭에 취직할 곳을 찾기란 어려운 일이다.

02 ～ところを   ～(한) 데

어떤 일이 진행 중인 상황에서 예상에 반하는 다른 상황이 발생되었다는 것을 나타낸다. 「～のに」에 가까운 표현이다.

天気が良かったので、いつもは電車に乗るところを歩いて帰った。
날씨가 좋아서 평소에는 전철을 타는데 걸어서 돌아왔다.

本日はお忙しいところをお集まりいただき、誠にありがとうございます。
오늘은 바쁘신데 모여 주셔서 정말 감사드립니다.

♪ 24-034

03 ～たところで　　～(한)들, ～(해) 보았자, ～(한)다 해도

앞에 나오는 동작이 무의미하다는 의미로 사용되며, 문장 뒤에는 부정의 의미를 갖는 문장이 온다.

どんなに話し合ったところで、彼は意見を変えないだろう。
아무리 이야기해 보았자 그는 의견을 바꾸지 않을 것이다.

いまさらどんなに後悔したところで、終わってしまったものは仕方がない。
이제 와서 아무리 후회한들 끝나 버린 일은 어쩔 수 없다.

♪ 24-035

04 ～どころか　　～(하)기는커녕

앞에서 말한 것을 강하게 부정하여, 그보다 더욱 정도가 강한 것을 유도하여 나타낸다.

忙しくて、休みをとるどころか食事をする時間もない。
바빠서 쉬기는커녕 식사를 할 시간도 없다.

車の運転どころか、自転車にも乗れない。　자동차 운전은커녕 자전거도 탈 수 없다.

♪ 24-036

05 ～ものの　　～(하)기는 했지만

역접 확정 조건을 나타낸다. 대립하거나 모순되는 두 가지 내용을 나열하는데 의외라는 느낌이 담겨 있다.

習ったものの、すっかり忘れてしまった。　배우기는 했지만 완전히 잊어 버렸다.

景気が良くなったとは言うものの、失業率はまだ高い。
경기가 좋아졌다고는 하나 실업률은 아직 높다.

06 〜ものなら ① 〜(할) 수 있다면 ② 〜(라)면, 〜(한)다면

❶ 가능형+ものなら N2

실현하기 어려운 일을 강하게 희망할 때 사용하는 표현이다. 주로 가능을 나타내는 동사와 함께 사용되며, 뒤에는 「〜たい」와 같은 희망의 표현이 온다.

休めるものなら休みたいが、仕事がたくさんあって休めない。
쉴 수만 있다면 쉬고 싶지만 일이 많아서 쉴 수 없다.

入れるものなら、有名大学に入りたい。
들어갈 수만 있다면 유명 대학에 들어가고 싶다.

❷ 의지형+ものなら N1

'만일 그러한 일이 발생한다면 곤란한 일이 생긴다'는 의미를 지닌 가정표현이다. 뒷부분에는 불안, 걱정 등의 내용이 온다.

彼の意見に反対しようものなら、みんなに非難されるだろう。
그의 의견에 반대하면 모두에게 비난받을 것이다.

夜遅く帰ろうものなら、父に怒られる。
밤 늦게 돌아가기라도 하면 아버지에게 혼난다.

07 〜ものを   〜(할) 것을, 〜(할) 텐데, 〜(하)련만

동사나 い형용사, な형용사의 명사수식형에 붙어서 불만이나 유감의 감정을 강조한다.

あと10分早く会社を出ていたら、終電に間に合ったものを。
10분 더 일찍 회사를 나왔더라면 마지막 전철을 탈 수 있었을 텐데.

慌てなければ、いい点がとれたものを。
허둥대지 않았더라면 좋은 점수를 얻었을 텐데.

5 형식명사에서 파생된 종조사 표현

♪ 24-039

01 ～こと   ① ～(할) 것 ② (정말) ～(하)네   N2

❶ 명령, 지시

강한 어조로 단호하게 명령하는 느낌을 준다.

各自、お弁当を持参すること。 각자 도시락을 지참할 것.
授業中は静かにすること。 수업 중에는 조용히 할 것.

❷ 가벼운 감동

가벼운 감동을 나타내며, 「ね」와 함께 사용하기도 한다. 주로 여성이 사용하는 표현이다.

この景色のきれいだこと。 이 경치는 정말로 아름답네.
まあ、立派だことね。 정말 훌륭하네.

02 〜もの　　〜걸, 〜거든

이유를 말하거나 변명하는 경우에 사용한다. 주로 회화체에서 여성이나 아이들이 많이 사용한다. 「〜もん」은 「〜もの」보다 격식이 없는 말이다.

A 明日用事があってパーティーに行けないんだ。
　내일 일이 있어서 파티 못 갈 거야.

B だってあなたが来ないとおもしろくないもの。
　하지만 네가 오지 않으면 재미없는 걸.

A 食べないの。안 먹을 거야?
B だって食べたくないんだもん。그게 먹고 싶지 않다니까!

03 〜ものか　　〜(하)나 봐라, 〜(할)까 보냐

어떠한 사실에 대하여 강하게 부정할 때 사용한다. 자신의 행동에 대하여 사용할 때는 절대로 그렇게 하지 않겠다는 결심을 나타낸다. 회화체에서는 「〜もんか」의 형태로 쓰인다.

あんなまずいレストランには二度と行くものか。
저런 맛없는 레스토랑에는 두 번 다시 가나 봐라.

こんなに難しい問題が分かるものか。 이렇게 어려운 문제를 알 리가 없잖아.

苦労して分かったのだからそう簡単に教えるものか。
고생해서 알았으니 그리 간단히 가르쳐 주나 봐라(가르쳐주지 않겠다).

명사 응용 표현

1 명사 응용 표현

1 명사 응용 표현

이 과에서는 다른 명사나 동사, 형용사 등의 수식을 받아 특별한 의미를 나타내는 명사에 대하여 살펴보기로 한다. 일반적인 명사와는 달리 단독으로 사용되지 않으며 특별한 표현 의도를 지니고 있다. 명사 단독으로 쓰이는 경우도 있지만, 「で」나 「に」, 「と」와 같은 조사가 붙어서 문법적 역할을 하는 경우도 있다.

01 ～後で　～(한) 후에　N5

동작의 순서를 나타내는 표현으로, 앞의 동작이 이루어진 후에 뒤의 동작이 이루어진다는 의미를 나타낸다.

顔を洗った後でご飯を食べます。 세수를 한 후에 밥을 먹습니다.
授業の後で掃除をします。 수업 후에 청소를 합니다.

02 ～前に　～전에　N5

동작의 순서를 나타내는 표현으로, 뒤의 동작을 하기 전에 어떤 동작이 이루어진다는 의미를 나타낸다.

電車に乗る前に、切符を買いました。 전철을 타기 전에 표를 샀습니다.
雨が降る前に、家に着きました。 비가 내리기 전에 집에 도착했습니다.

03 ～ために ～위해서, ~때문에 N4

❶ 목적을 나타낸다.

試験に合格するために勉強する。 시험에 합격하기 위해서 공부한다.

家を建てるために、お金を借りました。 집을 짓기 위해서 돈을 빌렸습니다.

❷ 이유, 원인을 나타낸다.

健康のために毎日運動しています。 건강을 위해서 매일 운동하고 있습니다.

雪のため、バスが遅れています。 눈 때문에 버스가 늦습니다.

04 ～間・～間に ～동안(에) N3

다음 두 문장의 차이는 '지속성'과 '일회성'에 있다.

休みの間、ずっとアルバイトをした。
방학 동안 쭉 아르바이트를 했다. (방학 내내 아르바이트를 했을 때)

休みの間に、アルバイトをした。
방학 때 아르바이트를 했다. (방학 중 특정 시점에 아르바이트를 했을 때)

❶ 間 : 지속적인 동작이나 상태를 나타낸다.

散歩している間、ずっと雨が降っていた。
산책하고 있는 동안에 계속 비가 내리고 있었다.

両親が旅行している間、一人でご飯を食べていました。
부모님이 여행하고 있는 동안 혼자서 밥을 먹고 있었습니다.

❷ 間に : 순간적, 일회적인 동작이나 상태를 나타낸다.

寝ている間に、どろぼうに入られました。 자고 있는 사이에 도둑이 들었습니다.

休みの間に旅行に行ってきた。 휴가 동안에 여행을 다녀왔다.

05 〜うちに   〜(하)는 동안에   N3

상태가 지속되는 동안에 어떤 일이 일어나거나 변화가 발생함을 나타낸다.

子どもが寝ているうちに、家の掃除をしよう。
아이가 자고 있는 동안에 집 청소를 하자.

暇なうちに、映画でも見に行きましょう。 한가할 동안에 영화라도 보러 갑시다.

TIP

◆ 〜うちに vs 〜間に

단순한 기간을 나타낼 때는 둘 다 사용 가능하다. 다만 「うちに」는 시간적 범위를 강조하며 「間」보다 상대적으로 짧은 시간을 나타내며 일종의 심리적 긴장감을 드러내기도 한다.

- 단순한 기간은 「うちに」와 「間に」 둘 다 가능하다.
  若いうちにたくさん旅行に行きたい。(○)
  若い間にたくさん旅行に行きたい。(○) 젊을 동안에 많이 여행하러 가고 싶다.

- 시작과 끝이 명확한 경우에는 「間に」를 사용한다.
  4時と5時のうちに来てください。(×)
  4時と5時の間に来てください。(○) 4시와 5시 사이에 와 주세요.

- 부정을 의미하는 「ない」 뒤에 오는 경우에는 「うちに」를 사용한다.
  雨が降らないうちに、洗濯をしよう。(○) 비가 내리기 전에 세탁을 하자.
  雨が降らない間に、洗濯をしよう。(×)

06 〜ないうちに   〜(하)기 전에   N3

어떤 상태가 발생하기 전에 어떠한 동작을 하거나 변화가 발생함을 나타낸다.

忘れないうちにメモしておこう。 잊기 전에 메모해 두자.
暗くならないうちに、帰りましょう。 어두워지기 전에 돌아갑시다.

07 〜せいで　〜탓에

그것이 원인이 되어 좋지 않은 결과가 되었다는 것을 표현한다. 「〜せいで(~탓에)」 외에도 「〜せいか(~탓인지), 〜せいだ(~탓이다)」의 꼴로 많이 쓴다.

薬のせいで眠くてしかたがなかった。 약 탓에 졸려서 견딜 수가 없었다.
年のせいか、最近物忘れがひどくなった。 나이 탓인지 최근 건망증이 심해졌다.

08 〜おかげで　〜덕분에

앞에 오는 내용이 원인이 되어 좋은 결과가 나왔을 때 감사하는 기분을 표현한다.

コンビニが近いおかげで、いつでも買い物ができる。
편의점이 가까운 덕분에 언제라도 물건을 살 수 있다.
彼が手伝ってくれたおかげで、仕事が早く終わった。
그가 도와준 덕분에 일이 빨리 끝났다.

09 〜くせに　〜(한) 주제에, ~인데도

비난, 경멸, 분노의 감정을 나타낸다. 의미상으로 「〜くせに」는 「〜のに(~인데)」처럼 역접의 역할을 하지만, 「〜のに」보다 비난하는 기분이 강하다.

何も知らないくせに他人に偉そうに言わないでほしい。
아무것도 모르는 주제에 남에게 잘난 듯이 말하지 않았으면 좋겠다.
金持ちのくせにけちだ。 부자인데도 인색하다.

10 ～たびに　～(할) 때마다　N3

어떤 일이 일어날 때마다 반복적인 상황이나 동작이 되풀이된다는 의미를 나타낸다.

山田さんは旅行に行くたびに、お土産を買ってきてくれる。
야마다 씨는 여행을 갈 때마다 선물을 사다 준다.

ここは、雨が降るたびに、道が込んでしまう。
여기는 비가 내릴 때마다 길이 막힌다.

11 ～とおり・～どおり　～대로, ～와 똑같이　N3

앞에 제시된 단어와 같은 상태나 같은 방법으로 무언가를 행한다는 의미를 나타낸다. 동사 뒤에 붙을 때는 「～とおり」라고 하지만 명사 뒤에 붙을 때는 「～どおり」와 같이 탁음이 붙는 점에 주의한다.

先生の言うとおりに書いてください。 선생님이 말하는 대로 써 주세요.
結果は予想どおりだった。 결과는 예상대로였다.

12 ～反面　～반면　N3

工業化は生活を豊かにする反面、環境を破壊する。
공업화는 생활을 풍요롭게 하는 반면에 환경을 파괴한다.

この製品は水に強い反面、熱には弱い。 이 제품은 물에 강한 반면 열에는 약하다.

13 ～以上   ~(한) 이상   N2

당연한 이유를 들어 말하는 사람의 판단이나 결심을 나타낼 때 사용하는 표현이다. 문말에는 「～なければならない(~해야 한다)」나 「～たい(~하고 싶다)」와 같은 의무나 희망을 나타내는 표현이 온다.

給料をもらっている以上、働かなければならない。
급료를 받고 있는 이상 일해야 한다.

みんなの前で約束した以上、絶対に守りたい。
여러분 앞에서 약속한 이상 반드시 지키고 싶다.

14 ～上で   ~(한) 후에   N2

「～た後で」와 같이 시간적 전후 관계를 나타낸다. 뒷부분에는 그렇게 하겠다는 의지를 나타내는 표현이 오는 경우가 많다.

よく考えた上でご返事いたします。 잘 생각한 후에 답변하겠습니다.

内容を確認した上で、問題がなければサインをお願いします。
내용을 확인한 후에 문제가 없으면 사인을 부탁드립니다.

15 ～上に   ~(한) 데다가   N2

「～上に」는 첨가, 부가의 의미를 나타내는 표현이다. 동일한 문맥의 내용을 추가하는 것이므로 긍정적인 일에는 긍정적인 일을, 부정적인 일에는 부정적인 일을 나열해야 자연스러운 문장이 된다.

この店の野菜は、新鮮な上に安い。(○) 이 가게의 채소는 신선한 데다가 싸다.
この店の野菜は、新鮮な上に高い。(×) 이 가게의 채소는 신선한 데다가 비싸다.

この辺は、交通が便利な上に、環境もいいので家賃が高い。
이 부근은 교통이 편리한 데다가 환경도 좋아서 방세가 비싸다.

彼女は心が優しい上に顔もきれいだ。 그녀는 마음이 상냥한 데다가 얼굴도 예쁘다.

16 〜上は　〜(한) 이상에는　N2

원인이나 이유를 나타내는 표현으로 앞에 오는 것을 원인으로 인하여 「〜上は」 뒤의 문장이 당연하다는 것을 강조한다. 주로 문장에서 사용하며 딱딱한 느낌을 준다. 회화체에서는 같은 의미인 「〜以上は」나 「〜からには」를 주로 사용한다.

大人である上は自分の行動に責任を持たなければならない。
어른인 이상에는 자신의 행동에 책임을 져야 한다.

みんなの協力が得られない上は、この計画はあきらめるしかない。
모두의 협력을 얻지 못한 이상에는 이 계획은 포기할 수 밖에 없다.

17 〜あまり　〜(한) 나머지　N2

원인을 강조하는 표현이다. 뒤에는 확정적인 사실이 와야 한다.

試験が心配のあまり、夜も眠れない。 시험을 걱정한 나머지 밤에도 잠이 오질 않는다.

急ぐあまり、財布を家において来てしまった。
서두른 나머지 지갑을 집에 두고 와 버렸다.

18 〜おそれがある　〜(할) 우려가 있다　N2

「おそれ」는 동사 뒤에 붙어서 '위험성, 염려'와 같은 의미를 나타낸다. 이 문형은 미래에 나쁜 일이 발생할 가능성을 강조하는 표현이다.

台風が日本に上陸するおそれがある。 태풍이 일본에 상륙할 우려가 있다.

はっきり言わないと誤解されるおそれがある。
분명히 말하지 않으면 오해받을 우려가 있다.

19 〜一方だ　〜(하)기만 하다　N2

어떠한 상황이 한 방향으로만 진행되고 있다는 의미를 나타낸다. 특히, 그것이 바람직하지 못하다고 생각하는 방향으로 진행되는 경우에 주로 사용한다.

景気が悪くて、失業率は上がる一方だ。 경기가 나빠서 실업률은 오르기만 한다.
物価や税金も上がり、生活は苦しくなる一方だ。
물가나 세금도 올라 생활은 어려워지기만 한다.

20 〜一方で　〜(하)는 한편　N2

「〜一方で」의 앞에 나오는 내용과 다른 측면이 공존한다는 의미를 나타낸다. 주로 대조적인 내용이 오는 경우가 많다.

車は便利である一方で、環境汚染の原因にもなっている。
차는 편리한 한편 환경 오염의 원인도 되고 있다.
一人暮らしは自由でいい。その一方で不便なこともある。
독신 생활은 자유로워서 좋다. 그런 한편 불편한 점도 있다.

21 〜抜き　〜뺌　N2

어떠한 내용을 제외하거나 어떠한 동작을 하지 않고 무언가를 진행할 때에 사용하는 표현이다.

❶ 抜きで 〜빼고, 〜생략하고
冗談抜きでまじめに考えてください。 농담은 빼고 진지하게 생각해 주세요.
朝食抜きで登校する小学生が増えている。
아침 식사를 거르고 등교하는 초등학생이 늘고 있다.

❷ **抜きにして** ～빼고, ～생략하고

あいさつは抜きにして、早速説明に入ります。
인사는 생략하고 조속히 설명에 들어가겠습니다.

彼を抜きにしてこの仕事は進められない。 그를 빼고 이 일은 추진할 수 없다.

♪ 25-022

22 ～向き ～에게 적합함

'어떤 대상에 적합하다, 안성맞춤이다'라는 의미를 나타낸다.

この料理はとても柔らかいのでお年寄り向きだ。
이 요리는 매우 부드러워서 노인들에게 적합하다.

これは体力が必要なので、男性向きの仕事だ。
이 일은 체력이 필요해서 남성에게 적합한 일이다.

♪ 25-023

23 ～向け ～용, ～대상

명사 뒤에 붙어서 대상이나 방향을 나타낸다.

このマンガは、内容から見て青年向けではなく少年向けだ。
이 만화는 내용으로 보면 청년 대상이 아니라 소년 대상이다.

この工場で生産された製品のほとんどはアメリカ向けに輸出されている。
이 공장에서 생산된 제품의 대부분은 대미용으로 수출되고 있다.

 **TIP**

◆ 向き vs 向け

男性向きの雑誌 남성에게 적합한 잡지
男性向けの雑誌 남성용 잡지

비슷한 의미로 쓰이지만 표현 의도가 다르므로 주의해야 한다. 「向き」는 '적합함', 「向け」는 '대상'으로 이해하면 무난하다.

24 ～下で　～하에, ～속에서

「下」는 사람이나 물건의 영향이 미치는 범위를 말한다. 「もと」의 한자로 「元」를 떠올리는 경우가 많으나 「下」를 쓰므로 주의한다.

彼女は、愛情豊かな両親の下で育った。 그녀는 정이 많은 부모 밑에서 자랐다.
山田教授のご指導の下で、修士論文を作成した。
야마다 교수의 지도 하에 석사 논문을 작성했다.

25 ～限り　～(하)는 한

'그렇게 하면 반드시 ～하겠다'는 강한 어조로 조건을 강조하여 나타낸다. 「～する限り(～하는 한), ～しない限り(～하지 않는 한)」의 두 가지 형태로 기억해 두자.

時間の許す限り、話し合いを続きましょう。
시간이 허락하는 한 대화를 계속합시다.
あの人が謝らない限り、絶対に許すつもりはない。
그 사람이 사과하지 않는 한 절대로 용서할 생각은 없다.

26 ～割には　～에 비해서는, ～치고는

어떠한 내용으로부터 예상되는 것에 비해서 어울리지 않는 의외의 내용이 올 때 사용한다.

祖父は年をとっている割には元気です。 할아버지는 나이 든 데 비해서는 건강합니다.
値段が安い割には品物がよい。 가격이 싼 것치고는 물건이 좋다.

27 ~最中   ~한창

어떤 일이나 행동이 가장 활발하게 진행되고 있는 순간을 강조하며, 그 시점에 예기치 않은 일이 일어났다는 것을 말할 때 사용한다.

会議の最中に電話がかかってきた。 회의가 한창일 때 전화가 걸려왔다.
人が食べている最中に話しかけないでほしい。
남이 한참 먹고 있을 때 말을 걸지 않았으면 좋겠다.

28 ~際   ~때

어떤 행동이나 일이 발생하는 상황이나 시기를 나타낸다. 문장 후반부에는 적극적인 동작을 나타내는 표현이 오는 경우가 많다. 격식차린 말투로 비즈니스 상황이나 공문서 등에 사용한다.

緊急の際は、このボタンを押してください。 긴급할 때는 이 버튼을 눌러 주세요.
図書館をご利用の際は、利用カードが必要です。
도서관을 이용할 때는 이용 카드가 필요합니다.

29 ~きらいがある   ~경향이 있다

어떠한 대상의 부정적인 측면을 나타내며, 그 대상은 사람인 경우가 많다.

彼は何でも大げさに言うきらいがある。 그는 무엇이든 과장해서 말하는 경향이 있다.
彼女は、物事を悪い方に考えるきらいがある。
그녀는 매사를 나쁜 쪽으로 생각하는 경향이 있다.

♪ 25-030

30 ～故に   ～때문에

이유를 나타내는 문장체 표현이다. 동사와 い형용사 뒤에는 조사「に」를 빼고「～が故」라는 형태로 사용되기도 한다.

実力不足故に、ミスが続いている。 실력 부족 때문에 실수가 계속되고 있다.

彼は誠実であるが故にみんなに信頼されている。
그는 성실하기 때문에 모든 사람에게 신뢰받고 있다.

♪ 25-031

31 ～限りだ   ～(하)기 짝이 없다, 몹시 ～(하)다

주로 감정을 나타내는 말 뒤에 붙어서 그 정도가 매우 심하다고 말할 때 사용한다.

長年の友達が引っ越して行ってしまってさびしい限りだ。

오랜 친구가 이사를 가 버려서 외롭기 짝이 없다.

毎年、休暇で海外旅行とはうらやましい限りだ。

매년 휴가로 해외여행이라니 너무 부럽다.

♪ 25-032

32 ～そばから   ～(하)는 족족, ～(하)자마자   N1

어떤 일이 일어난 후에 바로 이어서 다른 일이 발생한다는 뜻이다. 이 문형에서 중요한 것은 그러한 일이 일회적인 것이 아니라 반복적으로 발생한다는 점이다.

習うそばから、忘れてしまうので困る。 배우는 족족 잊어버려서 난감하다.

こちらの商品はかなり好評で、入荷するそばから売れていく。

이 상품은 꽤 평가가 좋아서 입고되는 족족 팔려 나간다.

PART 25 명사 응용 표현 **431**

♪ 25-033

33 ～至(いた)り ～극치

공식 석상에서 사용하는 딱딱한 표현으로 최고의 상태에 도달해 있음을 나타낸다. 「光栄(こうえい)(영광), 赤面(あかめん)(창피), 感激(かんげき)(감격)」등과 같은 표현과 함께 쓰는 경우가 많다.

このような素晴(すば)らしい賞(しょう)をいただき、光栄(こうえい)の至(いた)りです。
이런 멋진 상을 받아서 영광스럽기 그지없습니다.

自分(じぶん)の研究(けんきゅう)が認(みと)められ、受賞(じゅしょう)できたことは、感激(かんげき)の至(いた)りです。
제 연구가 인정받아 상을 받을 수 있었던 것은 감격할 따름입니다.

♪ 25-034

34 ～極(きわ)み ～극치

이 이상 없을 정도로 상태가 극에 달해 있다는 의미를 나타낸다.

海外出張(かいがいしゅっちょう)で心身(しんしん)ともに疲労(ひろう)の極(きわ)みに達(たっ)している。
해외 출장 때문에 심신 모두 극도의 피로에 달해 있다.

決勝戦(けっしょうせん)で負(ま)けるなんて痛恨(つうこん)の極(きわ)みだ。 결승전에서 지다니 원통하기 그지없다.

♪ 25-035

35 ～如何(いかん) ～여하

❶ ～如何(いかん)で ～여하에, ～에 따라
　～如何(いかん)によっては ～여하에 따라

그러한 사정이나 상황에 의해 어떠한 일이 결정된다는 내용을 격식있게 나타내는 말이다.

交渉(こうしょう)の結果如何(けっかいかん)で、今後(こんご)の対応(たいおう)を検討(けんとう)しましょう。
협상 결과에 따라 앞으로의 대응을 검토합시다.

今度(こんど)の旅行(りょこう)は、天候如何(てんこういかん)によっては取(と)りやめることになるかもしれません。 이번 여행은 날씨 여하에 따라 취소하게 될지도 모릅니다.

❷ ～如何によらず ～여하에 관계없이
～如何にかかわらず ～여하에 관계없이
～如何を問わず ～여하를 불문하고

「如何で」와는 반대로 어떠한 상황에 한정되지 않을 때 사용한다.

試験当日は理由の如何によらず、遅刻は認めません。
시험 당일은 이유 여하에 관계없이 지각은 인정하지 않습니다.

納入された会費は事情の如何を問わず返却できません。
납입된 회비는 사정 여하를 불문하고 반환할 수 없습니다.

♪ 25-036

36 ～始末だ　～꼴이다, ～지경이다

어떤 상황이나 결과에 대하여 비난의 느낌을 나타낸다.

あの二人は仲が悪くて、ちょっとしたことでもすぐけんかになる始末だ。
저 두 사람은 사이가 나빠서 사소한 일로도 바로 싸움이 나는 지경이다.

彼はギャンブルにはまって、給料を全部使ってしまい、借金までする始末だ。
그는 도박에 빠져서 급료를 다 써버리고 빚까지 지는 지경이다.

형식명사

1 こと

2 もの

3 ところ

4 わけ

5 はず

6 まま

1 こと

형식명사는 명사 중에서 실질적인 의미를 갖지 않고 형식적으로 사용하는 말이다. 따라서 수식하는 내용에 따라 실제 의미가 달라진다. 「こと, もの, ところ, わけ」 등의 대표적인 형식명사가 있다.

♪ 26-001

01 こと 것, 일

「こと」는 '사물이나 사람과 관련된 어떠한 일'을 나타낸다. 말하는 사람 자신의 개인적인 '사실, 경험, 습관, 판단' 등을 나타내는 경우가 많다.

❶ 일, 상황
ことの流(なが)れを見守(みまも)る。 사태의 흐름을 지켜본다.

❷ 관련 사항
試験(しけん)のことが心配(しんぱい)だ。 시험이 걱정이다(시험과 관련된 일이 걱정이다).

❸ 행동
自分(じぶん)のしたことを反省(はんせい)する。 자신이 한 일(행동)을 반성한다.

❹ 내용
彼(かれ)の言(い)っていることが分(わ)からない。 그가 말하고 있는 것(내용)을 이해할 수 없다.

02 ～たことがある　～(한) 적이 있다

동사 た형에 붙어 과거 경험을 나타낸다.

日本の映画を見たことがありますか。 일본 영화를 본 적이 있습니까?
私はまだ一度も飛行機に乗ったことがありません。
나는 아직 한 번도 비행기를 탄 적이 없습니다.

03 ～ことがある　～(하)는 경우가 있다

현재에도 진행되거나 반복되는 일을 나타낸다.

ときどき料理を作ることがあります。
때때로 요리를 만드는 경우가 있습니다(요리를 만들곤 합니다).
ときどき会社までタクシーに乗ることがあります。
때때로 회사까지 택시를 타는 경우가 있습니다.

04 ～ことにする　～(하)기로 하다

어떠한 일을 자신의 의지로 결정하거나 결심할 때 사용하는 표현이다.

仕事を辞めることにしました。 일을 그만두기로 했습니다.
天気が悪かったので、出かけないことにした。
날씨가 나빴기 때문에 외출하지 않기로 했다.

05 ～ことになる　　～(하)게 되다　　

어떠한 내용이 자신의 의지가 아닌 외적 요인에 의해 성립되었다는 의미를 나타낸다.

来月から水道料金が上がることになりました。
다음 달부터 수도 요금이 오르게 되었습니다.

会議は3時に行われることになりました。 회의는 세 시에 실시되게 되었습니다.

06 ～ことにしている　　～(하)기로 하고 있다　　

어떠한 행위를 의도적인 습관으로 하고 있음을 나타낸다.

毎朝ジョギングすることにしている。 매일 아침 조깅하기로 하고 있다.

体のために、毎日早く寝ることにしている。
몸을 위해서 매일 일찍 자기로 하고 있다.

07 ～ことになっている　　～(하)기로 되어 있다　　

회사나 학교, 사회 등에서 결정된 일정이나 규칙, 사회적 관습 등을 나타낸다.

会議はあさって開かれることになっている。 회의는 내일 모레 열리기로 되어 있다.

テストの結果は、来月七日までに本人に知らせることになっている。
시험 결과는 다음 달 7일까지 본인에게 알리게 되어 있다.

♪ 26-008

08 ~ということだ   ~(라)는 것이다, ~(라)고 한다   N3

들은 내용을 전달하는 전문(轉聞) 표현으로 방송이나 신문 등에서도 널리 사용된다. 기본적으로는 전문의 「~そうだ」와 같은 의미이다.

社長は今日、出勤しないということだ。 사장님은 오늘 출근하지 않는다고 한다.

調査によると、一人暮らしのお年寄りが増えているということだ。
조사에 의하면 독거노인이 늘고 있다고 한다.

TIP

◆ ということだ vs そうだ

둘 다 들은 내용을 전달한다는 의미이다. 단, 의지나 추측 표현, 과거형에는 「そうだ」를 사용할 수 없다.

	ということだ	そうだ
의지 / 추측 표현	寒くなるだろう ということだ。(○)	寒くなるだろうそうだ。(×)
과거형	また電話する ということだった。(○)	また電話するそうだった。(×)

♪ 26-009

09 ~ことか   ~던가, ~란 말인가   N2

감탄이나 탄식과 같은 말하는 사람의 감정을 나타낸다. 「どんなに(얼마나), どれほど(얼마나), なんと(얼마나), 何度(몇 번이나)」 등의 부사와 함께 쓰는 경우가 많다. 문어체적인 느낌이 강하게 드는 표현이다.

今まで何度この仕事を辞めようと思ったことか。
지금까지 몇 번이나 이 일을 그만두려고 생각했던가!

健康でいられることはなんとすばらしいことか。
건강하게 지낼 수 있다는 것은 얼마나 멋진 일이던가!

PART 26 형식명사 439

10 ～ことから   ~로 인해, ~때문에   N2

뒤에 오는 내용의 근거나 유래 등을 나타낸다.

この街は外国人が多いことから、世界各国の料理が集まっている。
이 거리는 외국인이 많아서 세계 각국의 요리가 모여 있다.

ここは、お寺がたくさんあることから、「寺町」と呼ばれている。
이곳은 절이 많이 있기 때문에 '데라마치'라고 불린다.

11 ～ことだ   ~(해)야 한다, ~(하)는 편이 좋다   N2

말하는 사람 자신의 판단에 근거한 충고나 조언을 할 때 사용하는 표현이다.

合格したかったら勉強することだ。 합격하고 싶으면 공부해야 한다.

成功したいなら、失敗を恐れず挑戦することだ。
성공하고 싶으면 실패를 두려워하지 말고 도전해야 한다.

12 ～ことに   ~(하)게도   N2

놀람, 기쁨, 슬픔 등의 감정을 나타내는 단어 뒤에 붙어서 말하는 사람의 감정을 강조하는 표현이다. 동사의 경우에는 た형에 접속한다.

うれしいことに来月から、給料が上がるそうだ。
기쁘게도 다음 달부터 급료가 오른다고 한다.

驚いたことにこの絵は小学生の作品だ。 놀랍게도 이 그림은 초등학생의 작품이다.

13 ～ことはない   ～(할) 필요는 없다

그렇게 할 필요가 없다고 충고하는 기분을 나타낸다.

時間はまだ十分あるから急ぐことはない。
시간은 아직 충분히 있으니까 서두를 필요는 없다.

ただの風邪ですから、心配することはありません。
단순한 감기니까 걱정할 필요는 없습니다.

14 ～ことだから   ～이니까

원인이나 이유를 나타내는 표현이다. 어떤 사람이나 대상이 지닌 특징을 강조하기 위해 사용한다. 예를 들어, 「まじめな彼のことだから(성실한 그니까)」는 그 사람이 성실하다는 것을 강조한다. 듣는 사람과 말하는 사람이 모두 그것에 대하여 알고 있는 경우에 사용한다.

実力のある彼のことだから、きっと合格するだろう。
실력이 있는 그 사람이니까 반드시 합격할 것이다.

明るい彼女のことだから、会社でも楽しくやっていくことでしょう。
밝은 그녀이니까 회사에서도 즐겁게 생활해 가겠지요.

15 ～ことだし   ～이니, ～이기도 하니

어떤 일을 할 때에 그 이유를 강조하여 나타내는 표현이다. 「～ことだし」 뒤에는 결단, 권유 등의 의지에 근거한 내용이 따른다.

仕事も一段落したことだし、今夜一杯やりませんか。
일도 일단락되었으니 오늘밤 한 잔 하지 않겠습니까?

雨もやんだことだし、公園に散歩でもしに行きましょう。
비도 그쳤으니 공원에 산책이라도 하러 갑시다.

16 ～ことなく ～(하)지 않고, ～(하)는 일 없이 N2

「～しないで(～하지 않고)」의 문어체 표현이다.

最後まであきらめることなく頑張ってください。
끝까지 포기하지 말고 노력하세요.

彼は朝から晩まで、休むことなく働きつづけた。
그는 아침부터 밤까지 쉬지 않고 계속 일했다.

17 ～ないことには ～(하)지 않고서는 N2

꼭 그렇게 해야만 뒤에 오는 동작이 이루어진다는 전제 조건을 나타낸다. 이때 「～ないことには」 뒤에는 부정의 의미가 따른다.

食べてみないことには、おいしいかどうか分からない。
먹어 보지 않고서는 맛있는지 어떤지 모른다.

詳しい調査をしないことには、対策が立てられない。
자세한 조사를 하지 않고서는 대책을 세울 수 없다.

18 ～ないことはない ～(하)지 않는 것은 아니다, ～못할 것은 없다 N2

「～できない(～할 수 없다)」와 같이 단정적으로 말하지 않고 '～(할) 수도 있다'는 가능성을 남겨두는 표현이다. '약한 단정, 부분적인 긍정'으로 이해하면 된다.

彼の意見も理解できないことはない。 그의 의견도 이해 못하는 것은 아니다.

結婚したくないことはないが、今は一人の方が楽だ。
결혼하고 싶지 않은 것은 아니지만 지금은 혼자가 편하다.

2 もの

♪ 26-019

01 もの 것, 일

「もの」는 사람의 감각에 의해 얻거나 이해할 수 있는 일반적이며 보편적인 '현상, 규칙, 사상' 등을 나타내는 경우가 많다. 이야기의 흐름을 객관화시키는 경향이 있다.

❶ 물건, 물체

좁은 의미에서「もの」를 나타내는 가장 대표적인 용법이다.

何か食べるものはありませんか。 뭔가 먹을 것은 없습니까?

❷ 막연한 대상

ものには順序がある。 일에는 순서가 있다.

❸ 중요한 존재나 대상

この計画はものになりそうだ。

이 계획은 잘될 것 같다. [ものになる : 성공하다, 훌륭한 인물이 되다]

◆ こと vs もの

「こと」와 「もの」는 둘 다 '것'이라고 해석하는 경우가 많은데 두 형식명사는 기본적으로 의미가 다르다. 이러한 차이가 「こと」와 「もの」가 확장되어 추상적인 의미를 강조하는 경우에도 영향을 미친다.

● こと

취미나 관심, 행동 등의 추상적 대상을 가리킨다.

A どんなことが好きですか。 어떤 것을 좋아합니까?
B 映画を見ることです。 영화를 보는 것입니다.

● もの

물건, 사물 등의 구체적인 대상을 가리킨다.

A どんなものが好きですか。 어떤 것을 좋아합니까?
B 甘いものが好きです。 단것을 좋아합니다.

♪ 26-020

02 〜ものだ

① 〜(하)는 법이다 ② 〜로구나, 정말 〜하다 ③ 〜(하)곤 했다

❶ 당연하거나 상식이라는 의미를 나타내는 표현이다.

事故のときは、だれでも慌てるものだ。 사고 때는 누구라도 당황하는 법이다.
人は外見だけでは分からないものだ。 사람은 겉모습만으로는 알 수 없는 법이다.

◆ ことだ vs ものだ

風邪の時はゆっくり休むことだ。
감기에 걸렸을 때는 푹 쉬어야 한다. [조언, 충고]

人は外見だけでは分からないものだ。
사람은 겉모습만으로는 알 수 없는 법이다. [당연]

「ことだ」는 충고나 조언을 나타내는 표현이고, 「ものだ」는 개인의 의견이 아닌 도덕적 상식이나 당연한 사실을 나타낸다.

❷ 마음속에 깊이 느끼고 있는 감정을 나타낸다.

温泉は何度来ても**いいものだ**。 온천은 몇 번을 와도 좋다.

今年も後一か月です。本当に時間が経つのは**早いものですね**。
올해도 앞으로 한 달입니다. 정말로 세월이 지나는 것은 빠르군요.

❸ 과거의 습관적이고 반복적인 동작을 떠올릴 때 사용한다. 반드시 과거를 나타내는 시간 표현이 앞에 제시된다.

小さいころはよく川辺で**遊んだものだ**。 어릴 때는 자주 강가에서 놀곤 했었다.

若い時、一晩中試験勉強を**したものだ**。
어렸을 때는 밤새도록 시험 공부를 하곤 했었다.

03 ～ものがある　～(한) 데가 있다

'그러한 느낌이 든다, 그렇게 느껴진다'는 의미로서, 자신으로 하여금 그렇게 느끼게 하는 어떠한 요소나 속성을 감탄의 느낌을 담아 표현한다.

彼の話には人を**納得させるものがある**。
그의 이야기에는 사람을 납득시키는 데가 있다.

科学の発達は**すばらしいものがある**。 과학의 발달은 훌륭한 데가 있다.

04 ～ものだから　～(하)기 때문에, ～라서

어떠한 상황에 이르게 된 원인이나 이유를 설명할 때 사용한다. '원래 의도한 바는 아니지만'의 느낌을 담아 사용하는 경우가 많다.

急いでいるものですから、お先に失礼します。 급하니까 먼저 실례하겠습니다.

すみません。**交通渋滞だったものだから**、遅くなってしまいました。
미안합니다. 교통 정체 때문에 늦어져 버렸습니다.

◆ ～ことだから vs ～ものだから

「から」가 붙어서 원인을 나타낸다는 공통점이 있다. 다만, 「～ことだから」는 사람의 특징을 강조할 때 주로 사용하고 「～ものだから」는 어떤 일의 자초지종을 설명할 때 사용하는 경우가 많다.

時間に正確な彼女のことだから、もうすぐ来ますよ。
시간에 정확한 그녀이니까 이제 곧 올 거예요. [시간을 잘 지킨다는 그녀의 특징을 강조]

体の調子が悪かったものだから、会議に出席できなかった。
몸 상태가 나빴기 때문에 회의에 출석할 수 없었다. [회의에 출석하지 못한 자초지종을 설명]

05 ～というものだ   (바로) ～인 것이다, (바로) ～라는 것이다   N2

그것이 당연하다는 화자의 주장이나 감정을 나타내는 표현이다. 일반적으로 널리 받아들여질 수 있는 상식적인 일을 나타내는 경우가 많다.

家族みんなが元気であることこそ幸せというものだ。
가족 모두가 건강하다는 것이야말로 행복인 것이다.

この仕事を途中で辞めるのは、無責任というものだ。
이 일을 도중에 그만두는 것은 무책임한 일이다.

06 ～というものではない・～というものでもない   N2
～인 것은 아니다, ～라고는 할 수 없다 · ～인 것도 아니다, ～라고도 할 수 없다

꼭 그렇다고 단정할 수는 없다는 화자의 주장이나 감정을 나타낸다. 부분부정의 의미를 나타내며 「～というものだ」의 부정에 해당한다.

成績は大切だが、勉強だけできればいいというものではない。
성적은 중요하지만 공부만 잘하면 되는 것은 아니다.

努力すれば必ず成功するというものでもない。
노력하면 반드시 성공하는 것도 아니다.

3 ところ

「ところ」의 가장 기본적인 의미는 '곳(장소)'이지만, 의미가 확장되어 시간과 상황, 그리고 다양한 추상적인 의미로 사용된다.

♪ 26-025

01 ところ 곳, 점, 때

❶ 장소
橋を渡ったところに郵便局がある。 다리를 건넌 곳에 우체국이 있다.

❷ 부분, 측면
悪いところを直す。 나쁜 점을 고치다.

❸ 시간
今着いたところだ。 지금 도착한 참이다.

❹ 상황
ちょうどいいところに来た。 딱 좋은 때에 왔다.

❺ 내용, 일
自分の信じるところを貫く。 자신이 믿는 것을 관철시키다.

♪ 26-026

02 ～ところだ   ~(하)려는 참이다

동사의 기본형에 붙어 지금 어떤 동작을 하기 직전이라는 시간적 의미를 나타낸다.

これから食事に行くところです。 지금부터 식사하러 가려던 참입니다.
今から母に電話をかけるところです。 이제부터 어머니에게 전화를 걸려는 참입니다.

♪ 26-027

03 ～ているところだ   ~(하)는 중이다

「～ている」뒤에「～ところだ」를 붙여서 한창 어떤 일이 진행되고 있다는 상황을 나타낸다.

今、食事の支度をしているところです。 지금 식사 준비를 하는 중입니다.

A レポートはもう終わりましたか。 보고서는 이미 끝났나요?
B いいえ、今書いているところです。 아니요. 지금 쓰는 중입니다.

♪ 26-028

04 ～たところだ   막 ~(한) 참이다

지금 막 어떤 동작이 완료되었다는 의미를 나타낸다.

今、食事が終わったところです。 지금 막 식사가 끝난 참입니다.
今会社から帰ってきたところです。 지금 막 회사에서 돌아온 참입니다.

♪ 26-029

05 ～たところ   ~(했)더니

「～たら」의 용법 중 발견의 의미를 나타내는 '~(했)더니'와 같은 표현이다. 다만, 「～たら」보다 딱딱한 느낌을 준다. 「～たところ」의 뒤에는 완료를 나타내는 표현이 온다.

友だちの家へ遊びに行ったところ、留守でした。
친구의 집에 놀러 갔더니 집에 없었습니다.

箱を開けてみたところ、人形が入っていた。
상자를 열어 보았더니 인형이 들어 있었다.

♪ 26-030

06 ～ところに・～ところへ　～(하)는 때에, ～(하)는 상황에　N2

시간, 장소, 상황의 의미를 나타내는「～ところ」에 조사「に」나「へ」가 붙어 '마침 그 때에'라는 상황을 강조한다. 하나의 일이 이루어 지고 있는 바로 그 때에, 다른 일이 발생하는 경우를 나타낸다.

顔を洗っていたところに電話のベルが鳴った。
세수하고 있을 때 전화벨이 울렸다.

上田さんの話をしているところに、本人がやって来た。
우에다 씨의 이야기를 하고 있을 때 본인이 찾아왔다.

寝ているところへ電話がかかってきた。 자고 있을 때 전화가 걸려 왔다.

パーティーが始まったところへ彼が入ってきた。
파티가 막 시작되었을 때에 그가 들어왔다.

♪ 26-031

07 ～といったところだ　(대략) ～정도이다　

어떠한 일에 대하여 대략적으로 판단할 때 사용한다. 주로 수량이나 시간 등의 정도를 나타내는 경우가 많다.

学校まで近いといっても、自転車で20分といったところだ。
학교까지 가깝다고 해도 자전거로 20분 정도 걸린다.

登山が好きだと言っても、行くのは年に2、3回といったところだ。
등산을 좋아한다고 해도 가는 것은 1년에 두세 번 정도이다.

4 わけ

♪ 26-032

01 わけ　원리, 이유, 의미

「わけ」는 '이유, 이치'의 의미를 나타낸다. 「わけ」를 응용한 「～わけではない」나 「～わけにはいかない」 등의 응용 표현은 이러한 이유나 이치 등의 의미를 포함하고 있다.

❶ 도리, 이치, 원리
このことが成り立つわけを説明します。　이 일이 성립하는 원리를 설명하겠습니다.

❷ 이유
遅刻したわけを尋ねた。　지각한 이유를 물었다.

❸ 의미, 내용
言葉のわけを調べる。　단어의 의미를 조사하다.

♪ 26-033

02 〜わけだ　〜(할) 만도 하다, 〜(하)는 것도 당연하다　

어떤 이유와 근거가 있어서 그렇게 되는 것은 당연하다고 말하고 싶을 때에 사용한다.

３時間しか寝ていないから眠いわけですよ。
세 시간밖에 자지 않았으니 당연히 졸린 거지요.

私は昔から機械が苦手なので、まだパソコンも使えないわけです。
나는 옛날부터 기계에 약해서 아직 컴퓨터도 사용할 수 없는 것입니다.

♪ 26-034

03 〜わけではない   반드시 〜(한) 것은 아니다

'당연히 그렇다'는「〜わけだ」의 부정에 해당한다. 어떠한 내용을 직설적으로 표현하지 않고 조심스럽게 우회적으로 부정하는 경우에 사용한다.

学校の成績で人生が決まるわけではない。
학교 성적으로 인생이 결정되는 것은 아니다.

酒が飲めないといっても全然飲めないわけではない。
술을 마시지 못한다고 해도 전혀 마실 수 없는 것은 아니다.

♪ 26-035

04 〜わけがない   〜(할) 리가 없다

논리적으로 생각했을 때, 그렇게 될 가능성은 전혀 없다는 의미를 나타낸다. 단정적인 표현이다.

まだ習っていないところが試験に出たんだから、できるわけがない。
아직 배우지 않은 부분이 시험에 나왔으니 풀 수 있을 리가 없다.

やる気のないチームが試合に勝てるわけがない。
의욕 없는 팀이 시합에 이길 수 있을 리가 없다.

♪ 26-036

05 〜わけにはいかない   〜(할) 수는 없다

불가능하다는 의미를 나타낸다.「〜できない」로도 나타낼 수 있으나,「〜わけにはいかない」는 말하는 사람의 입장이나, 도의적인 이유 때문에 그렇게 할 수 없다는 기분을 좀 더 드러내는 표현이다. 문장 후반에는 의무나 필연성을 나타내는 내용이 온다.

これは借りたものだから、あなたにあげるわけにはいかない。
이것은 빌린 것이라서 당신에게 줄 수는 없다.

上司に頼まれたからには、断るわけにはいかない。
상사에게 부탁받은 이상 거절할 수는 없다.

5 はず

♪ 26-037

01 はず 것

「はず」는 결론을 유도하는 근거나 이치를 나타낸다. 즉, '틀림없이 ~(할) 것'과 같은 확신의 의미를 주로 나타낸다.

何回も説明したのだから、分かっているはずだ。
몇 번이나 설명한 것이니까 알고 있을 것이다.

飛行機は5時に着くはずだ。 비행기는 다섯 시에 도착할 것이다.

♪ 26-038

02 ～はずだ (틀림없이) ~(할) 것이다   N4

어떠한 이치나 상황 등을 근거로 그렇게 되는 것이 당연하다는 의미를 나타낸다. 「～に違いない(~함에 틀림없다)」와 비슷한 표현이다.

2年も勉強したのだから日本語がかなりできるはずだ。
2년이나 공부했으니까 일본어를 꽤 잘할 것이다.

もう10時だから、図書館は開いているはずです。
벌써 열 시이니 도서관은 열려 있을 거예요.

♪ 26-039

03 〜はずがない　　〜(할) 리가 없다　　N4

그러한 가능성이 없다고 강하게 부정하여 나타낸다.

勉強もしないで、合格できるはずがない。
공부도 하지 않고 합격할 수 있을 리가 없다.

駅のそばにある店が静かなはずがない。　역 근처에 있는 가게가 조용할 리가 없다.

♪ 26-040

04 〜はずだった　　〜(할) 예정이었다　　N3

예상과는 다른 상황 전개를 나타낸다.

天気予報では晴れるはずだったのに、雨が降ってきた。
일기예보에서는 맑다고 했는데 비가 내리기 시작했다.

社長は会議に出るはずだったが、急用ができて出かけた。
사장은 회의에 출석할 예정이었지만 급한 용무가 생겨 외출했다.

♪ 26-041

❶ ~(한) 채 N4

어떠한 상태가 변화없이 지속되는 경우를 나타낸다.

弟は眼鏡をかけたまま寝ています。 남동생은 안경을 쓴 채 자고 있습니다.
車が止まったまま、動かない。 차가 멈춰선 채 움직이지 않는다.

❷ ~그대로 N3

원래 상태와 같은 상태에 있음을 나타낸다.

見たままを話してください。 본 그대로를 말하세요.
町は昔のままで、少しも変わっていない。 마을은 옛날 그대로로 조금도 변하지 않았다.

❸ ~대로 N2

어떤 상황의 흐름에 따른다는 의미를 나타낸다. 조사 「に」를 붙여서 「~ままに」의 형태로 쓰는 경우가 많다.

足の向くままに歩き回る。 발길이 향하는 대로 걸어 돌아다닌다.
店の人に勧められるまま、高いものを買ってしまった。
점원에게 권유받은 대로 비싼 것을 사 버렸다.

접두어와 접미어

1 접두어

2 접미어

1 접두어

접두어와 접미어는 단독으로 사용하지 않고 다른 단어에 붙어서 추가적인 의미를 더한다. 접두어는 단어의 앞쪽에, 접미어는 단어의 뒤쪽에 붙는다.

♪ 27-001

01 お・ご　N4

「お」나「ご」는 명사 앞에 붙어서 정중한 느낌을 준다. 순수한 일본어 고유 단어 앞에는 주로「お」가 오며 한자어로 이루어진 단어 앞에는「ご」를 붙인다.

> お酒 술　　　　　　　お名前 이름
> ご家族 가족　　　　　ご紹介 소개

단, 다음 단어들은 한자어로 이루어진 명사이지만「ご」가 아니라「お」를 붙여야 한다.

> お会計 계산　　お食事 식사　　お電話 전화
> お勉強 공부　　お料理 요리

こちらにお名前とご住所を書いてください。 여기에 이름과 주소를 써 주세요.
お子さんはおいくつですか。 자제 분은 몇 살입니까?

♪ 27-002

02 大 (おお / だい)　N4

수량이 많거나 규모가 큰 상태, 정도가 심한 상태를 나타낸다. 대개 「大」 뒤에 오는 한자어가 순수 일본어(훈독)의 경우에는 「おお」라고 읽으며, 한자어(음독)이면 「だい」로 읽는 경우가 많다. 단, 「大掃除」처럼 한자어가 와도 「おおそうじ」라고 읽고, 순수 일본어가 와도 「大好き」처럼 「だいすき」라고 읽는 예외가 있다.

❶ 大(おお)

> 大雨(おおあめ) 폭우　大火事(おおかじ) 큰불　大型(おおがた) 대형　大騒ぎ(おおさわぎ) 큰소동
> 大掃除(おおそうじ) 대청소　大通り(おおどおり) 대로, 큰길　大雪(おおゆき) 폭설

大雨(おおあめ)のために電車(でんしゃ)が遅(おく)れました。 폭우 때문에 전철이 늦었습니다.

❷ 大(だい)

> 大嫌(だいきら)い 몹시 싫어함　大混乱(だいこんらん) 대혼란　大(だい)サービス 큰 서비스
> 大辞典(だいじてん) 대사전　大好(だいす)き 무척 좋아함　大都市(だいとし) 대도시
> 大問題(だいもんだい) 큰 문제

大都市(だいとし)の治安(ちあん)の悪化(あっか)が問題(もんだい)になっている。
대도시의 치안 악화가 문제가 되고 있다.

PART 27 접두어와 접미어　457

03 真 (ま) N4

완전하거나 순수하다는 느낌을 강조하여 나타낸다. 접두어 「真」는 「ま」로 읽지만 뒤따르는 단어에 따라 발음이 변하기도 한다. 「真」 뒤에 「か・さ・た・は행」으로 시작되는 단어가 올 때는 「まっ」, 「な・ま행」으로 시작되는 단어가 올 때는 「まん」이 된다. 다만 예외도 있으므로 꼼꼼히 살펴 두자.

❶ 「ま」로 읽는 경우

> 真新しい 아주 새롭다　　真上 바로 위　　真下 바로 아래
> 真正面 정면　　真夏 한여름　　真冬 한겨울　　真水 민물

もう9月なのに、真夏のような暑さです。
이미 9월인데도 한여름 같은 더위입니다.

❷ 「ま」로 읽고 뒤따르는 단어의 발음이 달라지는 경우

> 真心(真+心) 진심

❸ 「まん」이라고 읽는 경우

> 真ん中 한가운데　　真ん前 바로 앞　　真ん丸 아주 동그람

部屋の真ん中にテーブルがあります。 방 한가운데에 탁자가 있습니다.

❹ 「まっ」이라고 읽는 경우

> 真っ黒 새까맘　　真っ白 새하얌　　真っ最中 한창　　真っ先 제일 먼저

彼が真っ先に来ました。 그가 제일 먼저 왔습니다.

❺ まっ이라고 읽고 뒤따르는 단어의 발음도 달라지는 경우

> 真っ赤(真＋赤) 새빨감   真っ青(真＋青) 새파람
> 真っ二つ(真＋二つ) 두 동강

♪ 27-004

04 最 <small>さい</small> N3

최고의 상태에 있다는 의미를 나타낸다.

> 最悪 최악   最大手 대기업   最高 최고   最後 최후
> 最初 최초   最先端 최첨단   最低 최저

昨日はこの冬最高の寒さでした。 어제는 이번 겨울 중 가장 추웠습니다.
最先端の技術を積極的に取り入れる。 최첨단 기술을 적극적으로 도입하다.

♪ 27-005

05 無 <small>む</small> N3

단어 앞에 붙어서 그것이 존재하지 않는 상태라는 의미를 나타낸다.

> 無意識 무의식   無資格 무자격   無職 무직   無色 무색
> 無防備 무방비   無免許 무면허   無料 무료

商品の送料は無料です。 상품 배송료는 무료입니다.
無免許運転はとても危険な行為だ。 무면허 운전은 무척 위험한 행위이다.

06 不

뒤에 오는 내용을 부정하거나 좋지 않다는 의미를 나타낸다.

> 不一致 불일치　　不景気 불경기　　不合格 불합격
> 不公平 불공평　　不自然 부자연　　不真面目 불성실

不景気が続き、失業者も増えている。 불경기가 지속되어 실업자도 늘고 있다.
不合格の知らせを聞いて落ち込んでしまった。
불합격 소식을 듣고서 낙심해 버렸다.

07 もの

い형용사나 な형용사 앞에 와서 막연하게 그러한 상태가 있다는 느낌을 준다. 사물이나 물건의 의미로 쓰인 것이 아니다.

> もの悲しい 왠지 슬프다　　もの寂しい 어쩐지 쓸쓸하다
> もの静かだ 고요하다　　　ものすごい 굉장하다
> ものめずらしい 어딘가 신기하다

一人でご飯を食べるのはもの寂しい。 혼자서 밥을 먹는 것은 어쩐지 쓸쓸하다.
人気商品なのでものすごい勢いで売れている。
인기 상품이라서 엄청난 기세로 팔리고 있다.

08 素

단어 앞에 붙어서 다른 것이 섞이지 않은 원래 있는 그대로의 상태라는 의미를 나타낸다.

素足 맨발   素手 맨손   素肌 맨살   素泊まり 식사 없이 잠만 자는 숙박

夏は、素足にサンダルを履くことが多い。
여름에는 맨발에 샌들을 신는 경우가 많다.

ストーブは熱いので素手で触ってはいけません。
난로는 뜨거우니까 맨손으로 만지면 안됩니다.

♪ 27-009

09 未 N2

아직 무언가가 이루어지지 않은 상태를 나타낸다.

未解決 미해결   未開発 미개발   未確認 미확인
未完成 미완성   未成年 미성년   未納 미납

彼の作品は未完成に終わった。 그의 작품은 미완성으로 끝났다.
未成年の飲酒は、法律で禁止されている。 미성년자의 음주는 법률로 금지되어 있다.

♪ 27-010

10 猛

단어 앞에 와서 기세가 매우 격한 모습을 나타낸다. 주로 명사와 결합한다.

猛威 맹렬한 기세   猛訓練 맹훈련   猛攻撃 맹공격
猛スピード 맹렬한 속도   猛勉強 매우 열성적으로 공부함

インフルエンザが猛威を振るっている。 독감이 맹위를 떨치고 있다.
自転車が歩道を猛スピードで走っている。
자전거가 인도를 맹렬한 속도로 달리고 있다.

2 접미어

접미어는 단어 뒤에 붙어 추가적인 의미를 나타낸다. 접미어의 경우, 그 종류에 따라 명사, い형용사, な형용사, 동사와 같은 품사로 변화한다.

❶ 명사화하는 접미어

かた	ごろ	じゅう	たち	だらけ
ぶり	ほうだい	め	ら	

❷ い형용사화하는 접미어

がたい	っこない	っぽい	づらい	らしい

❸ な형용사화하는 접미어

げ+だ	的(てき)+だ

❹ 동사화하는 접미어

がる	ぶる	めく

01 ~ごろ　① ~경, ~무렵　② ~(하)기 좋을 때　N5

❶ 대략적인 시점이나 시기를 나타낸다.

> このごろ 요즘　　　　　3月ごろ 3월 경
> 中ごろ 중반부　　　　　2時ごろ 두 시 경

昨日は11時ごろ寝ました。 어제는 열한 시 경에 잤습니다.

❷ 어떤 일을 하는 데에 적당한 시기라는 의미를 나타낸다.

> 食べごろ 먹기 좋을 때　　見ごろ 보기 좋을 때

今年の紅葉は今が見ごろです。 올해 단풍은 지금이 보기 좋을 때입니다.

02 ~たち　~들, ~일행　N5

명사에 붙어서 복수의 의미를 나타낸다. 사람 뒤에 써서 '일행'이라는 의미를 나타내기도 한다.

> 学生たち 학생들　　　　選手たち 선수들
> 私たち 우리들　　　　　木村さんたち 기무라 씨 일행

私たちはみんな学生です。 우리는 모두 학생입니다.
子どもたちが公園で遊んでいます。 아이들이 공원에서 놀고 있습니다.
丸山さんたちは遅れてくるそうです。 마루야마 씨 일행은 늦게 온다고 합니다.

PART 27 접두어와 접미어

♪ 27-013

03 ～ら　～들

사람을 나타내는 명사나 대명사에 붙어 복수의 뜻을 나타낸다. 겸손이나 경멸의 느낌이 들어가기 때문에 손윗사람에게는 사용하지 않는 편이 좋다.

彼女ら 그녀들　　彼ら 그들　　僕ら / 我ら 우리들
お前ら 너희들　　奴ら 녀석들

我らは自由を尊重する。 우리는 자유를 존중한다.
彼らの多くが進学を希望している。 그들 중 상당수가 진학을 희망하고 있다.

♪ 27-014

04 ～がる　～(해) 하다

い형용사와 な형용사의 어간에 붙는다. 제삼자가 그렇게 생각하거나 행동한다는 의미를 나타낸다.

悲しい 슬프다 → 悲しがる 슬퍼하다
怖い 무섭다 → 怖がる 무서워하다
寒い 춥다 → 寒がる 추워하다
強い 강하다 → 強がる 강한 체하다
ほしい 갖고 싶다 → ほしがる 갖고 싶어하다
いやだ 싫다 → いやがる 싫어하다
得意だ 자신 있다 → 得意がる 자신 있어 하다
不思議だ 신기하다 → 不思議がる 신기해 하다

弟は外国に行きたがっています。 남동생은 외국에 가고 싶어합니다.
中山さんは新しい車をほしがっています。 나카야마 씨는 새 차를 갖고 싶어 합니다.

♪ 27-015

05 ～さ ～임, ～함 N4

い형용사와 な형용사의 어간에 붙어 명사로 만든다.

長さ 길이	広さ 넓이	深さ 깊이
静かさ 조용함	大切さ 소중함	まじめさ 성실함

この花は寒さに弱い。 이 꽃은 추위에 약하다.
子どもたちに自然の大切さを伝える。 아이들에게 자연의 소중함을 전달한다.

♪ 27-016

06 ～方 ～분, ～들 N4

사람을 나타내는 명사에 붙어 존경의 의미를 담아 복수의 뜻을 나타낸다.

あなた方 여러분들	先生方 선생님들	皆様方 여러분들

あなた方の学校はどこにありますか。 여러분들의 학교는 어디에 있습니까?
皆様方のご意見をお聞かせください。 여러분들의 의견을 들려주세요.

07 中 온~, 내내 　　N4

시간이나 공간을 나타내는 명사에 붙어서, '그 범위 내의 전부'라는 의미를 나타낸다.

> 一日中 하루 종일　　家中 온 집안　　国中 온 나라
> 世界中 전 세계　　一晩中 밤새도록　　部屋中 방안 전체

我が国は一年中暖かいです。 우리나라는 일년 내내 따뜻합니다.

このレストランには世界中の食べ物が集まっている。
이 레스토랑에는 전 세계의 음식이 모여 있다.

TIP

◆ 시간적 의미를 나타낼 때의 中(じゅう) vs 中(ちゅう)

❶ 中(じゅう)
「中」를 「じゅう」로 읽는 경우는 어떤 행위나 상태가 일정 기간 지속되는 경우일 때이다.
バッグの中に財布がない。家中を探したが見つからない。
가방 안에 지갑이 없다. 온 집안을 찾아보았지만 보이지 않는다.

❷ 中(ちゅう)
「中」를 「ちゅう」로 읽는 경우는 어떤 행위가 이루어지고 있는 상태일 때이다.
예) 食事中 식사 중　　準備中 준비 중　　仕事中 업무 중　　旅行中 여행 중
　　今週中 이번 주 중
授業中、どうしても眠くなることがある。 수업 중에 아무리 해도 졸릴 때가 있다.

❸ 예외 : 今日中
「今日中」의 경우에는 「じゅう」로 읽지만 어떤 행위가 이루어지고 있는 상태를 말한다.
今日中にこの仕事を終わらせなければならない。
오늘 중으로 이 일을 끝내야만 한다.

08 目 ① ~째 ② ~인 듯함 ③ 구별되는 곳 N4

♪ 27-018

❶ 숫자 뒤에 붙어서 순서나 횟수를 나타낸다.

> 一回目(いちかいめ) 1회째   五年目(ごねんめ) 5년째   三番目(さんばんめ) 세 번째

五回目(ごかいめ)にようやく成功(せいこう)した。 다섯 번째에 마침내 성공했다.

❷ 그러한 성질이나 경향이 있다는 의미를 나타낸다.

> 少(すく)なめ 적은 듯함   長(なが)め 긴 듯함
> 早(はや)め 이른 듯함   控(ひか)えめ 조심스러운 듯함(적은 듯함)

今日(きょう)は会議(かいぎ)があるので、早(はや)めに家(いえ)を出(で)た。
오늘은 회의가 있어서 조금 일찍 집을 나섰다.

❸ 주로 동사 ます형에 붙어서 일단락되거나 구별이 되는 부분, 시점 등을 나타낸다.

> 切(き)れ目 잘린 곳   変(か)わり目 단락
> 分(わ)かれ目 경계선(갈림길)   折(お)り目 접은 금(접은 선)

季節(きせつ)の変(か)わり目(め)は風邪(かぜ)をひきやすい。
환절기(계절이 바뀔 때)에는 감기에 걸리기 쉽다.

09 ～ぶり　～만　

♪ 27-019

앞에 제시된 시간을 거쳐서, 다시 같은 상태가 되었다는 의미를 나타낸다.

10年ぶりに高校時代の友だちに会った。 10년 만에 고등학교 시절 친구를 만났다.
4ヶ月ぶりに山登りをしてきた。 4개월 만에 등산을 하고 왔다.

10 ～らしい　～답다　

♪ 27-020

그것으로서의 특징이나 속성을 갖추고 있어서 정말 그러한 느낌이 난다는 의미를 나타낸다.

彼は本当に男らしい人だと思います。 그는 정말로 남자다운 사람이라고 생각합니다.
今日は春らしいいい天気ですね。 오늘은 봄다운 좋은 날씨로군요.

11 ～化　～화　

♪ 27-021

주로 한자어 뒤에 붙어서 어떠한 상태나 결과로 바뀐다는 의미를 나타낸다.

| 映画化 영화화 | 簡素化 간소화 | 機械化 기계화 |
| 近代化 근대화 | 合理化 합리화 | 自由化 자유화 |

貿易の自由化が進んでいる。 무역 자유화가 진행되고 있다.
この作品はベストセラー小説を映画化したものだそうだ。
이 작품은 베스트셀러 소설을 영화화한 것이라고 한다.

12 ～がち　자주 ～(함) N3

어떤 상태·경향이 많은 것을 나타낸다.

> 遅れがち 자주 늦음　　曇りがち 구름이 자주 낌
> 病気がち 자주 아픔　　忘れがち 자주 잊어버림(건망증이 심함)

冬になると風邪を引きがちだ。 겨울이 되면 감기에 자주 걸린다.
最近、バスが遅れがちで困る。 최근 버스가 늦게 오는 경우가 많아서 곤란하다.

13 ～げ　～(한) 듯함 N3

양태의 「～そうだ」에 가까운 표현으로 '～해 보이다'라는 의미를 나타낸다. 눈으로 보아 그 사람의 기분을 느낄 수 있는 상태를 나타낸다. 「げ」 뒤에 「だ」가 붙어서 な형용사처럼 활용한다.

> 怪しげだ 수상해 보인다　　うれしげだ 기쁜 듯하다
> 悲しげだ 슬픈 듯하다　　　寂しげだ 쓸쓸한 듯하다
> 心配げだ 걱정스러운 듯하다　不安げだ 불안한 듯하다

彼女はとても寂しげな表情で笑う。 그녀는 매우 쓸쓸한 듯한 표정으로 웃는다.
子どもたちは庭で楽しげに遊んでいる。 아이들은 뜰에서 즐거운 듯이 놀고 있다.

14 ～ごと　～(할) 때마다, 매번　

명사에 붙어 일정한 간격마다 같은 일이 반복되는 것을 나타낸다. 명사화하는 접미어라서 「月ごとの支払い(매월 지불)」처럼 사용되기도 하지만 「ごと」뒤에 조사 「に」가 붙는 형태로 사용하는 경우가 많다.

> 一年ごとに 매년　　一ヶ月ごとに 매달　　一週間ごとに 매주

月ごとに料金を支払う。 달마다 요금을 지불하다.
この薬は8時間ごとに飲んでください。 이 약은 여덟 시간마다 먹으세요.

15 ～だらけ　～투성이　

전반적으로 더럽다거나 바람직하지 않은 것이 잔뜩 있다는 의미를 나타낸다.

> 欠点だらけ 결점투성이　　借金だらけ 빚투성이
> 血だらけ 피투성이　　　　泥だらけ 진흙투성이
> ほこりだらけ 먼지투성이

部屋の中はほこりだらけだった。 방 안은 먼지투성이였다.
この文章は間違いだらけで、読みにくい。 이 문장은 실수투성이라서 읽기 힘들다.

♪ 27-026

16 ～とおり・～どおり　～대로

앞에 제시된 단어와 같은 상태나 같은 방법으로 무언가를 행한다는 의미를 나타낸다. 명사에 붙을 때는「どおり」라고 하고 동사에 붙을 때는 시제와 상관 없이「とおり」라고 한다.

計画どおり 계획대로　　従来どおり 기존대로
予想どおり 예상대로　　予想したとおり 예상했던 대로

結果は予想したとおりであった。 결과는 예상했던 대로였다.
人生は自分の思いどおりにはならない。 인생은 자신의 생각대로는 안 된다.

♪ 27-027

17 ～的　～적

앞에 제시된 명사와 비슷한 상태이거나 비슷한 성질을 갖고 있다는 의미이다. 주로 명사에 붙으며 な형용사처럼 활용한다.

科学的 과학적　　人工的 인공적　　積極的 적극적
抽象的 추상적　　文学的 문학적

この計画を積極的に進めていく必要があります。
이 계획을 적극적으로 진행해 갈 필요가 있습니다.
話が抽象的でよく分からない。 이야기가 추상적이어서 이해가 잘 안 간다.

♪ 27-028

18 ～み ～함, ～느낌

い형용사와 な형용사를 명사화하여, 사물이 어떠한 상태에 있다거나 어떠한 상태로 느껴진다는 의미를 나타낸다. 「～み」는 접속하는 단어가 「～さ」보다 적고 주관적이며 감정적인 느낌이 강하다.

> 暖かみ 따뜻함   厚み 두꺼운 느낌   ありがたみ 고마움
> おもしろみ 흥미   真剣み 진지함   新鮮み 신선함

冬のコートは、ある程度の厚みがあったほうがいい。
겨울 코트는 어느 정도 두꺼운 느낌이 있는 것이 좋다.

いくら見ても、あの映画の内容は新鮮みがない。
아무리 봐도 저 영화의 내용은 신선함이 없다.

♪ 27-029

19 ～気味 ～기분, ～기색, ～경향

'감각이나 감정에 의한 느낌'을 나타내는 명사에서 파생된 표현으로 막연하게 그렇게 느낀다는 의미를 나타낸다. 대체로 부정적인 느낌을 나타낼 때 쓴다.

> 遅れ気味 늦을 듯한 느낌   風邪気味 감기 기운   疲れ気味 피곤한 기색

最近疲れ気味だから、土日はゆっくり休みたい。
최근 피곤한 느낌이어서 주말은 푹 쉬고 싶다.

このところ株価は上がり気味だ。 요즈음 주가는 상승 경향이다.

472 PART 27 접두어와 접미어

♪ 27-030

20 ～向け　～용, ～대상　N2

명사 뒤에 붙어서 대상이나 방향을 나타낸다.

> アメリカ向け 미국 대상　　企業向け 기업용　　子供向け 아동용
> 男性向け 남성용　　若者向け 젊은이용

これは子ども向けの雑誌である。 이것은 아동용 잡지이다.
この工場ではアメリカ向けの製品を生産している。
이 공장에서는 미국 수출용 제품을 생산하고 있다.

♪ 27-031

21 ～向き　～에게 적합함　N2

명사 뒤에 붙어서 '무엇인가 적합하다'라는 의미를 나타낸다. 「向け」는 '대상'을 나타내지만 「向き」는 '적합(함)'을 강조한다. 두 표현은 중점을 두는 포인트가 다르다.

> お年寄り向き 노인에게 적합함　　学生向き 학생에게 적합함
> 初心者向き 초심자에게 적합함　　幼児向き 유아에게 적합함

この料理をとても柔らかいのでお年寄り向きだ。
이 요리는 무척 부드러워서 어르신에게 적합하다.
この本は初心者向きに分かりやすく書いてある。
이 책은 초심자에게 적합하도록 알기 쉽게 쓰여 있다.

♪ 27-032

22 ～次第(しだい)　① ～(하)는 대로　② ～에 달려 있음, ~에 따라서

❶ 주로 동사 ます형에 붙어 어떤 일이 끝나자마자 다음 일을 한다는 순서의 의미가 담겨 있다.

予定(よてい)が決(き)まり次第(しだい)、お知(し)らせします。　일정이 정해지는 대로 알려 드리겠습니다.

社長(しゃちょう)が着(つ)き次第(しだい)、会議(かいぎ)を始(はじ)めます。

사장님이 도착하는 대로 회의를 시작하겠습니다.

❷ 주로 명사에 붙어서 결정적으로 중요한 조건을 나타낸다.

合格(ごうかく)するかしないかは本人(ほんにん)の努力(どりょく)次第(しだい)だ。

합격 여부는 본인의 노력에 달려 있다.

社長(しゃちょう)のご都合(つごう)次第(しだい)では来週(らいしゅう)の会議(かいぎ)は延期(えんき)になります。

사장님의 사정에 따라서는 다음 주 회의는 연기됩니다.

♪ 27-033

23 ～上(じょう)　～상

대상이나 상황을 특정한 측면·관점·범위·조건에서 보는 것을 나타낸다.

外見上(がいけんじょう) 외관상　教育上(きょういくじょう) 교육상　仕事上(しごとじょう) 업무상　歴史上(れきしじょう) 역사상

彼(かれ)は仕事上(しごとじょう)、海外出張(かいがいしゅっちょう)が多(おお)い。　그는 업무상 해외 출장이 많다.

この町(まち)には歴史上(れきしじょう)有名(ゆうめい)な建物(たてもの)が数多(かずおお)くある。

이 마을에는 역사상 유명한 건물이 많이 있다.

♪ 27-034

24 〜がたい(難い)　〜(하)기 어렵다　

동사 ます형에 붙어서 자신의 생각과는 달리, 그 동작을 하는 것이 어렵거나 불가능하다는 의미를 나타낸다.

> 言いがたい 말하기 어렵다　　信じがたい 믿기 어렵다
> 許しがたい 용서하기 어렵다　　理解しがたい 이해하기 어렵다

信じがたいことだが、すべて事実である。　믿기 어려운 일이지만 모두 사실이다.
車のない暮らしは想像しがたい。　자동차가 없는 생활은 상상하기 어렵다.

♪ 27-035

25 〜っこない　〜(할) 리가 없다　

동사 ます형에 붙어서 절대로 그럴 리가 없다고 어떠한 가능성을 강하게 부정한다. 「〜っこない」는 일상 회화에서 널리 사용하는 표현으로 「〜はずがない, 〜わけがない」와 같은 의미를 나타낸다.

> 信じっこない 믿을 리가 없다
> できっこない 가능할 리가 없다
> 間に合いっこない 제 시간에 맞출 리가 없다
> 分かりっこない 알 리가 없다

将来何が起こるか、だれにも分かりっこない。
장래에 무슨 일이 일어날지 누구도 알 수 없다.
今日の会議は2時間では終わりっこない。　오늘 회의는 두 시간 안에 끝날 리가 없다.

PART 27 접두어와 접미어　475

26 ～っぽい ～(하)는 경향이 강하다, ～처럼 보이다

형용사 어간, 명사, 동사 ます형에 붙어서 '그러한 경향이 강하다, 그러한 느낌이 강하게 든다'는 의미를 나타낸다.

> 黒っぽい 거무스름하다   安っぽい 싸구려 같다, 싸구려처럼 보인다
> 嘘っぽい 거짓말 같다   子どもっぽい 어린아이 같다
> 理屈っぽい 따지기를 좋아하다   飽きっぽい 싫증을 잘 낸다
> 怒りっぽい 걸핏하면 화를 낸다 忘れっぽい 건망증이 심하다

意外と彼は子どもっぽいところがある。 의외로 그는 아이 같은 데가 있다.
私は忘れっぽい方なので、何でもメモしておく。
나는 건망증이 심한 편이어서 무엇이든 메모해 둔다.

27 ～づらい ～(하)기 어렵다

동사 ます형에 붙어서 그 동작을 하는 것이 곤란하다는 느낌을 나타낸다. 「～にくい」에 비해 내면적이며 주관적인 곤란함을 나타내는 느낌을 준다.

> 書きづらい 쓰기 어렵다   食べづらい 먹기 어렵다
> 話しづらい 이야기하기 어렵다 読みづらい 읽기 어렵다

相手の反応がないと、話しづらい。 상대방의 반응이 없으면 이야기하기 곤란하다.
この本は字が小さくて読みづらい。 이 책은 글씨가 작아서 읽기 어렵다.

♪ 27-038

28 ～っぱなし(～っ放し)　～(한) 채　

어떤 상태가 계속 진행 중임을 나타낸다. 주로 방치한다는 느낌을 나타내는데 이는 '방치하다, 풀어주다'라는 의미인 「放す」라는 동사에서 유래한 표현이며, 동사 ます형에 접속한다.

> 開けっぱなし 열어둔 채　　　置きっぱなし 놓아둔 채
> 立ちっぱなし 선 채　　　やりっぱなし 일을 벌려둔 채

水を出しっぱなしで歯を磨くのはやめましょう。
물을 틀어놓은 채로 이를 닦는 것은 그만 둡시다.

この仕事は、一日中立ちっぱなしなので疲れますよ。
이 일은 하루 종일 서 있어야 해서 피곤해요.

♪ 27-039

29 ～かたがた　～을 겸해서　

앞의 행동 뒤에 추가적인 목적이 있을 때 사용한다. 주로 서간문이나 회의 등에서 사용되는 딱딱한 표현이다.

> お礼かたがた 사례 겸　　　ご挨拶かたがた 인사 겸
> ご報告かたがた 보고 겸

明日ごあいさつかたがた、お宅にうかがいます。
내일 인사 드릴 겸 댁으로 찾아뵙겠습니다.

まずはご報告かたがた、ごあいさつ申し上げます。
우선은 보고 겸해서 인사 말씀 올립니다.

30 ～がてら　　～을 겸해서　　

어떤 일을 할 때에 다른 일도 함께 한다는 의미를 나타낸다.

> 送_{おく}りがてら 배웅 겸　　買_かい物_{もの}がてら 쇼핑 겸　　散歩_{さんぽ}がてら 산책 겸

散歩_{さんぽ}がてら買_かい物_{もの}に行_いってきた。 산책 겸 쇼핑하러 다녀왔다.
今度_{こんど}の休_{やす}みに旅行_{りょこう}がてら友人_{ゆうじん}に会_あいに行_いく。
이번 휴일에 여행을 겸하여 친구를 만나러 간다.

 **TIP**
「～がてら」는 「～かたがた」와 비슷한 의미이다. 다만 「～がてら」는 명사나 동사 ます형에, 「～かたがた」는 명사에만 붙는다. 「～かたがた」가 의례적으로 사용되는 경우가 많다.

31 ～ずくめ　　～일색, ～뿐　　

온통 그것뿐이라는 의미를 나타낸다. 「いいこと(좋은 일), 黒(검은색), 規則(규칙)」 등과 같은 명사 뒤에 쓰는 경우가 많다.

黒_{くろ}ずくめの男_{おとこ}が、家_{いえ}の前_{まえ}をうろうろしている。
검정 일색의 남자가 집 앞을 서성이고 있다.
希望_{きぼう}の会社_{かいしゃ}に就職_{しゅうしょく}できたし、結婚_{けっこん}もしたし、今年_{ことし}はいいことずくめだった。
희망하는 회사에 취직도 했고, 결혼도 했고, 올해는 좋은 일뿐이었다.

◆ いいことだらけ vs いいことずくめ

두 표현 다 '좋은 일로 가득함'이라는 의미이다. 다만 「だらけ」는 지저분하거나 싫은 것이 가득 있다는 의미로 쓰는 경우가 많으므로 좋은 일이 많을 때는 일반적으로는 「ずくめ」가 더 자연스럽다. 한편 「ずくめ」는 전반적인 경향을 나타내므로 좋은 일이든 나쁜 일이든 둘 다 사용한다. 즉, 「いいことだらけ」는 관용구처럼 많이 쓰게 된 표현이지만, 원래대로라면 「いいことずくめ」나 「いいことでいっぱい」라고 써야 한다. 이외에도 관용구처럼 쓰는 표현에는 다음과 같은 표현이 있다.

いいことだらけ・いいことずくめ 좋은 일로 가득함

楽(たの)しいことだらけ・楽(たの)しいことずくめ 즐거운 일로 가득함

幸(しあわ)せだらけ・幸(しあわ)せずくめ 행복한 일로 가득함

♪ 27-042

32 ～たて(立て)　갓 ~함　N1

그 동작이 지금 막 끝났다는 것을 나타낸다.

炊(た)きたて 밥을 갓 지음　　作(つく)りたて 갓 만듦
出来(でき)たて 갓 완성됨　　焼(や)きたて 갓 구움

やはり炊(た)きたてのご飯(はん)はおいしい。 역시 갓 지은 밥은 맛있다.
結婚(けっこん)したての二人(ふたり)は、新婚旅行(しんこんりょこう)に出(で)た。 막 결혼한 두 사람은 신혼여행을 떠났다.

♪ 27-043

33 〜なり   〜나름

명사나 い형용사의 연체수식형에 붙어서 '그에 걸맞게, 그에 상응하여'의 의미를 나타낸다. 조사 「に」나 「の」를 붙여서 「〜なりに(나름대로)」나 「〜なりの(나름의)」의 형태로 많이 쓴다.

> 子どもなり 아이 나름
> 自分なり / 私なり 내 나름
> 狭いなりに 좁은 나름대로(좁으면 좁은 대로)
> 高いなりに 비싼 나름대로(비싸면 비싼 대로)

子どもには子どもなりの悩みがあるものだ。
아이들에게는 아이들 나름의 고민이 있는 법이다.

会議で自分なりに考えた案を説明した。 회의에서 내 나름대로 생각한 안을 설명했다.

♪ 27-044

34 〜風   〜풍, 〜분위기

그러한 모습이나 상태로 보인다는 의미를 나타낸다.

> イタリア風 이탈리아풍   サラリーマン風 회사원풍   洋風 서양풍
> ヨーロッパ風 유럽풍   和風 일본풍

温泉旅行に行って、和風の旅館に泊まった。
온천 여행을 가서 일본풍 여관에 묵었다.

この町にはヨーロッパ風の建物がたくさんある。
이 마을에는 유럽풍의 건물이 많이 있다.

35 ～放題　실컷 ~함　N1

아무런 제한없이 마음대로 그 동작을 한다는 의미를 나타낸다.

言いたい放題 말하고 싶은 대로 말함　　勝手放題 제멋대로 함
食べ放題 실컷 먹음　　飲み放題 실컷 마심

この店のランチは何でも食べ放題です。
이 가게의 런치는 뭐든지 마음껏 먹을 수 있습니다.

ビールもあればワインもあり、飲み放題だ。
맥주도 있고 와인도 있어서 마음껏 마실 수 있다.

36 ～まみれ　~범벅, ~투성이　

진흙, 땀, 먼지, 기름 등의 더러운 것이 표면에 온통 붙어 있는 모습을 나타낸다.

汗まみれ 땀 범벅　　血まみれ 피 범벅　　泥まみれ 진흙투성이

子どもたちが泥まみれになって遊んでいる。 아이들이 진흙투성이가 되어 놀고 있다.
テーブルの上はほこりまみれだった。 탁자 위는 먼지투성이였다.

♪ 27-047

37 ～めく   ～다워지다, ～인 듯한 느낌이 든다

명사 뒤에 붙어서, 특정한 성질이나 상태를 띠는 것을 나타낸다. 이때 만들어진 동사는 1그룹동사처럼 활용한다.

> 冗談めく 농담인 느낌이 든다   　春めく 봄다워지다
> 皮肉めく 비아냥거리는 듯하다, 비꼬는 것 같다

野の花も咲きはじめ、春めいてきた。
들의 꽃도 피기 시작하여 봄다워졌다.

彼の皮肉めいた言動が気に触る。
그의 비꼬는 듯한 언행이 비위에 거슬린다.

♪ 27-048

38 ～ぶる   ～인 체하다

명사나 い형용사, な형용사 어간에 붙어서 '마치 그런 것처럼 행동한다'는 의미를 나타낸다. 동사화하여 동사처럼 활용된다.

> 偉ぶる 잘난 체하다   　学者ぶる 학자인 척하다
> 上品ぶる 고상한 척하다 　もったいぶる 거드름을 피우다(거만을 떨다)
> 利口ぶる 영리한 척하다

彼はもったいぶらないで教えてくれた。 그는 거드름을 피우지 않고 가르쳐 주었다.
彼の偉ぶった態度が気に入らない。 그의 잘난 체하는 태도가 마음에 들지 않는다.

복합어

1 복합어

2 복합 동사

1 복합어

복합어는 여러 개의 단어로 구성된 단어를 말하는데, 보통은 두 개의 단어로 구성된다. 복합어는 만들어지는 구조에 따라 각각 명사, い형용사, 동사 등의 품사가 된다.

01 ▶ 복합 명사

독립된 품사를 지닌 두 개의 단어가 하나의 명사를 만든다. 즉 다음과 같이 다양한 구성 요소로 구성된 명사가 복합 명사이다.

❶ 명사＋명사
　坂 비탈＋道 길 ➡ 坂道 비탈길
　手 손＋足 발 ➡ 手足 손발

❷ 명사＋동사 ます형
　花 꽃＋見る 보다 ➡ 花見 꽃놀이
　手 손＋作る 만들다 ➡ 手作り 손으로 만듦(수제), 직접 만듦

❸ 동사 ます형＋명사
　忘れる＋物 ➡ 忘れ物 분실물
　渡る＋鳥 ➡ 渡り鳥 철새

❹ い형용사＋동사 ます형
　安い 싸다＋売る 팔다 ➡ 安売り 염가 판매
　深い 깊다＋入る 들어가다 ➡ 深入り 깊이 관여함

❺ 동사 ます형+동사 ます형

乗る 타다＋降りる 내리다 ➡ 乗り降り 승하차

聞く 듣다＋取る 얻다 ➡ 聞き取り 청취

◆ 뒤에 오는 성분에 탁음이 붙는 경우
- 명사＋명사(゛)
- 명사＋동사 ます형(゛)
- 동사 ます형＋명사(゛)

복합 명사의 앞이나 뒤에 명사 성분이 있으면 뒤에 오는 성분에 탁음이 붙는 경우가 많다.

底＋力 → 底力 저력
日＋帰り → 日帰り 당일치기
登り＋坂 → 登り坂 오르막길

02 복합 형용사

두 개의 단어가 합쳐져서 하나의 い형용사를 만들어낸다. 이 때 い형용사는 뒤에 위치해야 한다.

❶ い형용사+い형용사

青い 파랗다＋白い 하얗다 ➡ 青白い 창백하다

薄い 희미하다＋暗い 어둡다 ➡ 薄暗い 어둑어둑하다, 조금 어둡다

❷ 명사+い형용사

力 힘＋強い 강하다 ➡ 力強い 힘세다

肌 피부＋寒い 춥다 ➡ 肌寒い 쌀쌀하다

❸ 동사 ます형+い형용사

粘る 끈질기다＋強い 강하다 ➡ 粘り強い 인내심이 강하다, 끈기있다

見る 보다＋苦しい 괴롭다 ➡ 見苦しい 보기 흉하다, 눈꼴사납다

PART 28 복합어 485

03 복합 동사

단어 두 개를 합쳐서 새로운 동사를 만든다. 이 때 뒤에 오는 단어는 동사이어야 한다.

❶ 명사+동사

目(め) 눈 ＋ 覚(さ)める 자각하다, 깨다 ➡ 目覚(めざ)める 깨어나다, 눈뜨다

腰(こし) 허리 ＋ 掛(か)ける 앉다 ➡ 腰掛(こしか)ける 앉다, 걸터앉다

❷ い형용사+동사

近(ちか)い 가깝다 ＋ 寄(よ)る 다가오다 ➡ 近寄(ちかよ)る 접근하다

若(わか)い 젊다 ＋ 返(かえ)る 돌아오다 ➡ 若返(わかがえ)る 젊어지다

❸ 부사+동사

いらいら 안절부절 ＋ つく 붙다 ➡ いらつく 초조하다, 애가 타다

まごまご 갈팡질팡 ＋ つく 붙다 ➡ まごつく 갈팡질팡하다, 망설이다

❹ 동사 ます형+동사

歩(ある)く 걷다 ＋ 回(まわ)る 돌다 ➡ 歩(ある)き回(まわ)る 여기저기 돌아다니다

書(か)く 쓰다 ＋ 始(はじ)める 시작하다 ➡ 書(か)き始(はじ)める 쓰기 시작하다

2 복합 동사

앞에서 서술한 '복합 동사' 가운데에서도 '동사+동사' 형태가 가장 많이 쓰인다. 그렇기 때문에 일반적으로 복합 동사라고 하는 경우 '동사 ます형+동사'의 형태이다.
'동사+동사' 형태 중, 뒷부분에 해당하는 요소가 「はじめる、つづける、おわる、だす、すぎる」인 경우는 본서의 '동사 ます형'을 참고하자.

♪ 28-001

01 ～合う 서로 ～(하)다   N4

서로가 상대방에게 영향을 미치며 어떤 동작을 한다는 의미를 나타낸다.

少しずつお金を出し合って田中さんのプレゼントを買った。
조금씩 돈을 모아서 다나카 씨의 선물을 샀다.

何度も話し合ううちに、お互いを理解できるようになった。
몇 번이나 서로 대화를 하는 사이에 서로를 이해할 수 있게 되었다.

♪ 28-002

02 ～直す 다시 ～(하)다   N4

더 좋은 상태가 되도록 다시 한번 같은 동작을 한다는 의미를 나타낸다.

もう一度、考え直してみたらどうですか。 한번 더 다시 생각해 보면 어떨런지요?
まだ時間がありますから、できた人も答案をもう一度よく見直してください。 아직 시간이 있으니까 다 푼 사람도 답안을 다시 한 번 잘 재검토해 보세요.

03 ～切(き)る　전부 ～(하)다, 다 ～(하)다

♪ 28-003

동사 뒤에 붙어서 어떤 행동이나 동작이 끝까지 완료된 것을 강조하여 나타낸다.

図書館(としょかん)で借(か)りた本(ほん)を一晩(ひとばん)で読(よ)みきった。
도서관에서 빌린 책을 하룻밤에 다 읽었다.

宇宙(うちゅう)には数(かぞ)えきれないほどの星(ほし)がある。　우주에는 전부 셀 수 없을 정도의 별이 있다.

04 ～込(こ)む　① ～들어가다　② 철저하게 ～(하)다

♪ 28-004

❶ 동작이나 상태가 안쪽으로 깊이 들어가다

家(いえ)の中(なか)まで雨(あめ)が入(はい)り込(こ)んだ。 집 안까지 비가 들어왔다.

括弧(かっこ)の中(なか)に漢字(かんじ)の読(よ)み方(かた)を書(か)き込(こ)んでください。
괄호 안에 한자 읽는 법을 기입해 주세요.

❷ 감정, 생각 등을 깊게 몰입하다

何(なに)をそんなに考(かんが)え込(こ)んでいるんですか。
무엇을 그렇게 깊이 생각하고 있는 건가요?

料理(りょうり)の材料(ざいりょう)を弱火(よわび)で煮(に)込(こ)んでください。　요리 재료를 약한 불로 조리세요.

05 ～上(あ)げる　～을 완성하다, 끝내다

♪ 28-005

동사에 붙어서 어떤 일을 완전하게 끝낸다는 의미를 나타낸다.

この仕事(しごと)は夕方(ゆうがた)までに仕上(しあ)げるつもりだ。 이 일은 저녁 무렵까지 완성할 생각이다.

実際(じっさい)にあった話(はなし)をもとに、映画(えいが)を作(つく)り上(あ)げる。
실제로 있었던 이야기를 토대로 영화를 만들어 내다.

♪ 28-006

06 ～あわせる(合わせる)   ① 서로 ~(하)다 ② 때마침 ~(하)다

「동사＋合わせる」는 '여러 가지를 하나가 되게 하거나 조화가 되도록 한다'는 의미로 보통 '서로 ~(하)도록 하다'의 의미로 해석한다.

❶ 서로 ~(하)도록 하다, 서로 합치다 N2
別の素材を組みあわせ服を作る。 다른 소재를 조합하여 옷을 만든다.
これは、二枚の写真を重ね合わせて作った合成写真です。
이것은 사진 두 장을 겹쳐서 만든 합성 사진입니다.

❷ 때마침 ~(하)다, 우연히 ~(하)다
田中さんと偶然同じ電車に乗り合わせた。
다나카 씨와 우연히 같은 전철을 탔다.
事故現場に居合わせた人から事情を聞く。
사고 현장에 그 때 있었던 사람으로부터 사정(상황 설명)을 듣는다.

♪ 28-007

07 ～うる(得る)   ~(할) 수 있다   N2

어떤 일을 하는 것이 가능하다는 의미를 표현한다. 어떤 일이 불가능하다는 의미를 나타낼 때는「동사 ます형＋えない」의 형태로 나타낸다.

考えうる方法は全部試してみた。 생각할 수 있는 방법은 전부 시도해 보았다.
一年間日本語を勉強すれば、これぐらいの本は読みうるはずだ。
일년간 일본어를 공부하면 이 정도의 책은 읽을 수 있을 것이다.

◆ 동사 ます형＋えない
어떤 일이 불가능하다는 의미를 나타낼 때에는 동사 ます형에「~えない」를 접속한다.
努力しないで成功はありえない。 노력하지 않고 성공할 수 없다.
空気がなければ動物だけでなく植物も存在しえないのだ。
공기가 없으면 동물뿐 아니라 식물도 존재할 수 없는 것이다.

08 〜かえす(返す)　① 다시 〜(하)다　② 되돌리다

❶ 같은 동작을 되풀이한다는 의미를 나타낸다.

彼はその手紙を何回も読み返した。 그는 그 편지를 몇 번이고 다시 읽었다.

意味の分からない言葉を聞き返した。 의미를 모르는 단어를 반복해서 들었다.

❷ 원래의 방향이나 장소를 향해 다시 무엇인가를 할 때 사용하는 표현이다.

この書類に記入し、送り返してください。
이 서류에 기입하여 되돌려 보내주세요.

船が港に引き返す。 배가 항구로 되돌아가다.

09 〜かける　〜(하)다가 말다, 〜(하)던 도중이다　N2

어떤 동작・일이 시작되어 아직 끝나지 않은 상태를 나타낸다.

テーブルの上に飲みかけのコーヒーが置いてある。
테이블 위에 마시다 만 커피가 놓여 있다.

雑誌を読みかけて、そのまま眠ってしまった。
잡지를 읽다 말고 그대로 잠들어 버렸다.

10 〜かねる　〜(하)기 곤란하다, 〜(하)기 어렵다　

단정적이고 직접적인 표현을 피해, 정중하고 우회적으로 거절하거나 불가능함을 나타내는 표현이다.

残念ながら、あなたの意見には賛成しかねます。
유감스럽게도 당신의 의견에는 찬성하기 어렵습니다.

内容が分からないので、なんとも言いかねます。
내용을 모르기 때문에, 뭐라고도 말씀드리기 곤란합니다.

♪ 28-011

11 ～かねない　～할지도 모른다, ~할 수도 있다

동사 ます형에「～かねる」의 부정 표현인「～かねない」를 접속하면 그렇게 될 가능성이 있다는 불확실한 추측을 나타낸다.「～かもしれない」와 비슷한 표현이지만 부정적인 경우에 주로 쓴다.

そのような言い方は、誤解を招きかねない。
그러한 말투는 오해를 초래할지도 모른다.

スピードを出しすぎると、事故を起こしかねない。
속도를 너무 내면 사고를 낼 수도 있다.

♪ 28-012

12 ～なれる(慣れる)　익숙해지다

반복적으로 경험하여 그 일에 익숙해졌다는 의미를 나타낸다.

10年以上住み慣れた家から引っ越すことになった。
10년 이상 살아 정든 집에서 이사하게 되었다.

新しいケータイにまだ使いなれていない。
새 휴대전화를 아직 익숙하게 사용하지 못한다.

♪ 28-013

13 ～ぬく(抜く)　끝까지 ~(하)다

끝까지 노력해서 어떤 일을 완수한다는 의미를 나타낸다.

やると決めたからには、最後までやり抜くつもりだ。
하기로 결정한 이상 끝까지 해낼 작정이다.

マラソンコースを全力で走り抜いた。
마라톤 코스를 온 힘을 다해 끝까지 달렸다.

14 ~こなす   척척 ~(하)다, 능숙하게 ~(하)다   N1

어떤 일을 능숙하게 처리한다는 의미를 나타낸다.

この機械を使いこなすにはかなりの技術が必要だ。
이 기계를 능숙하게 사용하려면 상당한 기술이 필요하다.

一つ一つの仕事をやりこなして行く。 하나하나 일을 척척 처리해 가다.

15 ~そこなう(損なう)   ~하는데 실패하다, ~할 기회를 놓치다   N1

어떠한 일을 실패했을 때 사용한다.

また、手紙を書きそこなってしまった。 또 편지 쓰는 것을 망쳐 버렸다.

目の前で電車に乗りそこなって、結局会社に遅刻してしまった。
눈앞에서 전철을 놓쳐서 결국 회사에 지각해 버렸다.

16 ~立てる   ~(해) 대다, 마구 ~하다   N1

어떠한 일이나 동작을 활발하게 진행하는 경우를 나타낸다.

一方的な見解で物事をセンセーショナルに書き立てるのは問題だ。
일방적인 견해로 사건을 선정적이게 써 대는 것은 문제이다.

彼は始終文句を言い立てている。 그는 언제나 불평만 하고 있다.

♪ 28-017

17 〜つくす(尽くす)　다 〜(하)다　

더 이상 아무것도 남지 않을 정도로 철저하게 어떠한 일을 한다는 의미를 나타낸다.

当ガイドツアーは、街を知りつくした専門ガイドがご案内いたします。
해당 가이드 투어는 마을을 잘 알고 있는 전문 가이드가 안내해 드립니다.

久しぶりに旧友と再会し、いくら語っても語りつくせない思いだった。
오랜만에 옛친구와 재회해, 아무리 이야기를 나누어도 다하지 못한 느낌이 들었다.

♪ 28-018

18 〜通す　끝까지 〜(하)다　

어떠한 일을 끝까지 지속한다는 의미를 나타낸다.

彼は、自らの信念を貫き通し、研究を完成させた。
그는 자신의 신념을 끝까지 관철시켜 연구를 완성시켰다.

最後までやり通してこそ、それまでの苦労も報われるというものだ。
끝까지 해내야만 그때까지의 고생도 보답받는 법이다.

감동사와 축약 표현

1 감동사

2 축약 표현

감동사

감동사는 활용이 없는 자립어이다. 주어나 술어, 수식어가 되지 않으며, 단독으로 독립적인 단어가 된다. 감동사는 보통 문장의 첫 부분에 위치하며, 감동, 응답, 호출 등의 의미를 나타낸다. 감탄사라고 부르기도 한다. 하나의 감동사가 여러 의미를 지니고 있는 경우가 많으므로 앞뒤 문장의 흐름에 따라 의미를 이해해야 한다.

♪ 29-001

01 감동

기쁨, 슬픔, 분노, 놀람, 즐거움 등의 말하는 사람의 감동을 나타낸다.

| ああ | あっ | あら | あれ | うっ | えっ |
| おお | おっ | おや | ほら | まあ | やれやれ |

ああ、いいよ。 아, 좋아.
あっ、見つかった。 앗, 찾았다.
あら、ごめんなさい。 어머, 죄송해요.
あれ、あの人、だれ？ 어, 저 사람 누구?
ええと、じゃ、こうしてください。 으음, 그럼 이렇게 해주세요.
しまった。財布をなくした。 아뿔싸! 지갑을 분실했어.
まあ、びっくりした。 어머! 깜짝이야!
へえ、本当ですか。 저런, 정말이에요?
やあ、今朝大変だったよ。 야, 오늘 아침에 힘들었어.
やれやれ、また残業か。 이런, 또 야근이야? (뭐야, 또 야근이야?)
よし、これ一つ買おう。 좋았어. 이거 하나 사야지.

♪ 29-002

02　호출, 호소

상대를 부르거나 주의를 환기시킬 때 사용한다.

> あのね　　おい　　こら　　さあ　　そら
> どれ　　ねえ　　もしもし　　やあ　　やい

おい、待て！ 이봐, 기다려!
こら、何してるんだ。 이봐, 뭐 하는 거야?
そら、見ろ！ 자, 보라구.
ねえ、外国に行ったことある？ 있잖아, 외국에 간 적 있어?
もしもし。沢木です。 여보세요. 사와키입니다.

♪ 29-003

03　응답

상대에게 응답하여, 동의하거나 동의하지 않는 경우를 나타낸다.

> ああ　　いいえ　　いえ　　いや　　うん　　え　　ええ　　おう
> そう　　なあに　　なに　　はあ　　はい　　はっ　　へい

ああ、そうですか。 아아, 그렇습니까?
いいえ、私は行きません。 아니요, 저는 가지 않습니다.
いや、それは違います。 아니, 그렇지 않습니다.

A　ごめん。待った。 미안. 기다렸지?
B　ううん、私も来たばかり。 아니, 나도 막 온 참이야.

A　明日のパーティーに行くの。 내일 파티에 갈 거야?
B　うん、行くつもりだけど。 응, 갈 생각인데.

A 明日 3 時ですね。 내일 세 시로군요.

B ええ、そうです。 네, 그렇습니다.

はい、そうですよ。 네, 그래요.

♪ 29-004

04 인사말

おはよう(ございます)。 안녕하세요. [아침 인사]
こんにちは。 안녕하세요. [낮 인사]
こんばんは。 안녕하세요. [저녁 인사]
さようなら。 안녕히 가세요.
ただいま。 다녀왔습니다.
ありがとう(ございます)。 고맙습니다.
すみません。 미안합니다.
いただきます。 잘 먹겠습니다.
ごちそうさまでした。 잘 먹었습니다.

♪ 29-005

05 구령, 구호

화자나 상대에게 호소하여 기운을 돋우는 말. 동작을 할 때 자신에게 하는 말이 이에 해당한다.

そら　　それ　　どっこい　　よいしょ　　よし

よし、頑張るぞ。 그래, 열심히 하자!

A この机、運ぼうよ。 이 책상 옮기자.
B よし、動かすぞ。 좋았어. 움직이자구.
A&B よいしょ。 이영차!

2 축약 표현

단어나 어구를 줄여서 표현하는 방법을 축약이라고 한다. 주로 회화문에서 사용되며, 축약 방법은 상황이나 단어에 따라 다르다.

♪ 29-006

01 변형을 통한 축약 표현

❶ ～では → ～じゃ
これは本じゃありません。 이것은 책이 아닙니다.
それは私のじゃありません。 그것은 내 것이 아닙니다.

❷ ～ては → ～ちゃ
～では → ～じゃ
テレビばかり見ちゃいけない。 텔레비전만 보면 안 된다.
人の日記を読んじゃいけない。 남의 일기를 읽으면 안 된다.

❸ ～ている → ～てる
何言ってるの？ 무슨 말 하는 거야?
寒いね。窓、開いてるんじゃないの？ 춥네. 창문 열려있는 거 아니야?

❹ ～ておく → ～とく
この言葉はよく覚えといてね。 이 단어는 잘 기억해 둬요.
暑いから、窓、開けといて。 더우니까 창문 열어 둬.

❺ ～てしまう ➡ ～ちゃう
　～でしまう ➡ ～じゃう

　もう、忘れちゃった。 벌써 잊어 버렸다.
　本を全部読んじゃった。 책을 전부 읽어 버렸다.

❻ ～なければ ➡ ～なきゃ
　部屋が暗くて昼間でも電気をつけなきゃならないんだ。
　방이 어두워서 대낮에도 전기를 켜지 않으면 안 돼.

　A 学校へ行く時間だよ。 학교에 갈 시간이다.
　B ああ、もうこんな時間。急がなきゃ。
　아, 벌써 이런 시간이네. 서둘러야 해.

❼ ～なくては ➡ ～なくちゃ
　病院に行かなくちゃだめなの。 병원에 가지 않으며 안 돼?
　もっと頑張らなくちゃいけない。 더 열심히 하지 않으면 안 된다.

❽ ～のだ ➡ ～んだ
　～のです ➡ ～んです

　この店は安いんだ。 이 가게는 싸.
　うちの子はマンガばかり読んでいるんですよ。
　우리 아이는 만화책만 읽고 있어요.

❾ ～ので ➡ ～んで
　ちょっと用事があるんで、お先に失礼します。
　용건이 좀 있으니 먼저 실례하겠습니다.
　遅いんで心配したよ。 늦어서 걱정했단다.

❿ ～かもしれない ➡ ～かも
　彼の話は本当かも。 그의 이야기는 사실일지도.
　彼は来ないかも。 그는 안 올지도.

⓫ ～ない ➡ ～ん

まだ分からんのか。 아직 모르겠니?
名前を呼んでも知らんぷりをしている。 이름을 불러도 모른 체하고 있다.

⓬ ら / る / れ + ない / の ➡ ん + ない / の

ら행의 「ら / る / れ」 뒤에 「ない」나 「の」가 이어지면, 「ら / る / れ」가 「ん」으로 축약된다.

僕も分かんないよ。 나도 모르겠어.
何見てんの。 뭘 보고 있어?
教えてくんない？ 가르쳐 주지 않을래.

⓭ ～という / ～というのは ➡ って

中川さんって人から電話があったわよ。
나카가와 씨라는 사람으로부터 전화가 왔었어.
バス料金が上がるって本当かしら。 버스 요금이 오른다는 게 사실일까?

02 생략을 통한 축약 표현

단어의 일부분을 제외함으로써 축약하는 경우가 있다. 다음은 그 대표적인 예이다.

❶ 단어의 첫 음절의 생략

いやだ ➡ やだ		싫다
それで ➡ で		그래서
まったく ➡ ったく		정말, 참으로
ところで ➡ で		그런데
いらっしゃい ➡ らっしゃい		오세요, 가세요, 계세요

❷ 단어의 마지막 음절의 생략

ありがとう ➡ ありがと		고마워
だろう ➡ だろ		그렇지?
でしょう ➡ でしょ		그렇죠?
ほんとう ➡ ほんと		정말
かっこう ➡ かっこ		모양, 몸차림

품사와 표현 식별

1 ある의 품사 식별

2 ない의 품사 식별

3 らしい의 품사 식별

4 だ의 식별

5 こと와 の의 차이 식별

 ある의 품사 식별

01 동사 ある

'있다'의 의미로 해석된다. 존재한다는 의미를 나타내며 활용한다.

机の上に本がある。 책상 위에 책이 있다.
新幹線に乗ったことがある。 신칸센을 탄 적이 있다.

02 보조동사 ある

어떠한 상황이나 사물의 모습을 나타낸다. '~이다'라는 의미로 해석되며, 활용한다. 대부분 「～てある、～である」의 형태로 사용된다.

彼は学生である。 그는 학생이다.
本に名前が書いてある。 책에 이름이 적혀 있다.

03 연체사 ある

'어느, 어떤'이라는 의미로 막연한 것을 가리킨다. 뒤에 오는 명사를 수식한다. 동사와는 달리 활용하지 않는다는 점에 주의한다.

それはある日のことだった。 그것은 어느 날의 일이었다.
ある人は本を読み、ある人は音楽を聞く。
어떤 사람은 책을 읽고, 어떤 사람은 음악을 듣는다.

 ない의 품사 식별

「ない」는 형용사인지 조동사인지 헷갈리기 쉽기 때문에 주의해야 한다.

  30-004

01 조동사 ない N5

조동사 「ない」는 부속어로 동사 ない형에 붙어서 '부정'의 의미를 나타낸다.

> 飲む → 飲まない 마시지 않는다   食べる → 食べない 먹지 않는다
> 来る → 来ない 오지 않는다   する → しない 하지 않는다

教室にだれもいない。 교실에 아무도 없다.
電車が止まったまま、動かない。 전철이 멈춰선 채 움직이지 않는다.

  30-005

02 형용사 ない N5

형용사 「ない(없다)」는 자립어로 「ある(있다)」의 반댓말이다. 즉 존재를 부정하는 말이다.

今日は授業がない。 오늘은 수업이 없다.
外国へ行ったことがない。 외국에 간 적이 없다.

03 ▶ 보조형용사 ない

직전의 단어가 동사가 아닌 말, 즉 い형용사나 な형용사 등에 붙어 '부정'의 의미를 나타낸다. '없다'라는 형용사 「ない」의 본래의 의미를 나타내는 것이 아니라, 앞 문절의 보조적인 역할을 하므로 보조형용사라고 부른다.

この本はおもしろくない。 이 책은 재미없다.
あの人はまじめではない。 저 사람은 성실하지 않다.
私は学生ではない。 나는 학생이 아니다.

04 ▶ い형용사의 일부인 ない

끝이 「～ない」로 끝나는 경우, '～않는다'의 의미와는 상관없이 い형용사의 일부일 뿐이다.

| 危ない 위험하다 | 少ない 적다 |
| つまらない 시시하다 | 情けない 한심하다 |

危ないから気をつけてください。 위험하니까 조심하세요.
この会社は休みが少ない。 이 회사는 쉬는 날이 적다.

3 らしい의 품사 식별

01 조동사

조동사「らしい」는 무언가에 근거한 불확실한 단정을 나타낸다. 이 경우 '~인 것 같다'라고 해석한다. 조동사「らしい」가 명사에 붙는 경우, 접미어「らしい」와 구별하기 어려운 경우가 있다. 이 때 문장 앞에「どうやら(어쩐지, 아무래도)」를 추가하여 자연스러우면 조동사라고 볼 수 있다.

部屋の電気が消えている。だれもいないらしい。
방의 전기가 꺼져 있다. 아무도 없는 것 같다.

風が強まってきた。台風が近づいているらしい。
바람이 거세졌다. 태풍이 다가오고 있는 것 같다.

02 접미어

접미어「らしい」는 주로 명사 뒤에 붙어서, 그에 걸맞는 성질을 지니고 있음을 나타낸다. '~답다'로 해석한다.

今日は春らしいいい天気だ。 오늘은 봄다운 좋은 날씨다.
学生らしい服を着る。 학생다운 옷을 입는다.

03 い형용사의 일부

다음 단어들은 조동사나 접미어의 「らしい」가 붙은 것이 아니라 형용사의 일부일 뿐으로 문법적인 의미는 없다.

あたらしい 새롭다	かわいらしい 귀엽다
すばらしい 멋지다, 훌륭하다	にくらしい 얄밉다
めずらしい 드물다, 진귀하다	

この服は新しい。 이 옷은 새 것이다.
彼の遅刻はめずらしい。 그의 지각은 드물다.

4 だ의 식별

01 조동사

조동사「だ」는 명사 뒤에 붙어서 단정의 의미를 나타낸다.

明日(あした)は試験(しけん)だ。 내일은 시험이다.
これは私(わたし)の本(ほん)だ。 이것은 내 책이다.

02 조동사(완료)

'과거'나 '완료'의 의미를 나타내는 조동사「た」가 '음편'을 통해「だ」로 활용된 경우이다. 다시 말하자면, 활용어미가「ぬ, ぶ, む」로 끝나는 동사 た형에 접속한 형태이다.

靴(くつ)の紐(ひも)を結(むす)んだ。 신발 끈을 묶었다.
コーヒーを飲(の)んだ。 커피를 마셨다.

03 な형용사의 어미

「きれいだ」의「だ」에 해당하는 な형용사의 어미를 말한다. 다음과 같이「な」로 바꾸어 명사를 연결시키면 그것이 な형용사의 일부라는 것을 자연스럽게 알 수 있다.

部屋(へや)がきれいだ。 방이 깨끗하다. → きれいな部屋(へや) 깨끗한 방
彼(かれ)はまじめだ。 그는 성실하다. → まじめな彼(かれ) 성실한 그

5 こと와 の의 차이 식별

♪ 30-014

01 こと와 の 모두 사용할 수 있는 경우

「こと」와「の」는 문장 뒤에 붙어서 앞의 문장을 명사로 만드는 '명사화'의 역할을 한다. 이 경우 아래 문장과 같이 서로 대체할 수 있다.

大切な約束があること を忘れていた。(○)
= 大切な約束があるの を忘れていた。(○)
중요한 약속이 있는 것을 잊고 있었다.

漢字を勉強することは大変だ。(○)
= 漢字を勉強するのは大変だ。(○) 한자를 공부하는 것은 큰일이다.

♪ 30-015

02 こと만 사용하는 경우

❶ 다음 동사 앞에는「こと」만 사용한다.

> 決める 정하다   約束する 약속하다

新しい車を買うことに決めた。 새 차를 사기로 결정했다.
他のだれにも話さないことを約束します。
다른 누구에게도 말하지 않을 것을 약속합니다.

❷ ～たことがある ～(한) 적이 있다 [경험]

日本の映画を見たことがありますか。 일본 영화를 본 적이 있습니까?

❸ ~ことがある ~(하)는 경우가 있다
ときどき会社までタクシーに乗ることがあります。
때때로 회사까지 택시를 타는 경우가 있습니다.

❹ ~ことにする ~(하)기로 하다 [결심]
仕事を辞めることにしました。 일을 그만두기로 했습니다.

❺ ~ことになる ~(하)게 되다 [결과, 결정]
会議は3時に行われることになりました。 회의는 세 시에 실시하게 되었습니다.

❻ ~ことにしている ~(하)기로 하고 있다 [습관]
毎朝ジョギングすることにしている。 매일 아침 조깅하기로 하고 있다.

❼ ~ことになっている ~(하)기로 되어 있다 [규칙]
会議はあさって開かれることになっている。
회의는 내일 모레 열리기로 되어 있다.

♪ 30-016

03 の만 사용하는 경우

「の」는 문법상으로는 조사이지만, 명사처럼 사용한다. 다음과 같이 어떤 일의 내용보다는 그 상황에 맞춘 동작이라는 느낌이 강조될 때는 「の」를 사용하며, 「こと」를 사용하면 틀린 문장이 된다.

❶ 다음 지각(감각)을 나타내는 동사 앞에서는 「こと」를 사용하지 못한다.

> 感じる 느끼다　　聞く 듣다　　聞こえる 들리다
> 見える 보이다　　見る 보다

子どもたちが歌っているのが聞こえる。 (○) 아이들이 노래하는 것이 들린다.
子どもたちが歌っていることが聞こえる。 (×)

彼が走っているのが見えた。(○) 그가 달리고 있는 것이 보였다.
彼が走っていることが見えた。(×)

❷ 다음 동사 앞에서는「こと」를 사용하지 못한다.

> じゃまする 방해하다   手伝う 돕다   とめる 멈추다
> 待つ 기다리다   やめる 그만두다

母が掃除するのを手伝った。(○) 엄마가 청소하는 것을 도왔다.
母が掃除することを手伝った。(×)

彼から電話が来るのを待っている。(○) 그에게서 전화가 오기를 기다리고 있다.
彼から電話が来ることを待っている。(×)

표현 색인

あ

～間・～間に	421
～合う	487
あげる	164
～上げる	488
～後で	420
～あまり	426
ある	040, 504
あるいは	305
～あわせる(合わせる)	489
～い	062
～い～	067
～如何	432
いくつ	048
いくら	049
～以上	425
いただく	170
～至り	432
いつ	048
～いです	063
～いですか	064
～一方だ	427
～一方で	427
いる	040
～上で	425
～上に	425
～上は	426
～うちに	422
～うる(得る)	489
～えない(得ない)	489
お	456
大(おお / だい)	457
～おかげで	423
～おそれがある	426
及び	296
～おわる	099
お＋동사 ます형＋ください	237
お＋동사 ます형＋する	240
お＋동사 ます형＋になる	235

か

～か [부조사]	369
～か [종조사]	408
～化	468
～が [격조사]	312
～が [접속조사]	402
～かい	412
～かえす(返す)	490
～限り	429
～限りだ	431
～かける	490
～かしら	411
～方	105
～方	465
～がたい(難い)	475
～かたがた	477
～がち	469
かつ	297
～かった	062
～かったです	064
～かったですか	065
～がてら	478
～かねない	491
～かねる	490
～が早いか	413
～かもしれない	228
～から [격조사]	355
～から [접속조사]	400
～からある	358
～からいうと	356
～からいえば	356
～からして	357
～からすると	357

~からすれば	357	~こと [종조사]	417	
~からといって	413	~ごと	470	
~からなる	358	~ことか	439	
~から~にかけて	356	~ことがある	437	
~からには	413	~ことができる	213	
~からみると	357	~ことから	440	
~からみれば	357	~ごとき	264	
~がる	464	~ごとく	264	
~気味(ぎみ)	472	~ごとし	261	
~きらいがある	430	~ことだ	440	
~きり	391	~ことだから	441	
~切(き)る	488	~ことだし	441	
~極(きわ)み	432	~こととて	414	
~く [중지법]	068	~ことなく	442	
~く [부사]	068	~ことに	440	
~くありません	063	~ことにしている	438	
~くありませんか	065	~ことにする	437	
~くありませんでした	064	~ことになっている	438	
~くありませんでしたか	067	~ことになる	438	
~くせに	423	~ことはない	441	
~ください	173	~こなす	492	
くださる	170	この・その・あの・どの	055	
~くて	067	~込(こ)む	488	
~くない	062	これ・それ・あれ・どれ	054	
~くないです	063	~ごろ	463	
~くないですか	065	こんな・そんな・あんな・どんな	055	
~くなかった	063	ご+한자어+ください	237	
~くなかったです	064	ご+한자어+する	240	
~くなかったですか	066	ご+한자어+になる	235	
くらい・ぐらい	371			
くれる	165			
~げ	469	## さ		
けれども [접속사]	291			
~けれども [접속조사]	403	~さ [접미어]	465	
ご	456	~さ [종조사]	411	
こう・そう・ああ・どう	055	~際(さい)	430	
ここ・そこ・あそこ・どこ	054	最(さい)	459	
ござる	234	~最中(さいちゅう)	430	
こそ	387	~さえ	389	
こちら・そちら・あちら・どちら	054	~さえ~ば	200	
こと [형식명사]	436	さしあげる	169	

~させていただく	174, 241
~させてください	174
さて	303
~ざる	262
~ざるをえない	262
~し	401
~しか	378
しかし	291
~しかない	378
しかも	295
~次第	474
したがって	288
~始末だ	433
~上	474
中	466
素	460
~ず(に)	134
~すぎる	100
~ずくめ	478
~ずじまい	140
~ずつ	390
すなわち	298
~ずにすむ	141
~ずにはいられない	138
~ずにはおかない	139
~ずにはすまない	140
~すら	389
すると	290
~せいで	423
~ぞ	411
~そうだ [양태/전문]	254
~そこなう(損なう)	492
そこで	289
そして	295
そのうえ	294
そのため	289
~そばから	431
それが	293
それから	295
それで	289
それでは	302
それでも	292
それとも	304
それなのに	292
それに	294
それゆえ	290

た

~だ	019
~だ(な형용사)	076
~たあげく	126
~た後で	125
~たい	102
~だい	412
だが	292
~たが最後	127
だから	288
~たがる	101
~だけ	376
~だけあって	377
~だけしか	379
~だけでなく	376
~だけに	377
~だけましだ	377
~たことがある	437
~だす	100
~た末に	126
ただし	300
~たち	463
~だった	020, 077
~たて(立て)	479
~立てる	492
~たところ	448
~たところだ	448
~たところで	415
~たとたん	126
~だに	390
~たばかりだ	380
~たびに	424
~た方がいい	124

～ために	421	～てさしあげる	171
～たら	201	～でした	021, 078
～だらけ	470	～でしたか	023, 080
～たらどうですか	203	～てしまう	117
～たり	404	～でしょう	227
だれ	046	～てしょうがない	119
～だろう	226	～です	020, 077, 233, 250
～だろうと思う	227	～ですか	022, 079
～た矢先に	127	～てたまらない	118
ちなみに	301	～てならない	120
～つ～つ	406	～ではありません	021, 078
～つくす(尽くす)	493	～ではありませんか	023, 079
～っけ	412	～ではありませんでした	024, 078
～っこない	475	～ではありませんでしたか	024, 080
～つつ	393, 405	～ではあるまいし	266
～つづける	099	～てはいけない	113
～っぱなし(～っ放し)	477	～てばかり	381
～っぽい	476	～てはじめて	121
つまり	299	～ではない	019, 076
～つもりだ	158	～ではないです	078
～づらい	476	～ではないですか	079
～て	108, 397	～ではなかった	020, 077
～で	026, 081	～ではなかったです	078
～で [조사]	313	～ではなかったですか	080
～てあげる	167	～てはならない	113
～てある	115, 150	～てみせる	121
～ていく	118	～てみる	116
～ていただく	172	～ても	112, 403
～て以来	119	～でも	388
～ている	114	～てもいい	112
～ているところだ	448	～てもかまわない	113
～ておく	116, 150	～てもさしつかえない	122
～てから	112	～てもらう	168
～てからでないと	119	～てやまない	122
～てからというもの	121	～と [조건]	194, 398
～的	471	～と [격조사]	343
～てください	111, 173	～とあいまって	347
～てくださいませんか	111	～とあって	348
～てくださる	171	～とあれば	348
～てくる	117	～という	344
～てくれる	168	～ということだ	439

～というと	345
～というものだ	446
～というものではない	446
～というものでもない	446
～というより	346
～といえども	348
～といえば	345
～といったところだ	449
～といったらない	349
～といっても	346
～といっても過言ではない	349
どうして	049
～通す	493
～と思いきや	349
～とおり・～どおり	424, 471
とか	375
～ときたら	350
ところ	447
ところが	293
～どころか	415
～ところだ	448
ところで	302
～ところに	449
～ところへ	449
～ところを	414
～としたら	346
～として	345
～としても	347
～とすれば	346
～とともに	345
どなた	046
どのぐらい	049
～とは	350
～とはいえ	350
～とばかりに	383
～とは限らない	347
～ともなく	351
～ともなしに	351
～ともなると	351
どれぐらい	049

な

～な [금지명령형]	160, 411
～な～ [な형용사]	081
～ない	132
～ないうちに	422
～ないことには	137, 442
～ないことはない	138, 442
～ないこともない	138
～ないで	132
～ないでください	133, 173
～ないですむ	141
～ないではいられない	138
～ないではおかない	139
～ないではすまない	140
～ないものでもない	140
～ないように	137
～ない方がいい	133
なお	300
～直す	487
～なかった	132
～ながら	098, 405
～なくして	141
～なくて	133
～なくてはいけない	135
～なくてもいい	135
～なくてもかまわない	136
～なくはない	139
～なくもない	139
～なければならない	135
～なさい	161
～なしに	141
なぜ	049
なぜなら	300
など	370
何	047
～ならいざしらず	206
～ならまだしも	207
並びに	297
～なり [접미어]	480

なり [접속조사]	407
なり [부조사]	394
～なれる(慣れる)	491
なんか	385
～に [부사]	081
～に [격조사]	308
～にあたって	321
～にあたらない	327
～にあたり	321
～にあって	327
～にいたって	328
～において	321
～に応じて	321
～に～がある	041
～に～がいる	042
～にかかっている	328
～にかかわらず	315
～にかかわる	328
～に限ったことはない	329
～に限って	322
～に限らず	322
～にかけては	316
～にかこつけて	329
～にかたくない	329
～にかまけて	330
～にかわって	316
～に関して	316
～に決まっている	323
～にくい	103
～に加えて	317
～に比べて	317
～に越したことはない	323
～にこたえて	323
～に際して	324
～に先立って / ～に先立ち	324
～にしたがって	317
～にしては	318
～にすぎない	318
～に相違ない	318
～に即して	330
～にそって	324
～に対して	319
～にたえない	331
～にたえる	331
～にたる	331
～に違いない	318
～について	319
～につき	325
～につれて	325
～にとって	339
～にとどまらず	331
～に伴って	325
～にのぼる	332
～には及ばない	332
～に反して	326
～にひきかえ	333
～にほかならない	326
～に基づいて	326
～にもまして	333
～によって	320
～によると	315
～にわたって	327
～に＋이동 동사	098
～ぬ	260
～抜き	427
～ぬく(抜く)	491
～ね	409
～ねば	265
～の [격조사]	025, 026, 068, 352
～の [종조사]	410
～ので	400
～のに	404
～のみ	391

は

～は [부조사]	363
～ば	197, 399
～はおろか	365
～は言うに及ばず	365
～ばかり	380

～ばかりか	381	～ます	097, 233
～ばかりだ	380	～ません	096
～ばかりでなく	381	～ませんか	097
～ばかりに	382	～ませんでした	097
～ばかりになっている	383	また	296
～ばこそ	200	または	304
～はさておき	366	～まで	372
～はじめる	099	～までだ	373
～はしない	105	～までに	372
はず	452	～までのことだ	373
～はずがない	453	～までもない	374
～はずだ	452	まま	454
～はずだった	453	～まみれ	481
～ばそれまでだ	200	～み	472
～はともかく	364	未	461
～は抜きにして	365	～みたいだ	229
～ば～ほど	199	無	459
～はもちろん	364	向き	428, 473
～はもとより	364	向け	428, 473
～反面	424	～目	467
不	460	～めく	482
～風	480	～も	367
～ぶり	468	猛	461
～ぶる	482	～もかまわず	368
～へ	354	～もさることながら	368
～べからざる	263	もしくは	305
～べからず	263	～もしない	105
～べきだ	263	もっとも	301
～べきではない	263	下で	429
～べく	264	もの [접두어]	460
～べくもない	264	もの [형식명사]	443
～放題	481	～もの [종조사]	418
～ほど	386	～ものか	418
		～ものがある	445
		～ものだ	444
ま		～ものだから	445
		～ものなら	214, 416
		～ものの	415
真	458	～ものを	416
～前に	420	～も～ば～も	199
～ました	096	もらう	165
～ましょう	097		

~や [격조사]	351
~や [접속조사]	407
~やすい	103
~やら	392
故に	431
~よ	410
~(よ)うか	155
~(よ)うが	157
~(よ)うか~まいか	157, 266
~(よ)うが~まいが	157, 266
~ようだ	220
~ように	222
~ようにする	223
~ようになる	213, 223
要するに	299
~より	359
~(よ)うではないか	156
~(よ)うと	157
~(よ)うとする	155
~(よ)うと~まいと	157, 266
~(よ)うとも	157
~(よ)うと思う	154
~(よ)うと思っている	154
~(よ)うにも~ない	158
~(よ)うものなら	156

~わけがない	451
~わけだ	450
~わけではない	451
~わけにはいかない	451
~割には	429
~を	334
~をおいて	339
~をおして	339
~を限りに	338
~を皮切りに	338
~をきっかけに	336
~を機に	339
~を禁じえない	340
~を契機に	336
~を込めて	336
~を中心に	335
~を通して	335
~を通して	335
~を問わず	337
~をはじめ	337
~を踏まえて	340
~を経て	340
~をめぐって	337
~をもって	341
~を基に	338
~をも	341
~をものともせず	342
~を余儀なくされる	342
~をよそに	342

~ら	464
~らしい	255, 468
~(ら)れる	182, 236

ん

~ん	265
~んばかりだ	384

わ

~わ	410
わけ	450